幸福婚姻需要经营

让婚姻幸福、长久、保鲜的九大能力

苏星宁 —— 著

北京理工大学出版社
BEIJING INSTITUTE OF TECHNOLOGY PRESS

版权专有　侵权必究

图书在版编目（CIP）数据

幸福婚姻需要经营：让婚姻幸福、长久、保鲜的九大能力/苏星宁著. -- 北京：北京理工大学出版社，2023.11（2024.3重印）

ISBN 978-7-5763-2823-3

Ⅰ.①幸… Ⅱ.①苏… Ⅲ.①婚姻—通俗读物 Ⅳ.①C913.13-49

中国国家版本馆CIP数据核字(2023)第166794号

责任编辑： 徐艳君　　　**文案编辑：** 徐艳君
责任校对： 刘亚男　　　**责任印制：** 施胜娟

出版发行 / 北京理工大学出版社有限责任公司
社　　址 / 北京市丰台区四合庄路6号
邮　　编 / 100070
电　　话 / （010）68944451（大众售后服务热线）
　　　　　　（010）68912824（大众售后服务热线）
网　　址 / http：//www.bitpress.com.cn

版 印 次 / 2024年3月第1版第2次印刷
印　　刷 / 唐山富达印务有限公司
开　　本 / 710 mm×1000 mm　1/16
印　　张 / 21.5
字　　数 / 258千字
定　　价 / 58.00元

图书出现印装质量问题，请拨打售后服务热线，负责调换

本书赞誉

- 作为一名一直致力于为幸福婚姻家庭建设的专业心理咨询师，近几年来一直在思考如何帮助更多的家庭提升婚姻幸福感，如何让更多陷入婚姻家庭矛盾的人能够走出婚姻的困惑。

自 2015 年联合发起成立浙江省婚姻家庭协会以来，我们踏上了一段充满希望和激情的旅程。倡议新人"婚事新办，喜事简办"，帮助夫妻携手共渡人生之旅，促进婚姻家庭当事人之间的互敬互爱，让更多的家庭获得公益有效的婚姻家庭辅导服务，让幸福之花在家庭中绽放。

"婚姻，不是寻找完美的人，而是与不完美的人共同创造完美的生活。"我们鼓励夫妻相互扶持、相互成长，在彼此的陪伴中共同打磨出美满而充实的人生画卷。

汇聚爱心温暖千万家，8 年来我们欣喜地看到，协会专家志愿者服务团队不断壮大，很多家庭收获了美满与幸福。苏星宁老师作为协会常务理事，也是专家志愿团的一员，一直积极努力关注和致力于婚姻家庭服务事业的发展，正如她在《幸福婚姻需要经营》一书中所表达的理念那样，"幸福婚姻需要经营，幸福婚姻可以经营，只要静下心来，找找自己婚姻里还可以做哪些地方的提升和改进，很多婚姻是可以保鲜和持续幸福的。"期待这本书能为婚姻里的您带来一点启发、一点助力，让我们共同守护婚姻，为努力促进婚姻家庭和谐稳定而努力！

谢需 | 浙江省婚姻家庭协会会长

- 仔细看了自序和大纲，仅仅是这几页内容，就感同身受，颇有收获！从幸福婚姻的九种修炼中，我看到了一路以来的心路历程，以及幸福婚姻背后的本质规律。星宁老师为我们找到了幸福婚姻的密钥，发掘了亲密关系的源泉，开启了美好情感的大门！

丁路 ｜ 职卓赋能研究院院长，企业自主人才培养资深导师

- 家庭是社会的细胞，婚姻是家庭的纽带，精神的共修则是婚姻的保障。

  苏老师与我亦师亦友多年，她的细腻与睿智总能为繁杂的心情带来一剂清凉。

  相信苏老师的佳作，能为仿徨中的夫妻带来滋养和幸福。

朱杰 ｜ 浙江省企业培训师协会常务理事

- 在情感关系中也许你有很多困惑，或者好奇的话题，苏星宁老师能带你找到更多的共鸣。本书帮助你了解亲密关系的本质，从心出发，温柔与浪漫相伴，成为关系的主人，收获爱自己的能力。

徐俊 ｜ 聚核汇创始人

自 序

唐代李治有一首诗《八至》：

> 至近至远东西，至深至浅清溪；
> 至高至明日月，至亲至疏夫妻。

情感是人生中最珍贵的财富之一。

因为爱情，我们感受夏日晚风，沐浴冬日暖阳，体验极致的幸福。但是甜蜜背后，不可避免地存在冲突和离别。

婚姻需要缘分，更需要经营，而且夫妻双方如果能够学习科学的情绪管理和沟通方式等，是完全可以提升幸福感的。用心经营，婚姻才能保鲜、长久、幸福。

从业18年以来，在2万小时的深度咨询中，我看到了许多人与人之间的情感形态，聆听了许多婚姻情感故事。18年来，我总结了婚姻经营的九大能力，在咨询和课程中反复验证和优化，很多学员和客户听了我的课程、做了咨询之后对我说："这些能力如果早点拥有，婚姻里就不会受很多的苦。"多年来，写一本经营婚姻的书，一直是我的一个愿望，让更多的人可以受益。在我授课和咨询的过程中，我听了很多人的情感故事，感受他们的喜怒哀乐，帮助他们一轮轮抽丝剥茧，挖掘情感背后的真相，疗愈他们内心的创伤。在写书的过程中，有些故事经过当事人同意，经过一定的艺术化处理，呈现在书中，希望通过阅读别人的故事，我们也可以找到自己的幸福密码。

杭州被称为幸福之都。某知名周刊自2007年开始举办"中国最具幸福感城市"的活动，杭州已经连续16次当选"最具幸福感城市"，也是唯一一座连续16年上榜的城市。

杭州也被称为爱情之都，是我国著名爱情故事白蛇传和梁祝的发生地。

我在美丽的杭州，钻研中西方心理学、婚姻情感心理，化解亲密关系冲突之道，格外有意义。

非常幸福的是，我的心理咨询室就在杭州西子湖畔。

我常觉得，中国传统文化中的圆融和平衡之道，很适合中国人的情感。

儒家"五常"贯穿于中华伦理的发展中，是中国价值体系中最核心的因素，"五常"指的是仁、义、礼、智、信。

"仁"代表爱自己，尊重、相信自己；

"义"的精髓在于爱别人，爱世界；

"礼"代表交往时懂得礼仪规范；

"智"代表一个人爱的能力，体现在文化、智慧、思维、格局等方面；

"信"代表强大的信念和信心，以实现自己的理想。

这五个字，渗透在中国人血液里，彰显着情感关系里的纽带和责任。

"关系"是中国文化的核心，无论是与身边的朋友，还是自己的家人，融洽、和谐的关系可以给人最好的滋养。

我们回归到中华传统文化中，以爱自己为第一步，以尊重别人为出发点，从而建立良好的人际关系。

敦煌山洞出土的唐代《放妻协议》，类似我们今天的离婚协议，其中提到："一别两宽，各生欢喜。"即：此刻分别，要宽心，要欢喜。即使分手，也是好聚好散，彼此祝福。

本书所传达的主要理念是：在亲密关系里，我们要"大胆爱"，像初恋般勇敢地去爱，但同时也要"小心爱"，像初恋般小心珍惜。

心是一个人和他人关系里的那道极光，做个案咨询其实是拿着小木锤打动那颗心。我在做个案时做得最多的是清扫当事人双方的心灵，哪

自 ♥ 序

怕稍微拂开一点灰，他们就多一点幸福感。

心里开花了，花蕊呼吸了，爱的动力就来了。有了动力，他们自然就会去思考怎样让亲密关系提升，无须教丈夫什么时间给妻子送什么花，妻子什么时间给丈夫一声问候。

人与人的情感是鲜活的，如森林里缓慢生长的植物，如无垠大海里追逐嬉戏的鲸鱼。亲密关系的滋养是我们生命的源泉，能够让我们找到彼此间无尽的契合、支持和温暖。

在每段情感中，如果我们只是消耗了时间、精力、金钱，却没有得到身心的成长，是很可惜的。

没有经营和维护，源泉也会逐渐枯竭。

这生动的生命、丰盛的内心，我们不要辜负。

爱是与生俱来的能力，爱就藏在每个人心中。

每年的一些节日前后，我都会收到不少好消息。

天天待在实验室，夫妻感情亮了红灯的老师："这次国庆的出游，我和他好像找回了初恋的感觉。"

因为谁该做家务、接孩子，冷战许久的国企主管："放假几天，他居然天天在家研究厨艺，我们关系好像缓和了很多，不再闹离婚了。"

……

每每收到这样的消息，我会开心好多天，感谢来访者对我的信任。这也是我做心理咨询的初心。

这份初心，源于18年前，我对身边一位朋友遭遇分手后的开解。朋友对自己未来的情感彻底失去了信心，我非常担心，于是去找书学习如何开解她，没想到从中找到了自己热爱的领域。此后，我把很多精力用在学习、探索和研究关于"情感关系"的心理学专业领域中。

这本书，凝聚了多年的心血，是我给世间有情人送去的一份真心的祝福。

这本书，不仅是写给那些正在寻找幸福的人，也同样写给那些已经结婚或者正在经历感情困扰或离婚的人。

这本书，能帮助大家解决许多情感中的问题，通过阅读、感悟，找到心灵的慰藉。

一切福田，不离方寸；从心而觅，感无不通。

让我们一起，获得力量，追逐所爱，经营所爱，照耀彼此，享受美好情感，一起走过平凡绚丽的一生！

苏星宁

目　录

01 第一章　是什么在影响我们的婚姻

◎ 幸福婚姻的九种修炼——九种能力的建立　　002
◎ 结婚前的爱意满满怎么消失了——婚姻中的"消退与增多"　　010
◎ 婚姻发展的三个阶段：享受博弈，才能双赢——婚姻的跷跷板定律　　016
◎ 评估你的婚姻状况——五份专项问卷　　023
◎ 幸福夫妻和普通夫妻的最大区别——婚姻也有"情商"　　032

02 第二章　沟通表达——搭起通向幸福的桥梁

◎ 他为什么总在我们沟通时无理取闹——亲密互动中学会彼此认同　　040
◎ 我俩无话可说，婚姻进入疲惫期怎么办——边际递减下的关系逆袭　　047
◎ 说到对方心坎上——破译"爱的密码本"，读懂对方的心　　053
◎ 如何说出我心中的期待——一致性沟通的三大方法　　059
◎ 明明有爱就是说不出来怎么办——如何让爱的表达更加容易　　066

03 第三章　共情分享——让你的心中有个他

◎ 他总是不能理解我想回娘家过年的心——默契的夫妻愿意互相成全　　074

- 丈母娘一来，我就感觉自己成了空气——学会共情，维护伴侣的重要性　079
- 是不是我该承担所有的家务——和他一起共担爱的责任　085
- 忍不住想翻看他的手机怎么办——再亲密的关系也有界限　091
- 你还在乎我吗——一起坐宇宙飞船去享受"外星时间"　098

04 第四章　情绪管理——让情绪自由流淌

- 曾经的好脾气怎么变坏了——把控制自身情绪的权利留给自己　106
- 一喊吃饭他就拖延，真的很生气怎么办——情绪 ABC 法则　112
- 他长期在外，压力大了我就忍不住踹女儿一脚——消减压力的三大方法　118
- 每隔一段时间就会陷入痛苦的情绪怎么办——一念之转法　124
- 从不表达自己的不满，情绪越积越多怎么办——逐步抽离法消减情绪　130

05 第五章　冲突化解——给婚姻注入爱的能量

- 一句话不对就恶语相向——无名火背后的深层原因　136
- 一吵架就翻旧账，感受不到爱怎么办——感觉被爱是压力的天然解药　142
- 上次吵架后他和我冷战，一个月没说话——学会给对方台阶下　147
- 他一酗酒后，我就遭受殴打，怎么办——及时止损，学会对生命负责　153
- 为什么学了很多课程，还解决不了冲突问题——夫妻冲突成长五步法模型　160

目 录

06 第六章 目标实现——幸福要靠自己

- 为什么婚前还有目标，婚后很迷茫——四个问题找到婚姻的方向和目标　168
- 婚后生活一片凌乱，不知道怎么规划——善用"聪明原则"来制订计划　174
- 婚后我该不该和他一起设立家庭目标——夫妻同心，其利断金　180
- 实现目标过程中，遇到困难怎么办——灵活的人更能掌握大局　186
- 婚姻中你愿意做到什么程度——种瓜得瓜，种豆得豆　191

07 第七章 财富流动——爱与财富同在

- 谈钱，是伤感情吗——不谈钱才伤感情　198
- 妈妈说我婚后得学会打理小家的钱——家庭财富金字塔模型　204
- 房贷、车贷，把我压得喘不过气来——让"1+1>2"不仅需要爱，更需要策略　211
- 婆婆喜欢主导我们的经济收入怎么办——理财有道并设定底线　217
- 这些年，她买衣服从不超过 200 元——婚姻需冲破原生家庭的"金钱牢笼"　223
- 发现伴侣藏私房钱，要摊牌吗？——适当的空间是情感的根基　229

08 第八章 终身美丽——打造个人魅力光环

- 都说她天生丽质，婚后不用继续美了吗？——终身美丽不是错　236
- 当了宝妈"变丑"了，自我价值感低怎么办——如何提升自我价值感　242
- 我的才华被埋没了——重新点亮自己，让自己发光　247
- 辛苦的时候就去跳舞吧——爱自己，让自己过得美丽且舒服　253

◎ 个人热爱的活动和家庭活动时间冲突了——沟通与智慧成就更多可能　259

09 第九章 "性"福有道——你是独一无二的

◎ 我和他的性需求不同怎么办——理解差异，学会尊重　266
◎ 无性或少性就是不爱了吗——维持亲密感的方式不唯一　272
◎ 亲爱的，今晚不行——平等沟通，让我们更"性福"　277
◎ 出了轨的婚姻，还能修复吗——理解婚姻，出轨的人背叛的是自己　283
◎ 性生活中，我一定要温柔和善意才行吗——感受对方，学会真实地交流　291

10 第十章 系统和谐——让爱源源不断

◎ 我的老公是"妈宝男"——解决难题的三个思维　298
◎ 生了老二，家里整天鸡犬不宁——夫妻关系是所有家庭关系的核心　304
◎ 两个女人的"战争"有解吗——婆媳相处的三个技巧　310
◎ 怎么让双方父母更和谐——换位思考，很有必要　315
◎ 不善社交的我怎么融入你的家庭——做伴侣和自己原生家庭的桥梁　321
◎ 家庭关系紧张，怎么重建联结——创建家庭系统文化的重要性　327

第一章

是什么在影响我们的婚姻

幸福婚姻的九种修炼
——九种能力的建立

罗素曾说:"须知参差多态,乃是幸福的本源。"

每个人都向往拥有美满幸福的婚姻,但是两个完全独立的个体,受着不同的文化底蕴影响成长起来,上至理想抱负不一样,下至生活层次有差异,这些都将会成为婚姻中的阻力。

爱情是两个人的事情,婚姻却是两个家庭的事情。白头偕老的夫妻,是因为找到了最适合彼此的相处模式。

有美国"婚姻教皇"之称的华盛顿大学教授约翰·戈特曼,从事婚姻研究40余年。他有一个超级技能,就是通过观察夫妻日常的互动,只需短短5分钟,便能够预测他们将来会不会离婚,且准确率高达91%。

一段婚姻幸福与否,往往藏在双方日常的相处中,这世上从来没有完美的婚姻,有的只是用心经营的夫妻。

通往幸福婚姻的秘诀是什么?

如何应对婚姻中的各种冲突和问题?

如何顺应人生阶段性的成长,实现突破?

如何与爱人站在同等的高度,以不同的视角去审视彼此?

作家毕淑敏说:"婚姻的本质像是一种生长缓慢的植物,需要不断灌溉,加施肥料,修枝理叶,打杀害虫,才有持久的绿荫。"

当你本身具足,关系才会长久。当新婚的激情退却时,婚姻无非是在柴米油盐中修行,在鸡零狗碎中修心。

《纸婚》中说:"决定嫁给一个人,只需要一时的勇气;守护一场婚姻，却需要一辈子倾尽全力。"

婚姻中，只有对自己对爱人有最清醒的认识，又实在地修炼出了自己的能力，方能有真正令人快乐的幸福。一个人想要婚姻幸福，下面九种能力的修炼必不可少。

一、沟通表达——搭起通向幸福的桥梁

获奖短片《静音》，短短16分钟，将一个职场宝妈的生活展现得淋漓尽致。没有过多的语言，却让人五味杂陈，影片中的主人公仿佛就是生活中的自己。

从夫妻间的不理解，到彼此的压抑和爆发，再到最后重重思虑下，无奈地向现实妥协，短片同时从男、女两个视角讲述故事，让我们得以俯视烦冗的婚姻生活，一窥其中的究竟。

这个短片给人最深的感受就是：平凡婚姻，最令人心酸的是"两人明明相爱，却因为沟通不畅，在婚姻关系里彼此折磨"。

很多人认为，夫妻之间一旦关系稳定了，爱人就是自己的了。可是往往婚姻平淡的原因是我们都以为对方不需要，很少交流思想性话题。因为长久没有触及心灵的谈话，渐渐地，你不理解我，我也不理解你。

沟通是一项爱情保鲜的重要方式，可以说，85%的婚姻问题是缺乏沟通或不良沟通造成的。

如果你希望自己的婚姻或感情不断地升华，就应该多和爱人交谈，增多沟通机会。

二、共情分享——让你的心中有个他

共情是理解他人的感受，是一种体验他人处境的能力。

"感同身受"就是最好的共情。

沈复《浮生六记》中有这样一句:"闲时与你立黄昏,灶前笑问粥可温。"

当你与会共情的人在一起时,你常常会觉得自己像一股春风。如果你有一个会共情的爱人,你会感到被别人爱。

心理学者艾伦·彼得森博士说:"心灵上的沟通,除了家庭和孩子之外,应包含每天的生活经验、思想和感受的分享。"也就是说,生活中几乎所有的东西都可以拿来分享,比如兴趣、理想等。

彼此坦诚的共情与分享,是决定圆满的婚姻关系的关键。缺乏共情与分享的婚姻里就像住着一颗定时炸弹,随时都会爆炸,不仅影响夫妻感情,也会影响家庭和睦。对于夫妻来讲,彼此共情与分享是一种境界,也是一种能力,需要我们尽力为之。

三、情绪管理——让情绪自由流淌

有人说:"即使最幸福的婚姻,一生中也有100次离婚的念头和50次想掐死对方的想法。"

婚姻越久,对这句话体会越深。比如,你的伴侣红着脸,急得跳起来说:"你为什么不能听我的?"而你更生气了,瞪大眼睛说:"我为什么凡事都听你的……简直无法理解!"说完掉头就走,两个人陷入冷战……

负面情绪,让一个人变得纠结痛苦。不会处理情绪的婚姻是危险的,不能够妥善管理自我情绪的夫妻,很可能会在婚姻中吃很多的苦,甚至是受到很深的伤害。

有人说:"情绪稳定,是一个人最好的风水。"

婚姻中,一个情绪稳定的人,不仅可靠,更能掌控自己的命运。

虽然我们无法控制对方的情绪,也无法完全控制自己的情绪,但可以管理情绪,让彼此及时从情绪中出来,回归到亲密关系中。

四、冲突化解——给婚姻注入爱的能量

俗话说:"家家有本难念的经。"

每个家庭都有难以解决的各种冲突,即使那些外人看起来十分完美的婚姻也不例外。

冲突的形式多种多样,比如,因为孩子的教育问题引发的争吵,又比如,因为婆媳之间的矛盾导致夫妻间关系紧张。

如果将所有的婚姻冲突进行分类,可以分为两种:一种冲突是可以解决的,另一种冲突是永远存在的。

而研究数据显示:婚姻生活中绝大部分冲突都是永久性的,这个比例高达69%。

当你遇到冲突问题,不要觉得如临大敌,你不是单独一个人,每个人不管处于什么阶段,都和你一样会面临属于自己的难题。正如一位心理学家在《蜜月之后》一书中说道:"当你选择了一位长期的生活伴侣时,你不可避免同时也选择了一系列特殊的无法解决的问题,你会同这些问题斗上10年、20年或50年。"

因此,面对冲突,兵来将挡水来土掩,摆正心态才是关键。

双方在彼此不能妥协的价值观、坚守的梦想中,寻求妥协和平衡,是爱的具体体现,也是爱的实操方法。

因为爱,我们愿意卸下自己的铠甲,在深爱的人面前露出软肋。

五、目标实现——幸福要靠自己

有目标,是婚姻幸福的关键。

很多家庭之所以每天过得浑浑噩噩,就是因为过一天算一天,

并没有明确的目标。

人生在世就要不断努力前进，不论是一个人还是两个人，或者一个家庭，都要给自己设立一个又一个的小目标。不同的小目标，不断催促着人们努力前行，在努力前行的过程当中，找到人生的价值。

一个目标的建立可以让夫妻两人的心更聚拢在一起，感情变得越来越好。

因为在设定目标、实现目标的过程当中，夫妻为了同一个目标不断努力，而努力的过程就是心往一处想、劲往一处挪，这是提升感情最好的方法，也能让双方感觉到婚姻的价值。

同时，婚姻中的共同目标不是一锤定音的，而是可以随着两人心智的提升，逐步升级的。

所以，像经营公司一样努力经营自己的婚姻吧！

六、财富流动——爱与财富同在

有多少次，夫妻双方对财富的分配与使用有不同观点，又有多少次关于财富的细节，影响了夫妻间的情感与信任，产生了大量的不理解与伤害？

钱是婚姻的门槛，更是婚姻的基础。

婚姻是一个小型的经济共同体，它被创造出来的目的，不仅是让两个人能幸福地生活在一起，也是把双方的财富结合在一起。

婚姻奠基在财富的流动之上，它的实质是一种财富的分配制度。当婚姻中的财富不能清晰理顺的时候，情感就会变得异常脆弱。在生活的点点滴滴当中，每一次消费的过程中都会体现出类似问题。

婚姻是财富的共同体，因此，了解夫妻间的财富流动规律，以及夫妻间如何维持一种正能量的情感关系互动，是非常必要的。而财富的流动，是要靠双方爱的流动和共同的敞开，一起创造财富。

如果夫妻能够一起理顺关于财富的感受、看法与理解，这会是全家财富增长的一个非常必要的内在基础。

七、终身美丽——打造个人魅力光环

美国著名的休闲杂志《人物》周刊每年都要评选出"本年度全球最美丽50人"，其中有一半的女性，年龄都是在40岁左右。

那些经过岁月浸润出来的高贵和美丽告诉世界：有些女人，终其一生都在追求美丽，而她们的美丽，也会因为这份追求而经过岁月的洗礼，变得更为恒久。

婚姻是荣耀的，也是需要经营的。

通常，婚姻美满幸福的女人整个状态都会趋向于安详、温和以及积极，也会比较注重自己的形象。

"女为悦己者容"，这是女人的天性。一个对美始终都在孜孜追求的人，生活质量都不会太差。因为，追求美，就是让自己变得更优秀，这是对自己人生负责的一种积极态度。

《变色的太阳》里说："迷人的女性往往有学问而且仪态大方。"女性注重自己有学问、有见识，意味着她注重内修，外表仪态大方意味着她既善于打扮且富有气质，这样的女人在婚后往往深得丈夫的尊重和疼爱。

爱情并不足以支撑得起几十年的关系，真正牢固的关系还得靠三观和志趣来维持，有了这个基础，才能彼此相看不厌、相处不累，无论经历什么风波都能携手走下去。

八、"性"福有道——你是独一无二的

对于人类，性不仅仅是性，性是一种语言，是一座桥梁，是从

孤独通往亲密的所在，是建立彼此相属的熔炉。

性，不是婚姻中最重要的，但没有性，两个人心灵连接一定会有裂缝。

当下社会的人，各方面压力重重，生活不规律是家常便饭，夫妻性生活频率下降已是社会普遍现象，但高质量的性生活是家庭和谐、婚姻幸福的保障。

印度《爱经》里有一句话：爱是与生俱来，无师自通的，但性必须通过学习才能掌握。

好的性爱，是女人的奢侈品。不好的性爱，让人感到挫败和自卑，它是一个心理黑洞，需要耗尽一生慢慢疗愈、慢慢康复。

"食色，性也。"这是谁也无法否认的事实，因为不"食"无法维持生命，不"色"就无法延续生命，这是世界上绝大多数生物具有的本能。

幸福的生活离不开"性福"的滋润，和谐的性爱在婚姻生活中必不可少。

九、系统和谐——让爱源源不断

家，是我们最应该珍惜的地方；家人，是我们生命中最重要的人。

家庭是一个整体，每个成员是其中的一个部分，各部分按照一定的规则聚合，在一定条件下保持平衡。

如果某一部分需要改变，就会引起其他部分作出改变，继而要求整个系统作出相应调整，以达到一种新的平衡，这就是"牵一发而动全身"的道理。

家庭影响人的品性。幸福的孩子一生都被童年治愈，不幸的孩子一生都在治愈童年。

家庭影响的不是一代人,所以我们应当力所能及地让我们的家庭变得幸福。

乔家大院辉煌时期富可敌国,而乔家大院的兴旺发达,正是由于乔家人的家庭和睦、齐心协力。主人公乔致庸提出"勤俭持家,和顺齐家,诗书兴家,忠厚传家"的治家理念,凝聚着全家人团结一心,一起发愤振兴家业。

《礼记》中说:"父子笃,兄弟睦,夫妻和,家之肥也。"

家庭系统和谐是一个人幸福的坚实基础,想让自己背后的家庭能够稳固,家庭成员间和谐相处,就需要我们不断地去注入动力。

结婚前的爱意满满怎么消失了
——婚姻中的"消退与增多"

张爱玲说:"爱情看起来很浪漫、很纯情,可最终现实是残酷的,因为它经不起油盐酱醋的烹制。"

"他在上海,我在苏州,他把我微信删了,我真的好累啊!"小婧在微信群里向闺蜜们描述她近一个月的生活。

这个对人充满善意的昆明女孩小婧,肚子里的二宝已经4个月了,她在苏州一边怀着孕,一边照顾3岁的大宝。婆婆身体不好,偶尔过来一趟,当初她想请阿姨,老公说婆婆能帮忙,而且那阵子手头也紧,这事就一直搁置了。

老公每半个月回苏州一次,每次都是匆匆忙忙就又赶回上海,他的生活看起来很丰富,今天去郊区开会,明天又要聚餐,后天又去滑雪。

昨天老公因为和客户喝酒喝醉了,小婧给他打了十几个电话都没接,接起后又是一阵胡话,小婧照顾着生病的大宝,说了他几句,没想到老公手机开了扬声器,觉得被这么多人听到没面子,趁着醉意就把小婧的微信给删了。

"他把我删了,莫名其妙啊,大宝也不想联系了吗?他这个样子,我真的没法一个人带着两个孩子生活,我现在真的觉得好难啊!"

一家之主,家里一点没顾上,还删老婆微信,闺蜜们都为小婧打抱不平:"他肯定外面有人了!"

"结婚前,我感觉他也是挺负责任,对我很好的,去上海还是结婚一年后我鼓励他去的,那边对他事业发展好,而且公司承诺只去两年,而且上海苏州很近……"

谈恋爱时,小婧喜欢日出,他就连夜订了去泰山的票,赶上了山顶的第一缕晨光;小婧喜欢李宇春,他就定闹钟给她抢演唱会的门票,陪她一起去听现场;小婧离家远,他们的聊天记录就从"你在干吗"分享日常点滴,到即将入睡时的"晚安"。

他们结婚,因为地域的问题,婆婆一开始是不同意的,老公坚持非小婧不娶,婆婆才同意的。

可是现在,结婚还不到三年,彼此之间的爱好像消失了,怎么办?

一、激情消退与矛盾增多,或许是婚姻的归途

公园的一角,一对年轻的情侣彼此对望,男生将女生的手握在手心里,时不时用手抚摸下女生的额头,看起来是女生生病了,男生眼里是心疼,女生脸上是幸福。

旁边,有一对年轻夫妻陪着七八岁的孩子,孩子在疯玩,夫妻两人互看着相反的方向,只是在对峙说话间才看对方一眼,"和你这种人讲不通。""你自己搞吧!"

恋爱情侣爱意绵绵,年轻夫妻矛盾重重。

心理学有一个著名的"爱情递减定律",它指的是:当一个饥饿的人吃第一个馒头的时候,他会觉得这个馒头非常美味,当他吃第二个馒头的时候,就会感觉到有一种饱腹感,而当他吃第三个馒头的时候,便会由于腹胀,感觉到这个馒头难以下咽。

当我们将"递减定律"运用在亲密关系中,就可以发现,大多数的婚姻都逃不过激情消退、归于平淡,婚姻中,有一个"消退"和三个"增多":

激情与爱意逐渐消退，比如相看无言；
三观差异的矛盾增多，比如经济问题；
关系激发的冲突增多，比如婆媳矛盾；
行为偏差的危机增多，比如家暴、出轨。

刚刚坠入爱河中的男女大脑会发出指令，使人体分泌出一种化学物质，研究人员称这种物质为"爱情荷尔蒙"，这种化学物质令恋爱中的人相互吸引，但是它在人体内仅仅能够存在有限的一段时间。

在福楼拜的小说《包法利夫人》中，艾玛与包法利原本彼此吸引，可当他们携手步入婚姻的殿堂后，艾玛却对性格木讷的包法利产生了厌恶之情，厌倦一成不变的婚姻生活，不惜为了满足一个情夫而失去理智。

美国婚恋专家艾斯特，曾把婚姻趋于平淡的原因之一归纳为"这是由于现代人给婚姻赋予了太多功能造成的"。繁衍、经济、教育、爱情、帮扶、意义等功能，让现代人对婚姻有了更多应负的责任和应尽的义务，从而摩擦出更多的分歧和矛盾。

小婧与老公婚姻的激情已经提早褪去，目前主要矛盾是价值观念分歧，丈夫看重事业、忽视家庭，而小婧全身心为家庭。价值观主导着每个人的行为，小婧压抑在家庭生活的无力中，情绪随时爆发。

如果结婚前爱意满满，现在却没有了，这个问题是不是值得我们去思考？

二、接纳现实，拓宽生活的选择

作为妻子，你是否经常想改变丈夫？
作为丈夫，你是否经常想改变妻子？
作为父母，你是否经常望子成龙，想让孩子听话？

想象一下，如果小婧的老公每次出去应酬喝酒，都会对小婧发脾气，小婧有什么办法可以改变他呢？

也许小婧使用了能想到的各种方法，甚至"一哭二闹三上吊"，结果发现都失败了，这时她怎么办？

心理学有句话：一个人不能改变另外一个人，一个人只能改变自己，一个人不能推动另外一个人，每个人都只可以自己推动自己。

人生有三把钥匙——接受、改变和选择，不能接受的就改变，改变不了可以重新拓宽选择。

其实，小婧接纳现实并改变自己不一定全是为了老公，还为了骨子里的那份自信、淡定与从容，能把生活过成自己想要的样子。

当一个人看到自己所拥有的资源以及可以使用的资源时，他更容易做出改变。

在自己的"能力圈"以内做事情，会给人正向动力，非常舒适，但眼下的事情超过自己的能力边界时，就会觉得沮丧、痛苦。

面对独自带孩子的困境，小婧可以分析自己的"能力圈"和资源：

我哪些特点让人觉得很棒？

我做什么事情是游刃有余，乐在其中的？

我做什么事情最容易放弃？

我目前状态下，可以承受哪些事情？

我目前状态下，承受不了哪些事情？

我目前状态下，最重要的是什么？

为了当下最重要的事情，我还有哪些资源可以使用？

古罗马著名的哲学家爱比克泰德有句名言：在生活中，一些事情是我们能控制的，一些事情是我们不能控制的。所以我们需要一种理性的能力，让我们既能思考自我又能思考万事万物。

仔细分析后，小婧意识到自己独自带大宝，还要照顾肚子里的二宝，确实超出了她的能力范围。可以说她现在只有60分的能力，面临的任务却是100分，婆婆虽然偶尔来帮忙，却终归有些不方便的地方，而请个阿姨来帮忙，就可以帮助小婧缓解这40分的压力。

考虑清楚后，小婧不带情绪、坚定温和地表达了自己的观点，最终得到了家人的支持。现在，大宝主要由阿姨照顾衣食起居，小婧晚上会陪大宝读书，家里的气氛和谐了很多。

三、突破沉没成本，不为打翻的牛奶哭泣

林语堂曾在《苏东坡传》中说道："所有的婚姻，任凭怎么安排，都是赌博，都是茫茫大海上的冒险。"

婚姻自有它的沉没成本。

诺贝尔经济学奖获得者、美国经济学家约瑟夫·斯蒂格利茨曾经举了一个例子来说明什么是沉没成本。他说，假如你花7美元买了一张电影票，但是你怀疑这个电影不值7美元。电影演了半小时后，你最担心的事被证实了：影片糟糕透了。你应该离开电影院吗？在做这个决定时，你应该忽视那7美元，因为它是沉没成本，无论你是否离开电影院，钱都回不来了。

沉没成本，指的是已经付出且不可收回的成本，包括时间、金钱、精力等等。

一对新人刚刚完成了一系列烦琐的婚礼程序，送走所有宾客，只剩下丈夫和妻子的时候，妻子问丈夫："亲爱的，我们终于结婚了，你有什么感想啊？"

丈夫回答："亲爱的，你放心，这辈子我是绝对不会和你离婚的。"

妻子非常感动，一股暖流由内而生，忍不住问丈夫："为什么啊？"

第一章
是什么在影响我们的婚姻

丈夫说:"离婚了还得再结婚,结婚太累了,有一次就够了!"

这个故事从某个方面真实反映出了婚姻中的沉没成本效应。

每个人都希望自己的选择是正确的,因为自己已经花了时间、精力等在婚姻中了,即使遇到问题,很多人也不愿意放弃它。

如果说,沉没成本决定了人们如何看待过去,那么机会成本则决定了人们如何面对未来。

什么是机会成本呢?就是我现在选了选项A,如果我转而选择其他B、C、D、E中的某一个,它们所能带给我的最高价值。

婚姻中,每当我们做选择,需要问自己两个问题:

"我现在做的事情,对未来能否产生持续积极的影响?"

"我现在的决策,有没有被过去的付出所左右?"

这两个问题,将会影响我们当下和未来的幸福水平。

恰到好处的放弃,才让我们有机会更快接近拨云见日的那天。

小婧面对老公现在的状态,可以慎重地问问自己这两个问题的答案,做出决定。

在做决定前,充分收集信息,尽量做出正确的决定。

在做决定之后,有意识地停下来客观分析,判断决定是否正确,避免沉没成本效应这一让人越陷越深的决策陷阱。

突破沉没成本效应,是一种向前看的心态。

只有做到不为打翻的牛奶哭泣,我们的人生才会更有希望和前景。

婚姻发展的三个阶段：享受博弈，才能双赢
——婚姻的跷跷板定律

婚姻是什么？

弗朗西斯·培根说："婚姻是爱情的坟墓。"

钱锺书先生说："婚姻是一座围城，城外的人想进去，城里的人想出来。"

列夫·托尔斯泰说："幸福的家庭都是相似的，不幸的家庭各有各的不幸。"

莎士比亚说："不如意的婚姻好比是座地狱，一辈子鸡争鹅斗，不得安生；相反地，选到一个称心如意的配偶，就能百年谐和，幸福无穷。"

有人说，婚姻就是夫妻两个人你争我夺的钩心斗角，更是两个人相依为命的牵手扶持。不同的人对婚姻的理解不一样，给出的答案也不尽相同。

一千个人眼中有一千个哈姆雷特，而一千种婚姻中也会有一千种生活状态。

一般来说，每一桩婚姻大体会经历三个阶段：

（一）结婚初体验到孩子出生之前

两个人刚在一起时，幸福，是活在当下，两情相悦。

两个人一起逛街，一起吃饭，一起看电影，十指相扣，甜蜜的想念日夜萦绕，彼此相属，不愿分开，逍遥在山水云雾间，两不相厌。

然而，婚姻就好比是一部机器，在你刚刚拥有它时，你满心期待，

满心欢喜。在开始使用它时，你会小心翼翼，运筹帷幄，这个过程便是磨合期。随着时间的流逝，你对这件产品更加了解，开始发现它某些性能并不好，起初你能做到修修补补，可后期你对它产生了嫌弃，有意无意地海淘比它更好的产品。

塞缪尔曾说过："婚姻的成功取决于两个人，而一个人就可以使它失败。"

这不禁让人思考：从你侬我侬到荷尔蒙退去，夫妻之间还剩下什么？

（二）孩子的到来和成长，让变化接踵而至

很多婚姻有这样的境遇：

孩子出生后，很多妈妈蓬头垢面，吃不好、睡不好，身体差，常常处于崩溃的边缘。孩子半夜哇哇地哭，可是自己却困得睁不开眼睛，也得强忍着让自己起床喂奶。

育儿过程中，想要老公帮忙，很多老公却有心无力，在没帮忙之前就自乱阵脚，帮忙的结果也是一团糟。

此外，很多妈妈还面临职场上的困境。面对职场上的暗流涌动，既有经济压力，又有情绪压力。很多人都说生孩子之后第一年，是婚姻关系中最难的一年。这也是离婚率升高的重要原因之一，2022年，全国离婚率高达43.53‰。

从前卿卿我我的二人世界，到孩子的降生，其中，每个人都在经历新的身份、新的变化，从此，婚姻中挤进了太多的人和情绪。

生活中的琐事，往往让激情不再的两个人，经常发生愤怒的"碰撞"。

逐渐地，双方开始意识到，生活不是偶像剧，生活就是柴米油盐酱醋茶、生娃养娃带娃等一系列的必修课。

何时能够修满学分？

每个人都在努力地探索着、学习着。

（三）孩子长大以后，重心回归到自己

纪伯伦曾说："我们的儿女，其实不是我们的儿女，他借助我们来到这个世界上，却非因我们而来。"

伴随着与孩子的分离，更多人开始意识到，除了自己，身边最重要的人就是伴侣了。

中国一线城市每逢八九月份，是一个离婚的小高峰期。民政部的数据显示，2022年全国登记离婚的人数达210.0万对。当与伴侣经年累月相处不愉快时，很多中年女性更愿意去夫留子，于是高考后离婚率显著提高。离婚后的中年女性，更多的是将重心回归到自己，重新做回轻松愉快的自己。

其实，不管我们处在婚姻的哪个阶段，在所有对于婚姻的认知中，都有这样一种共识，那就是：婚姻生活，实际上是一个不断博弈的过程！

婚姻就像跷跷板，时轻时重，时起时落。它是一场你来我往的游戏，一个人太孤独，两个人刚刚好。

当一对新人含羞带笑、满怀憧憬地吹灭洞房的花烛之时，"博弈"便也开始了！双方正是通过周而复始的矛盾、博弈和谅解，最终磨合出动态的平衡和无限的乐趣。

一、跷跷板定律，婚姻是双赢游戏

婚姻是一门艺术，也是游戏。

心理学中的"跷跷板定律"是指人和人之间的关系，就像两人坐跷跷板，长久的维系，需要相互配合，才能保持"动态平衡"。婚姻亦然。

其实，跷跷板是一个双赢游戏。

在婚姻的跷跷板游戏中，夫妻双方切不可只顾自己玩，而不顾

对方，否则自己或者被压得很低，或者僵在半空骑虎难下，这样的婚姻关系往往难以持久。

要想双赢，需要时刻关注对方的状态和需求。

1. 学会满足对方的需求

如果哪天，当你的伴侣累了倦了，记得借他一副坚实的肩膀。即便对方平时是顶天立地的男人，我们也要成为他们最坚强的后盾。

2. 该示弱时则示弱，该撒娇时则撒娇

网上有一个热门问题："婚姻里，什么样的女人更惹人疼爱？"在所有回答中，"撒娇"出现的次数最多。有个"高赞"回答说："每次被撒娇后，内心的保护欲都会被激发。"

《撒娇女人最好命》里有一句经典台词："其实，男人会深爱一个女人一辈子，重要的不是她的胸、她的脸，而是女人会不会撒娇、体贴。"

夫妻双方难免发生争执，矛盾僵持不下，这时一方要学会主动示弱。因为硬碰硬只会适得其反，不如先让对方冷静下来，再去处理，这样效果会好很多。

3. 让对方知道自己的需要

在和对方互动时，要在伴侣面前尽可能做自己，而不要一味地逢迎对方，失去自己；也不要一味地故作坚强，掩饰自己的真实情感和需要，让自己患得患失；即便在妥协的情况下，也要允许自己的情绪得到合理的发泄。

婚姻的持久靠的是两颗心。幸福的婚姻一定是一颗心靠近另一颗心，一颗心去温暖另一颗心，既能一起享受甜蜜的负担，也能给予对方暖心的支持和坚实的依靠。

婚姻这块跷跷板，只有双方付出差不多才能实现双赢；如果只有一方的付出，这块跷跷板必定失衡。

二、真正的婚姻，是一个互动的平衡系统

婚姻犹如跷跷板，经营婚姻的艺术就是使跷跷板两头平衡。

我们在玩跷跷板的时候，往往是需要两个人合作完成的，一个人需要先脚蹬地，然后自己这一端就会跷起来，此时另一方就要在落地的时候再次脚蹬地，让对方落地。

婚姻中的双方如同跷跷板两端的两个人，要想玩得好，夫妻二人得力量均衡。即便力量不均衡，也要适时调整自己的加速度或力臂，这样才不至于一方压着另一方，导致失衡状态。

在电视剧《我的前半生》当中，在家里做全职太太的罗子君，是个心思非常单纯的人，每天做得最多的事情就是享受玩乐，不用为任何事情发愁。

而她的丈夫陈俊生则是一个职场人士，为了全家的开销他要非常努力地工作，在公司里要面对许许多多的应酬和压力。

由于罗子君也是名牌大学毕业的学生，因此，两人的差距在一开始并不是很大。

然而就在婚后的几年，尤其是有了孩子之后，他们两个人生活的环境完全不同，在陈俊生需要工作上帮助的时候，罗子君帮不上什么忙，而对于陈俊生来说，罗子君的生活状态他也不是非常了解。

这种婚姻关系的失衡，最终导致了两个人共同语言越来越少，陈俊生背叛了感情，选择了凌玲，婚姻也就此结束。

婚姻本质上就是人和人合作，需要在双方之间，寻找平衡点。有平衡，齐头并进；长久失衡，很容易渐行渐远。

《简·爱》中有一段话："爱是一场博弈，必须保持永远与对方不分伯仲、势均力敌，才能长此以往地相依相息。"

真正的婚姻，是一个互动系统，在一方较强的时候另一方及时赶上，而在一方较弱的时候另一方及时弥补。

第一章
是什么在影响我们的婚姻

夫妻双方只有通过互助合作，实现动态平衡，才能找到人生的乐趣。

三、用更好的我，成就更好的我们

知名媒体人杨澜曾说过："婚姻是人类发明的一种社会制度，合理，但不完美。"婚姻不只是游山玩水，卿卿我我，情人节的玫瑰和纪念日的礼物也都曾带来美好的回忆，但比这些更长久的是共同的成长。

陈道明也说过："我什么都不是的时候，杜宪看上我，说明我太太一点都不功利。只能说是她的伟大，不是我的光荣。"在婚姻里，杜宪也不放弃成长的机会，不停地努力修炼好自己。

也许这就是婚姻的奥秘：独立成长，互相成全。哪有什么门当户对，轻而易举就完美的婚姻？不过是五十分的两个人，一起把日子过成一百分。用陈道明的话就是："好的婚姻一定是共修的。"

最好的爱情，不是谁变成谁的附属，谁为谁放弃了多少，而是因为这一份爱，因为想给对方更好的未来，两个人都更加热爱生活，更积极地成为更好的人，成就更圆满的人生。

婚姻的意义是什么？

有一个回答是："用更好的我，成就更好的我们。"就像舒婷说的："每一阵风过，我们都互相致意；你有你的铜枝铁干，我有我红硕的花朵。"

电视剧《心居》中，顾清俞和施源彼此倾心20多年，最终却分道扬镳，看似是生活的阴差阳错，其实是因为两人的成长不同步。

顾清俞不再是当年的"傻白甜"，她能力卓越，事业有成，见识过更广阔的世界。而施源却在生活的捶打下，失去自信，变得怯弱，在患得患失中迷失了自我，他的思维和格局，早已跟不上顾清俞的步伐。

世上没有永久的婚姻,只有共同成长的夫妻。

婚姻中,如果一个人阔步向前跑,另一个却缓慢爬行,最终只能是各自安好。

唯有共同成长,婚姻才能奏出和谐的乐章。

第一章
是什么在影响我们的婚姻

评估你的婚姻状况
——五份专项问卷

莎士比亚说:"婚姻是青春的结束,人生的开始。"

莫扎特说:"婚姻固然带来甜时蜜月,却也少不了烦雾愁云。"

罗曼·罗兰说:"婚姻是两心相印、相忍、相让的结合。"

每个人都想要美满的婚姻,但在相处中,两人总有不断的误解、分歧和争吵,逐渐地离幸福越来越远。

幸福的婚姻,不仅要经得起柴米油盐的考验,更重要的是两个人的精神树木,能不能在婚后共同生长,而不是纠缠与索取,忘了当初是如何坚定地走入婚姻中的。

婚姻中,你是否面临这些问题:

(1)想知道现在的婚姻质量如何?

(2)觉得结婚后,矛盾越来越多,沟通越来越少?

(3)感情越来越淡,想提升与另一半的感情浓度?

(4)婚姻不断亮起红灯,却不知如何补救挽回?

(5)想提前知道如何规避婚姻破裂的风险?

为什么我们的婚姻会出这么多问题呢?

究竟怎样才能够经营好一份幸福的婚姻呢?

一、专项问卷，帮你找到婚姻的问题

有五份关于婚姻的自评问卷，不论你是新婚燕尔还是处于七年之痒，或是老夫老妻了，都可以用来评估一下你的婚姻处于怎样的状态。

在答卷时，请完全按照自己的实际情况和真实感受作答，不要刻意挑选正确的答案，也不要征求他人（包括配偶）的意见。

评分标准是：选"是""从不"者得5分，选"不确定""有时"者得3分，选"否""经常"者得1分。

婚姻满意度

序号	题目	是	不确定	否
1	夫妻对彼此的外貌或能力能够相互欣赏			
2	配偶对我和家庭很负责任			
3	夫妻在家务劳动方面的分工很合理			
4	对配偶的职业、地位或经济状况满意			
5	夫妻在各方面都彼此信任			
合计				

诊断：

20～25分，对婚姻的满意度较高，夫妻关系和谐；

11～19分，对婚姻的满意度一般，夫妻关系需要沟通和调节；

5～10分，对婚姻很不满意，夫妻关系不和谐，婚姻出现问题的可能性很大，非常需要接受婚姻咨询或辅导治疗。

分析：

婚姻是否幸福很难用具体的标准去衡量，更多地取决于当事人的感觉。

如果夫妻双方对婚姻的满意度高，婚姻的状态就比较健康，结构也较为稳定，对外在的诱惑或冲击便具有一定的免疫力。

反之，夫妻一方或双方对婚姻的满意度低，则容易使婚姻的功能失调，使婚姻的稳定性降低甚至遭到破坏，在一定条件下，婚姻可能出现危机。

解决冲突的方式

序号	题目	是	不确定	否
1	在一些琐碎的问题上，夫妻不会产生严重争执			
2	如果对某些问题的看法和意见存在分歧，夫妻能够通过沟通和协商解决			
3	在家庭的重大事情上，通常由夫妻共同商量并做出决定			
4	尽量避免与配偶发生冲突，认为不这样就会影响夫妻感情和婚姻质量			
5	出现意见不一时，夫妻能够开诚布公地交流，然后决定怎样解决			
合计				

诊断：

20～25分，对冲突的解决方式比较满意，对婚姻和家庭中的冲突能够用成熟、理智的方式来应对，即使发生矛盾或冲突，对婚姻关系的负面影响也较小，甚至可以通过解决矛盾和冲突增进相互的沟通与理解；

11～19分，对矛盾和冲突的处理较为被动和消极，如果能够通过学习和婚姻辅导提高对矛盾和冲突的处理技巧，对改善、稳定夫妻关系及提高婚姻质量有积极帮助；

5～10分，婚姻内的矛盾和冲突较多，且对矛盾和冲突的处理方法不满意，因此一旦发生矛盾和冲突，便容易引发婚姻危机，所以非常需要接受婚姻咨询或辅导。

分析：

在婚姻关系中，发生冲突和矛盾是很正常的。

但能否成熟、理性地看待、解决矛盾和冲突，对婚姻关系能否维护、婚姻功能能否正常运转以及婚姻能否稳定有着重要的影响。

夫妻交流

序号	题目	从不	有时	经常
1	与配偶很少交流,感觉配偶不理解自己			
2	不愿把自己的情绪和感受告诉配偶,认为配偶如果爱我,就应该可以体会到			
3	感觉配偶对自己的想法和感受不在意,致使情绪受影响			
4	在工作和人际关系遇到麻烦时,通常从配偶那里得到安慰和支持			
5	觉得婚姻生活很空虚,和配偶在一起时感到孤独或烦躁			
合计				

诊断:

20～25分,夫妻间的情感交流较多,方式方法比较恰当,婚姻关系和谐、稳定;

11～19分,夫妻间的情感交流较少,方式方法不够恰当,需要学习和改善夫妻情感交流的技巧和方法;

5～10分,夫妻间的情感交流很少,存在缺陷,这些缺陷对夫妻关系和婚姻稳定性的负面影响较大,所以非常需要接受婚姻咨询或辅导。

分析:

夫妻关系是一种特殊的人际关系,配偶双方作为独立的个体,不仅性别、角色和分工不同,而且在家庭、经济和社会文化背景以及个人的动机、需要等个性心理特征方面都可能存在着差异,因此夫妻双方只有在情感、情绪和生活价值观等方面以恰当的方式进行交流和沟通,才能使婚姻健康、稳定。

反之,配偶一方或双方不善于沟通和交流,就容易造成误解、猜测和疏离,使婚姻关系遭到破坏。

性生活满意度

序号	题目	是	不确定	否
1	夫妻能够尊重彼此的性需要和癖好			
2	为了提高性生活质量和保持性乐趣,夫妻经常学习、尝试新的办法和技巧			
3	担心配偶在性方面对自己不感兴趣			
4	与配偶谈论性问题和性感受,对我来说是很容易和轻松的			
5	担心配偶有寻求婚外性关系的想法或行为			
合计				

诊断:

20～25分,对自己的性角色和性生活状况比较满意,夫妻间的情感和性感受交流较多,双方能够通过沟通和交流改善性生活的技巧,提高性生活的质量,促进婚姻关系的和谐稳定;

11～19分,对性生活不够满意,夫妻间对性问题和性感受的交流较少,双方需要学习夫妻情感交流的方法和技巧;

5～10分,对性生活的满意度低,夫妻间在性问题和性生活方面的交流存在障碍和缺陷,这些障碍和缺陷对夫妻关系和婚姻稳定性的负面影响较大,所以非常需要接受婚姻咨询或辅导。

分析:

性生活是维系夫妻感情和婚姻稳定的非常重要的因素,美满的性生活可以增进夫妻关系的亲密与和谐,使婚姻保持稳定。

反之,性生活不和谐,或者在性问题上夫妻间的沟通存在障碍,便很有可能导致夫妻关系疏远、婚姻不稳定。

性格相容性

序号	题目	从不	有时	经常
1	配偶对许多事情很挑剔,使我心情不好			
2	夫妻的个性、脾气都比较投合			
3	夫妻对彼此的兴趣和爱好能予以尊重			
4	配偶看问题太主观、很固执,使我很苦恼			
5	认为如果当初了解配偶的个性,就不会选择其做配偶			
合计				

诊断:

20~25分,对配偶的性格与行为比较满意,夫妻间的行为和性格相容性较好,由双方性格和行为引发的矛盾和冲突较少;

11~19分,对配偶的性格与行为不够满意,夫妻间的行为和性格相容性一般,有可能因为双方性格不合而引发矛盾和冲突,有必要进行婚姻关系的调节和接受婚姻辅导;

5~10分,对配偶的性格与行为极不满意,夫妻间在行为和性格方面的矛盾和冲突较多,这对夫妻关系和婚姻稳定性的负面影响较大,所以非常需要接受婚姻咨询和辅导。

分析:

婚姻关系中能否对配偶不同的爱好与兴趣给予理解、尊重,直接影响到夫妻关系的和谐与亲密,影响到夫妻感情和婚姻稳定性。

二、婚姻像一部机器,故障在所难免

心理学家巴法利·尼克斯曾说:"婚姻是一本书,第一章写的是诗篇,而其余则是平淡的散文。"

小时候我们看的许多童话故事,结尾总是那一句:"从此,王子和公主过上了幸福的生活。"长大后才知道那真的只是"童话",童话都是完美的。但是岁月残酷,爱情在恋爱的时候是甜蜜的,一旦

第一章
是什么在影响我们的婚姻

进入婚姻并不能一定成就想象中的幸福。

苏格拉底说："爱情是一种理想，婚姻是一种理智。"爱情，是荷尔蒙和多巴胺刺激下的幻象与童话，而婚姻，却是柴米油盐里的一餐一饭。

被公认婚姻幸福的张歆艺，也曾清楚认识到婚姻的真实与不完美。

在综艺节目《奇葩说》里，主持人马东问张歆艺："你心目中，完美的婚姻是什么样的？"张歆艺回答说："我觉得没有完美的婚姻，只有别人眼中完美的婚姻。"

完美的事物是从来不曾存在的，婚姻也是。即便婚前拥有完美的爱情，婚后也难以拥有完美的婚姻。

《裸婚时代》中，童佳倩和刘易阳，在结婚之前，两人相恋8年，曾是感情甜蜜令人羡慕的小情侣。

因为刘易阳家太穷，童佳倩父母不同意他们结婚。为了嫁给刘易阳，童佳倩想尽了一切办法：绝食、偷户口本、未婚先孕……破罐子破摔，几乎与父母闹翻，才如愿以偿和刘易阳结了婚。

没想到，婚后的一切，都变了：

婚前，刘易阳的生活重心都是她；婚后，他忙工作忙到不见人影，她只能一人独自艰难带娃；

婚前，去刘易阳家，还能和准婆婆其乐融融一起吃饭；婚后，婆婆不仅小气，还事无巨细地管她，让她无法忍受……

许多人和童佳倩一样，抱着对爱情的向往一脚踏入婚姻，却发现和自己想象的完全不一样。

为什么一结婚，就感觉对方"变了个人"？

婚姻到底对我们做了什么？

其实，没有完美的婚姻，"有问题"的婚姻，才是真实的。

李清照和赵明诚是历史上有名的恩爱夫妻，他们幸福的点滴，

在李清照的那些词句中都有迹可循。

赌书泼茶的游戏，倚门回首、却把青梅嗅的娇羞，每当读着这些句子，两人相爱的那些画面就会出现在眼前。

他们在那个时代算是自由恋爱了。

一次出游时，年轻的李清照和赵明诚相遇，从此，就有了一种相思两处闲愁的心绪。

后来，赵明诚的父亲得知了儿子的心意，就去李清照家提亲，有情人终成眷属。

也许有人会觉得他们是最美满的婚姻，两人势均力敌，有着共同的爱好，三观一致，简直就是神仙眷侣。

可是，婚姻就像一部机器，故障在所难免，他们又怎会一直幸免呢？

李清照在《金石录》写过一段话："余悲泣，仓皇不忍问后事。八月十八日，遂不起。取笔作诗，绝笔而终，殊无分香卖履之意。"

这是李清照写丈夫赵明诚临终前的情形，翻译过来就是：我在悲痛之中不敢问他对后事的安排，到了八月十八日，赵明诚已经不能起身了，拿了笔写诗，然后去世了，完全没有说对我的安排。

原来，他们最后那段时光的感情，早已是千疮百孔。

热恋中的情侣，多的是风花雪月浪漫的事，可结了婚以后，两口子一起过日子，又有谁能避免这真真切切现实中的柴米油盐呢？

三、美好的婚姻，是两个人的一世修行

《诗经》中的经典名句"执子之手，与子偕老"，寄托了人们对婚姻的美好期待和祝福，于是，千百年来被世人广为传颂。

《增广贤文》中说："百年修得同船渡，千年修得共枕眠。"有人说，现代社会，变化万千，能保持婚姻的长久，乃是难上加难。

第一章
是什么在影响我们的婚姻

美好的婚姻，是两个人的一世修行。获得幸福婚姻的最有效方法就是两个人都提高自己、修炼自己、完善自己，只有这样相处起来才会轻松，也只有这样，婚姻才不会对双方构成束缚。

曾经有一位父亲在女儿婚礼上致辞："婚姻不是1+1=2，而是0.5+0.5=1。结婚之后，你们两个要各去掉一半的个性才能组成美满的家庭，婚姻不是占有，而是结合。"

张智霖和袁咏仪这一对神仙眷侣，经常被人称为模范夫妻，但是他们每次采访，都极力否认是模范夫妻，他们也经常因为一点小事而吵得不可开交。他们的神仙爱情十多年后还依然保鲜，更多的是因为懂得修炼自己，彼此包容，彼此理解，共同去经营这段关系。

婚姻关系里，没有输赢，有的是相互包容，彼此成就。

"一叶一追寻，恒心宠爱深。相偎知冷热，陪伴共惜真。"胡秉言曾用一首五绝，道尽了爱情与婚姻的真谛。

人这一辈子，真想维持一段长久的婚姻，一定要用心磨合、用爱相伴。

林清玄说过这样一段话：幸福的开关并不是你拥有很多的财宝，而是你要打开心里那个通往幸福的状态。你一打开，即使非常微小的事情，都可以感到幸福；你一打开，即使人生遭遇了非常大的挫败，也可以感受到幸福。

婚姻里幸福的开关，掌握在我们手中。

婚姻需要我们用智慧去经营和规划，不把它当成爱情的终点站，而把它看作是人生的一个里程碑。

婚姻需要我们在婚后的生活中，不断地注入自己的爱和能量，这样才能让婚姻赢在起点，决胜终点。

婚姻是一门功课，我们都需要不断学习。

婚姻是一座花园，我们需要不断浇灌养护。

婚姻也是一出戏，我们都需要演好自己扮演的角色。

幸福夫妻和普通夫妻的最大区别
——婚姻也有"情商"

公园的长椅上,路灯下拉长了一个疲惫的身影,他不停将手机拿起又放下。这是谢涵的老公,就在3个小时前因为谁给女儿洗澡的事情和谢涵吵架了,谢涵离家出走了,他跑遍了小区周边,没找到,发消息也不回。

这不是第一次了,谢涵夫妻经常冷战,用谢涵的话说,就不理他,晾他几天就知道害怕了,屡试不爽。谢涵常和闺蜜说的就是:"我已经一个星期没理他,没回他信息了。""前几天和我凶,我一个星期没理他,这几天对我好得不得了。"但凡闺蜜劝说几句,谢涵都会以男人就是要好好敲打敲打来反劝闺蜜。

从恋爱到结婚5年,谢涵老公不说任劳任怨但也体贴入微,身边的人无不羡慕谢涵有一个好丈夫,每逢节日给到女人在意的仪式感,日常也是谢涵说往东不往西,每次冷战,谢涵老公都觍着脸哄着求和。

"咚咚咚……"随着一阵敲门声,凌晨1:00,谢涵在闺蜜家终于被老公找到了。谢涵的老公坐在沙发上,人像是泄了气,可能是找到终于安心了,紧绷的弦终于松开了,他深吸了一口气,抬头看着谢涵:"我们离婚吧!"没等谢涵回应,他就起身走了。

谢涵愣住了,她从没想过会从老公嘴里听到这句话,自己就是生气不理他,没外遇,没出轨,这也不是多大的事儿,天天把自己捧在手心里的老公怎么就提出要离婚了?

闺蜜劝着谢涵,让她和老公好好聊一聊,谢涵却含着泪扭着头说:"没什么好说的,我看他敢不敢。"

谢涵的心里,其实是很害怕的,她很怕老公真的要离婚,这么多年老公对她的好历历在目,他知道这次老公不是说说气话而已……

一、神仙眷侣的婚姻,同心、同理、同行

你的婚姻幸福吗?

亲密关系,对你来说是一种滋养还是消耗?

婚姻也有情商,神仙眷侣的婚姻,是两个高情商的人共同创造的美好。

20世纪六七十年代,婚姻专家W.J.莱德利,创造了"婚姻四象限"说,描述了世人的婚姻状态,有的夫妻"貌合神离"、有的夫妻"神仙眷侣"、有的夫妻"相爱相杀"、有的夫妻"亲密协作"。不同婚姻状态的背后,是婚姻的"稳定"和"满意"两个元素。

四象限图,是给世界上的各类婚姻画的一张素描图。

	稳定	
貌合神离		神仙眷侣
不满意		满意
相爱相杀	不稳定	亲密夫妻

有的夫妻关系不稳定,夫妻两人常常处于冷战、吵架、打架、外遇中……

有的夫妻心里对婚姻关系不满意,包括情感、情绪、经济以及社会价值等方面……

婚姻中的高情商,意味着婚姻就像经营店铺,在获得价值的同时,也需要计算成本,偶尔做个打折促销。如果一味地索取,就会

让对方耗尽心力。

"婚姻教皇"约翰·戈特曼在《幸福的婚姻》一书中说:"使婚姻幸福的方法简单得出人意料——幸福的已婚夫妇需要在日常生活中找到一个动力,这个动力能使他们对对方的积极想法和情绪不被消极想法和情绪压倒,即他们需要拥有婚姻情商。"

婚姻中的高情商是知进退、懂分寸,也是同心、同理、同行。

高情商的人,好像一条柔软的绳,轻巧、灵动,能迅速左右转弯,也能立即180度掉头。这样的人,能在婚姻的乐章中随心起舞,让爱在亲密关系中衍生流动。

二、觉察自我的缺失,疗愈好内心小孩

一个缺爱的人,往往会不断证明被爱,哪怕是通过极端的方式。

金庸的小说《天龙八部》中,有一个大家熟知的角色——阿紫。在感情中,阿紫仿佛天生就带着一种"恶",她肆无忌惮地对待迷恋她的游坦之,不仅诱骗他做毒虫的引子,将烧红的铁面具烙烫于他脸上,甚至在以为他死去后,毫不留恋地一脚把他踢进河里。阿紫,是段正淳和情人阮星竹的私生女。童年的阿紫,跟随星宿老怪,没有父母的陪伴。成长后的阿紫,面对游坦之的爱,无底线地用"生气"和"折磨"回敬对方。

阿紫的逻辑是:如果你想证明你爱我、理解我,你就来承受我的折磨啊!

在亲密关系中缺乏安全感的人,会经常担心对方是否爱自己,是否接纳自己,从而不停地在行为上寻求认可。一般他们的童年时期,父母的回应是不及时、不稳定、不准确的,作为孩子,他们会因不确定性带来焦虑,同时觉得自己没有价值,形成焦虑矛盾型的依恋关系。

安全感是指个体对可能危害身体或心理的危险或风险因素的一种预感，或者个体在应对处事时的有力感或无力感。

故事中的谢涵，屡次晾老公几天，让老公来求和，这个行为背后，就是缺乏安全感的表现。童年缺乏安全感所造就的人际模式，被带到了婚姻中，这是谢涵需要好好修习的人生功课。

亲密关系中，反复用极端的方式试探对方的爱，换取自己内心缺乏的安全感，会让伴侣的爱在不断的撕裂中渐渐消磨，最终让婚姻走向破裂。

谢涵觉察到自我的缺失，疗愈好内心的小孩，让内心丰盈起来，才能自在地构建和他人的关系。谢涵需要打开潜意识，感受真实的自我，问问自己：

我是一个值得被爱的人吗？
对方是一个值得信任的吗？
值得被爱和值得信任，需要多次验证吗？
我可以怎样做一些行为来改变自己？

试着用潜意识碎片来排列心里的感觉，让这份感觉流动起来，产生正向的能量，收获更和谐的亲密关系。

三、"枕头法"练习，转换问题的视角

社会心理学家霍曼斯认为："人们之间的关系，或者说人际交往在本质上是一个社会交换的过程。"

婚姻的本质是一场价值交换，是以情绪价值为主的，以生存价值和繁殖价值为辅的价值交换过程。在婚姻这场合作中，目标是共赢。伴侣能给我们的是婚姻能给你的回报，而自己能给伴侣的，是你在婚姻中的筹码。

在关系的互动中，人们在交往中总是在交换着某些东西，或者是物质的，或者是感情的，以及诸如赞许、声望、符号之类的东西。

在刚结婚时，许多人会把婚姻放在一个很高的位置，在理想认知中，考虑不到燃料会用尽，若不及时添加，行驶的婚姻列车会渐渐停止，让多年的感情受到影响。感情破坏了，婚姻就难了。

男人女人走入婚姻，是相互理解的过程，是相互欣赏、吸引、支持和鼓励的过程。多站在各个角度考虑问题，我们才能让婚姻的列车行驶得更远。

有一个小方法叫"枕头法"，即"枕头有四个边，遇到意见相左的人，也有四种立场"，我们在遇到冲突的时候，如果能经常通过"枕头法"来转换自我，可以帮助自己看得更高、更远。

第一个方向：我对你错。

一个人惯有的思考方式，是从自己的立场出发，我是对的，有道理的，老公是错的，他怎么能这样。在日常生活中，"我对你错"让我们与伴侣发生冲突，情绪失控，甚至两败俱伤。

第二个方向：我错你对。

从对方的立场和角度去思考问题，在争吵的间隙，努力找寻对方观点中的可取之处。

第三个方向：双方都对。

承认双方的观点都有对和错，并不是某一个人全对或全错。让一个人偏执的是——"我一定对，你一定错"，当我们承认大家都对，只是出发点不一样时，情绪就能缓和一些。这个承认的本身，是情绪消退的过程。

第四个方向：这个议题不重要。

高频次的吵架，让两个人的关系和事情本身往负面的方向发展，其实这个议题没有我们原先想的那么重要，不如两个人的婚姻关系重要，也不如儿女重要，从而让冷战、冲突、焦虑慢慢地被淡化。

我们在爱的时光里拥有了伴侣，同样，我们也要在爱的时光里修炼自己的高情商，靠自己获得丰盛的生命以及长久的幸福！

第二章

沟通表达——搭起通向幸福的桥梁

他为什么总在我们沟通时无理取闹
——亲密互动中学会彼此认同

秋已深，天渐凉，昏黄的马路边上，银杏叶如期变黄。

站在树下，看着叶子脱离枝丫，在空中画着弧线，像哀愁，像叹息。

银杏叶轻轻飘落地面时，有一种难以被察觉的颤抖和细微的痉挛，一片叶子落入季红的掌心，像是给她带来一丝抚摸和安慰。

季红刚刚和老公沟通得很不愉快，心里有些闷，也有些困惑，不知道怎么和他深入交流，于是出来在马路上散散心。

书上说，如果你要与丈夫谈一件事情，一定不要说"我想和你谈谈"，而是先说点其他的事情，这样他才可以接受。

季红照着书里的方法对老公试过，可实际效果太差了。跟他开玩笑可以，但一介入要说的话题，他就不吭声。可是他越是这样，季红越想知道他到底是怎么想的。

最让季红生气的是，每次在等着老公回答时，他却像没事人一样去睡觉了。

"起来，我们还没有聊完这个问题呢！"季红用力地掀起被子，一脸的气愤。"有什么好聊的呢，快睡觉吧，别多想了。"老公轻轻地拉上被子，不再说话。

最后是，季红气呼呼的，老公呼噜呼噜的。

很多时候，季红会觉得老公不尊重她。她说一个话题，他经常不吭声，反而会在一边模仿表情和动作；她想要严肃、认真地和他讨论一件事情，一说到正题他就逃避、敷衍；她追问得多了，他就认为她胡搅蛮缠。

老公的这种态度,让季红很不舒服,或许自己其实不需要老公给出一个确定的答案,只希望两人之间有互动,有正常的交流,可现实是两个人根本不能深入交流。

夫妻之间,怎么就不能好好聊聊了?

一、婚姻,是一场默契的双人舞

人人都追求幸福美满的婚姻,婚姻最理想的状态是伴侣之间各方面的高度融合,实现身心的多重满足。

真正的爱是一种双向的流动,既能接受爱,也能输出爱。

有种舞蹈,叫作婚姻。

两个人的婚姻是一种双人舞蹈,和谐的方式有很多。

一种是两个人舞步相同,姿态相似,夫妻同心,跳得像一个人似的。但这种舞蹈并不是婚姻的最高境界,因为每个人必须遵守规则,在细节上亦步亦趋、不能松懈,不能随心所欲、即兴发挥,这种舞跳起来可能好看,也容易得到别人的欣赏和赞同,但舞者不能全身心地享受舞蹈过程,而是表演。

另一种是夫妻舞步可以不同,姿态可以不一,但节奏一致,舞蹈呈现着内在的和谐。跳舞的人根据自己对婚姻的理解,身随心起,步随意发。初看时,以为夫妻配合失当,仔细琢磨才知道,相互配合才是婚姻的最高境界。

纪伯伦在《论婚姻》中如此说:

彼此相爱,却不要让爱成为束缚:
让它成为涌动在你们魂灵岸间的大海。

要斟满每个人的杯盏却不是从一只中啜饮。

将你的面包送给另外一个，而不是从同一片上分食。

一起快乐地唱歌跳舞，但要让你们中的每个人都能独立。

即使是竖琴上的琴弦也是独立的，尽管它们在同一首乐曲中震颤。

给出你的心灵，但不是要交给对方保留。

因为只有生活之手才能容纳你们的心灵。

要站在一起却不能靠得太近：

因为庙堂里的廊柱是分开而立，

而橡树和松柏也不能在彼此的树荫里生长。

婚姻中的两个人既是一个整体，又是独立的个体。

最理想的夫妻关系是，亲密而保留适当疏离，坦诚而保留部分隐秘，可两情缱绻，又有个人天地。

电影《隐入尘烟》中，在黄土漫天的地里，马有铁和曹贵英一起犁地、播种、灌溉、收割、造砖、盖房……两个如尘埃的孤独个体，从相识到相守，照亮了彼此的人生。他们日出而作、日落而息，有笑有泪，即便平淡的生活里没有太多爱的对白，却用行动证明爱到了极致。

用麦粒摁出的花，是两人相濡以沫里最为浪漫的印记，如诗般散发着人性深处最真诚的温柔。

谁又能说，不用语言表达就一定不爱呢？不用语言表达就是不尊重和不重视呢？

季红认为丈夫不尊重自己，遇到问题爱逃避，她像在唱独角戏，因此充满了挫败感和失落的情绪。

一对失去语言表达能力和听力的老夫妻，仍然可以顺畅地交流，甚至默契地度过一生，他们靠的是怎样的交流呢？其实，两个人的交流，重要的是心意相通。

爱之深，有时尽在一个动作、一个眼神、一个表情中。

二、高质量的情绪价值，让爱源源不断

在网上有一个故事，非常让人感动：

一位网友和老公凌晨四点去赶飞机，路上不小心撞了车，连机场大门都没有到。面对眼前两辆"对对碰"的车，她简直崩溃至极，但是老公却安慰她："撞车和没有赶上飞机，都是小事，你不开心才是大事。"

听了老公的话，她瞬间觉得轻松了，难得有机会早起，索性欣赏了一路日出的美景，又去了网红早餐店觅食，然后美美地回家补觉，准备明天再出发。

这位网友说，她受家庭影响，是一个很情绪化的人，遇到点事情就暴躁心烦，而老公却是一个情绪稳定的人，越是紧急的情况越是淡定。在一起的这几年，每次发脾气，老公都能很快察觉到她的心情，然后及时化解掉，受老公的影响，她也变得包容温和了许多。

好的婚姻会让人越来越好，这是情绪价值最好的示范。

所谓情绪价值，就是我能"接住"你的负面情绪，并且把它处理、过滤掉，再输出给你积极的情绪。

我们不去关注是非对错，只关注彼此的感受，那一句"一切都是小事，你不开心才是大事"，真的能瞬间抚平炸毛的我们。

和善于提供情绪价值的人在一起，我们可以尽情地表达自己的观点，不用害怕自己是不是做错事，只需要聚焦感觉，享受情感流动的感觉。

季红和丈夫的沟通显然没有达到这一步，像季红说的那样，"或许我不需要他给出一个确定的答案，只希望两人之间有互动，有正常的交流"。每次追问背后，其实都是季红在表达需求——获得丈夫的关注和情绪价值，而对方显然没有理解到这一点。

情绪价值，能让爱情继续，婚姻美满。为彼此提供情绪价值，是婚姻的高级艺术。婚姻中，如何给对方提供更多的情绪价值呢？

（1）能为自己的情绪负责，不肆意发泄负面情绪给他人；

（2）在伴侣伤心难过时给予支持，向对方表达自己的关注；

（3）制造幽默感，让彼此处在一个轻松的氛围中；

（4）以积极建设性的方式回应对方分享的好消息；

（5）在对方出现一个积极行为时，表达自己的肯定和鼓励，以强化这个行为。

（6）在争论爆发前，软化你开启对话的方式，通过清晰而温和的讨论，对方可以感知到你对他的尊重和关心。

情感被满足，是一个人最好的治愈。

做一个时常让另一半感到快乐的人吧，把积极愉悦的情绪传递给对方，我们也更容易被回馈积极的情绪，在良性的交换中，关系会越来越亲密。

三、知己知彼，方可奏出美妙的乐章

夫妻，是同一把琴弦上的弦，在同一旋律中，彼此独立却和谐地颤动。每一根琴弦都有自己的特色，想要奏出美妙的乐章，需要放弃改变对方的念头，多了解、熟悉对方的特点。

季红不知道如何与丈夫深入沟通，总感觉丈夫难以理解她，这其实与两人的类型不同有关。

我们主要靠视觉、听觉和感觉去感知世界，这是人类最常用的三种接收讯息的方式，也可以叫作信息的过滤系统，简称VAK（Visual-Auditory-Kinesthetic）模式。VAK模式根据感知渠道的偏好，把人分为三种类型：视觉型、听觉型和感觉型。

1. 视觉型的人通过视觉感知世界

说话速度快、急，身体动作比较敏捷，目标结果导向，不太有耐心，不太关心细节，对单一事情的专注力不够，对冗长的说话、描述感到不耐烦。视觉型的人说话，常常会让人有画面感。

2. 听觉型的人通过听觉感知世界

说话着重内容和文字的运用，讲究程序、步骤，留意细节，记忆力强，有逻辑有条理，往往说话的语速较慢，比较注重说话的语气。听觉型的人因为逻辑能力和记忆力超群，通常是学霸。

3. 感觉型的人通过感觉感知世界

对文字的记忆力不强，但对带有浓烈情绪的经验难以忘怀，对重点和细节不热衷，重视事情的整体意义和感觉。感觉型的人很重视感受，需要别人的关怀和重视，对明白他感受的人分外珍惜。

对照一下，你和伴侣，是属于哪一个类型？

提升对伴侣的认知，会让我们更能理解对方，找到恰当有效的相处方式。

比如，季红若发现丈夫更倾向于视觉型的，较难长时间集中注意力，那么她和丈夫沟通时，就要避免在他耳边碎碎念，说话应该简明扼要些。

同时，可以多用手势配合自己所说的话，可以多借助一些色彩、图片、视频，也可以多用一些调动视觉的词语，如"东张西望""鸟语花香"等，来吸引和保持对方的关注。

给对方指示或解释的过程中，我们要多做引导，少说道理，经常问问："你的看法是什么呢？""你能把事情讲得更清晰一些吗？"

观察自己和伴侣的类型,并善用对方的类型,有利于增加彼此的亲切感。

战场上,知己知彼,百战不殆。

婚姻中,知己知彼,更能奏出美妙的乐章!

第二章
沟通表达——搭起通向幸福的桥梁

我俩无话可说,婚姻进入疲惫期怎么办
——边际递减下的关系逆袭

结婚7年后,小茵其实已经不太在意什么是爱情,爱情是不是变成了亲情。但她很困惑,她和老公之间的沟通次数、在一起的时间越来越少了,结婚前的那种舒坦、轻松、惬意,已远离她很久了。

曾经多少次,大夏天,小茵抱着半个西瓜,吹着空调,追着喜欢的综艺,老公在旁边陪着傻乎乎地笑,一脸的满足;曾经多少次,两个人冬天坐在一起吃火锅,听着粤语歌,锅里咕嘟咕嘟地冒泡,老公一边给小茵讲笑话,一边往她碗里夹羊肉,小茵一边笑一边在嘴里嚼着热乎乎的鱼丸。

近几年,丈夫的事业连上好几个台阶,因此也变得更加繁忙,小茵和老公逐渐开始聚少离多。小茵怀孕后,不得不因为生孩子而放弃了工作,一心投入教养孩子的事业中去,双方更是忽略了彼此。

随着孩子的成长,争吵开始变得愈加频繁,感情也在一次次争吵中越来越淡。之前说好夫妻不吵隔夜架,有矛盾一定在睡前解决掉的约定,也慢慢被遗忘在脑后。

有一次情人节前夕,小茵问老公:"快过情人节了,咱们是不是可以一起度过这一天,安排点节目啥的?"老公竟然回答:"不是和你说过了吗,我们不过西方的节日。"听到他的这种说法,小茵真是无语了。

不仅每个重要的日子都没有了纪念,而且两个人从约定好的每周一次电影、每年一次旅行都没有了,现在,就连牵手也变得吝啬起来。

小茵觉得每一天过得像打仗，从早晨起来督促孩子上学，到各自去上班，下班回家辅导孩子作业，安顿好孩子，结束这一天后已经精疲力竭。可是老公一般都在床上早早就躺好玩手机，然后关灯睡觉。

孩子大点后，两个人除了聊孩子也没什么机会和话题聊，而且一聊就卡住，很难平心静气地听对方把话说完。

两个相爱的人曾经无话不谈，有说不完的话，现在却无话可说。

现在，小茵和老公连吵都懒得吵了，已经进入了婚姻疲惫、相顾无言的状态，怎么办？

一、释放舒适空间，制造新鲜感

这个世界上，没有一对夫妻是真正完美的。

有多少夫妻，因为谁去接孩子的事而争吵，因为半夜被孩子的夜哭吵醒而发脾气，因为教育理念的冲突而冷战。

有多少夫妻，婚姻里残存的爱情一点点被生活消磨殆尽，生活里的烟火气逐渐取代了爱情的甜蜜。

有位网友倾诉：结婚10年，觉得和老公越来越没话说。这些年里，她每次想找老公聊天，对方对于她的话基本上没有什么回应，不是"啊""嗯"地回答，就是专心地玩游戏。而平时，老公除了和她说孩子的事，或者问她"吃什么"，几乎没有多余的话。

正如莫文蔚的《阴天》中所唱的："开始总是分分钟都妙不可言，谁都以为热情它永不会减，除了激情褪去后的那一点点倦。"

是什么让如胶似漆的恋人，在时间长了之后，心潮也归于平淡？

生理上来讲，25岁之后人的身体是开始走下坡路的，无论男女，但女性在外貌上表现更明显。而这个阶段又是大家刚刚开始工作的时候，又面临着婚姻问题，许多人的身体会开始传递不好的信号，

第二章
沟通表达——搭起通向幸福的桥梁

甚至每况愈下。

心理学有个边际递减效应，简单来说，就是同样的一件事情，做的频率多了，那么感觉就会越来越少了。

举个例子：当你很渴的时候，有人给你一瓶水喝，你会感觉水甘甜可口，幸福感是最强的。当给你第二瓶时，你感觉还不错，到了第三瓶、第四瓶的时候，幸福感就慢慢递减了。等到给你第十瓶水喝的时候，你就没什么幸福感了，觉得这瓶水并不好喝，甚至会觉得恶心反胃。

第一瓶水和第十瓶水完全一样，为什么给你的感觉却完全不一样呢？这就是——边际效益递减。

这种规律放到亲密关系中也是一样的道理。

婚后，小茵和丈夫之间的幸福感容易在时间的消磨中递减，对之前感动的事，逐渐麻木和无感，甚至感到厌烦。

二、此消彼长，保持边际的动态平衡

人的身心是一个系统，不引入新的资源，就会越来越没有活力和亮点。如果自己对自己都没有新鲜感，就不能指望别人对自己有永恒的新鲜感。

但是，爱情是一种感觉，感觉是瞬息万变的，好的感觉可以溜走，好的感觉也可以通过一些方法要回来。持久的爱情，不仅仅是让对方爱上你，而是让对方一次又一次地爱上你。

很多年龄过了30岁的女性，她们的工作已经渐入佳境，内心非常稳定，举止言谈充满魅力。而很多人其实当年在学校里，可能就是个很普通的女孩子而已。

我们无法阻挡很多东西递减，但我们可以用其他东西补足。重要的不是那些已经丢失的东西，而是无论丢失了什么，依旧有能力给自己快乐。这方面递减了，那方面增加了，此消彼长，让自己的婚姻达到动态平衡，从而能够缓解很多婚姻中的问题。

1. 放下抱怨，释放出两个人的一个舒适空间

抱怨，对问题解决于事无补。与其抱怨生活，让人生黯然失色，不如寻求改变。

怎么释放舒适空间呢？把对丈夫和家庭的关注力移到自己的身上来。之前，小茵都是关注怎么和丈夫一起做事，丈夫怎么样等，现在把焦点放在自己身上，比如自己出去旅游一次，去云南，去拉萨，去任何自己想去的地方，并且把好的状态呈现在朋友圈中，散发正能量。

2. 打破常规，创造两个人之间的一些新鲜感

做以前没有做过的事情、不一样的事情。

打破之前相处的固化模式，让彼此感觉将来有无限的可能，更有利于提升新鲜感。比如，每晚睡前做点和前一晚不一样的事情，一起外出时选择没有体验过的酒店等。

一个人长得很漂亮，是个大美女，但是看长了，也可能让人感觉不到那么惊艳了。但是如果这个人能够创造新的元素，比如去学跳舞，转变为一个会跳舞的美女，就会给人惊喜："她这么漂亮，竟然跳舞也这么好看。"学完舞蹈，还可以去健身，再次给人惊喜："她真是处处开花，能多年保持这么美的马甲线，整个人状态就像少女。"

三、拥抱初心，让爱一直都在

在《你变了，我们离婚吧》这个短片中，当丈夫以妻子变了、感情淡了和妻子提出离婚时，妻子同意了，但她有一个要求：希望老公能在接下来的一个月里，完成她提出的要求。虽然老公不能理解妻子的要求，但一想到只要熬过这30天就可以彻底告别这段乏味枯燥的婚姻，他同意了。

妻子的要求是：

上班前，妻子要求抱她一下再走。

下班后回到家，妻子要求他牵一下她的手。

睡觉之前，妻子要求他说一句"我爱你"。

清晨起床前，妻子要求一个早安吻。

在这30天里，同样的动作日复一日。渐渐地，老公开始习惯这样亲密的互动，他开始意识到，之前忽略了妻子对自己的关心：她为自己夹好的菜，她为自己挤好的牙膏，她在家饿着肚子只为等自己下班回来一起吃的一顿饭……

一天下属问他当初怎样求婚的，老公思忖了片刻，回想起当初向妻子求婚时的场景：他承诺，以后每天都牵她的手，抱她、亲她、说爱她。

他幡然醒悟，当初自己就是这样承诺妻子的，为什么后来没有做到，忘记了自己的初心呢？

宋丹丹经历了三段婚姻，在一次采访中，谈及离婚，宋丹丹说道："原本只想要一个拥抱，不小心多了一个吻，然后你发现需要一张床、一套房、一个证……离婚的时候才想起：你原本只想要一个拥抱。"

很多人像小茵夫妇一样，结婚后都过得太匆忙，忘记了相爱时的初心，辜负了在意自己的人，婚姻也失去了原本的模样。

雪崩时，没有一片雪花是无辜的。婚姻不易，不忘初心，才能共创未来。

尝试回忆婚姻最初的模样是怎样的？

想想当时为什么选择此人终老？

当初令你心动的感觉是不是还能找回来？

邓超在微博上说过:"为了孩子,和孙俪每天喝一杯的习惯改到了早上。"这条微博,意外地曝光了他们夫妻的相处之道——即使再忙,也不忘记彼此,要一起做一些事情。

表面看,他们只是一起喝杯咖啡,但正是这件小事,让他们能永葆爱的初心,这是在为他们的爱情保温,为爱加油。

很多人,误把"激情"当"爱情",认为婚姻进入疲惫期,没有了"激情"也就没有了爱。

但,在每一次做饭时忙碌的背影里,在每一个晚归夜里亮起的微光中,初心在,爱一直都在。

第二章
沟通表达——搭起通向幸福的桥梁

说到对方心坎上
——破译"爱的密码本",读懂对方的心

夫妻恒久之道,贵在交流沟通。

琳琳和她老公是朋友们眼中的一对璧人,没想到结婚大半年,竟陷入了沟通困难的境地。

琳琳今年25岁,在一家广告公司做广告策划。去年在一次聚会上,经朋友牵线搭桥认识了现在的老公。两人刚认识那段时间,可谓是一拍即合,当时还是男朋友的老公就特别喜欢牵着琳琳的手,每个星期去看场电影,两个人吃着爆米花,走在林荫道上,琳琳裙角飞扬,心里特别开心,觉得幸福不过如此。

一年的甜蜜恋爱后,两个人顺利结了婚。在婚后7个月的婚姻生活中,琳琳越发觉得她和丈夫说不到一块儿去,真有种"我说东,他说西"的感觉。

最近,琳琳的公司有人员调动的安排,琳琳被上级告知要在她和另一名同事之间选出一位晋升。于是琳琳最近变得很忙,也有些焦虑,加上自身性格又有些敏感,下班回到家,总是会将今天在公司的事和老公倾诉。

"今天我和同事做了策划分享,明明我更加符合甲方的需求,领导却夸赞了她的方案,这分明就是偏心!"琳琳原本以为老公看她最近为了策划这么劳累,肯定会好生安慰她一番,没想到老公慢悠悠地说:"领导既然认可了别人方案的优点,说明你那个地方确实做得不够好啊,你要做的是反思,思考怎么提升你的方案,而不是浪费

时间抱怨。"

琳琳的怒气一下子蹿了出来,心里清楚老公说的有道理,但就是很生气。"你为什么老是和我讲道理!你就不能安慰安慰我吗?"琳琳又生气又难过地哭了出来。

琳琳不明白,为什么老公总是说不到她的心里去,弄得自己经常生闷气。

一、伴侣间的差异,点燃争吵的火焰

古希腊哲学家奥斯汀曾说:"幸福的婚姻不仅需要交流思想,也要交流感情,把感情关在自己心里,也就把妻子推到自己的生活之外了。"

沟通,永远都是打破陌生的法宝。

对于刚认识的人来说,一次简单的交流就能瞬间拉近彼此之间的距离;对于情侣而言,无话不谈是两人情感升温的不二秘方;而沟通对于夫妻来说,就像是烹饪菜肴时必不可少的调料,是维系情感的纽带。

琳琳和她老公因为沟通出现的问题,其实正是由于男女双方思维方式、生理基础不同导致的。

不知道你们有没有听过一个段子:男人和女人就像是两个星球的生物,总是说不到一起去。看似调侃的一句话,但也不是毫无道理可言,你有想过其中的原因吗?

其实,这一说法可以一直追溯到远古时期。当时环境恶劣,男女分工,男人负责外出打猎,女人则负责采摘和收集果实。于是,这种生存环境下要求女人对信息掌握,比如什么果子是有毒的、什么地方的果子茂盛,等等。逐渐地,在这个过程中,沟通的重要性便显而易见地体现出来了。一个女人,为了源源不断地获取有用信息,平常日子里也要和部落其他女人维持着良好的沟通。

而男人呢?相比女人来说,他们需要经常外出打猎,找寻目标,这种行动要求他们更加冷静、讲求逻辑。慢慢地,女人逐渐演化成更爱交流的生物,需要获取到通过沟通给她们带来的情感维系,需要通过沟通带来安全感和认同感。

相反地,对于男人来说,他们天生的思考方式更偏于理性,擅长逻辑分析,给出意见。所以当琳琳回家向老公抱怨工作上遭遇的不公时,老公下意识的反应便是给出冷静的分析、客观的意见,而不是琳琳心里最希望听到的安慰和鼓励。也正是这种思维方式的不同,导致现在反复出现的譬如"钢铁直男"等调侃男性的网络用语。

有人说,人的一生,最大的成功,莫过于婚姻的成功;最大的幸福,莫过于家庭的幸福;而最重要的沟通,莫过于夫妻间的沟通。

尽管生理基础已经先天决定了男女思维方式的不同,但其实两个人能走到一起,建立家庭,先天的生理因素只是导致出现沟通问题的浅层原因。

二、重视对方的心理需求,共情让矛盾缓和

真正的灵魂伴侣,可以从对方一个眼神中就能读懂对方的心;真正的灵魂伴侣,是能够产生情感共鸣的。

电视剧《底线》中有一个离婚案,很让人深思。

吴华陪伴符祥从白手起家到事业有成,本该苦尽甘来,两人却因为生活重心的分化,出现了"婚姻危机"。

吴华不再是符祥的精神支柱,但符祥依然是吴华的中心。

回归家庭后的吴华,觉察到了丈夫的敷衍,因此,她想重回职场,找回自己的价值感。

她把想法告诉丈夫,以为会得到对方支持,却不承想,符祥态

度恶劣地说:"没有你,我可以有别人,但没有我,你这一辈子也只能待在办公室的格子间里打字。"

吴华一心想要重返职场,只为了得到丈夫的尊重,而对方如此刻薄,把她的努力贬得一文不值。

不平等的沟通让人窒息,但这也是很多婚姻的真实写照。

就像有人说的:"语言本身就是行动的一部分。"

海誓山盟的承诺,终究会输给失衡的家庭地位;风花雪月的爱情,最后也难逃话不投机的冷漠。

琳琳的老公之所以说不到琳琳的心坎里,除了我们前面说到的先天因素,更大的原因则是琳琳的老公没有体察到琳琳内心的需求,他并没有发觉琳琳回家和他诉说工作上的不顺意,不是想要寻求建议,而是需要一份来自枕边人贴心的安慰。

换作琳琳的老公遇到上司的不公对待,他会怎么想,怎么做呢?"我是哪里做得不够好,哪里得罪领导了?我可以从哪里改进?下次可以做得更好?"诸如此类的客观分析,顺带也给自己做了心理劝导。一番思考下来,根本不需要琳琳出马。然而,换成琳琳遇到这种事,她下意识的心理便是来自情感上的失落与沮丧。她急需的并不是来自他人的意见,告诉她该怎么做,相反地,她最需要的是一个大大的拥抱和爱人"不讲道理的"的安慰与开导。

不管是工作中还是生活中,与朋友相处或与家人相处,善于观察他人情绪、明白他人内心需求的人总是能更轻易获得他人好感。

正如作家西亚·马尔克斯在他的著作《霍乱时期的爱情》中写的那样,在他看来,真正的爱情,是发自心底的"共情"。两个人在一起,也许一开始会被外貌、颜值、金钱吸引,但在漫长的人生岁月中,时刻明白你需要什么、能与你产生共情的人才是能够陪伴自己走完一生的人。

或许琳琳的老公在外并不是一个不知察言观色的人,但是这份心力可能在他回到家的那一刻便放下了；或许是琳琳的老公高估了琳琳内心的承受能力，认为琳琳和自己一样此刻需要的是建议而不是一些"空话"；又或许是琳琳自己一直以来没有展现出自己小女人的一面，之前遇到的沟通上的摩擦，琳琳从未放过心上，没有将自己的心理诉求明了地告诉老公，以至于积少成多，沟通问题越来越大。

三、亲密的家人，才最值得我们温情相待

夫妻间的良好沟通建立在双方对彼此拥有深刻了解基础之上，是两人在日复一日、月复一月的朝夕相处中逐渐培养出来的默契。

家是最温情的港湾，每个人回到家都会卸下防御，保留最纯真的自己。

琳琳在公司要应付工作、应付上司，表现自己，回到家，自然而然地会将今天遭遇的快乐或难过分享给丈夫听。而琳琳的老公，也是同样的，在外可能是精明的老板，体察客户心思，做起事来干练有序，回到家，疲惫不堪，不再打起十二分的精神来面对自己最亲密的家人。

然而，我们想一想，身边的人或者是自己，是不是正在经历或者听到太多这样的故事了？某某人在外人见人爱，见一个笑一个，然而回到家，脱下外套的同时也摘下了面具，把一天的疲倦带回家，把在外压着的怒火发泄在最亲密的家人身上……

时刻记住：

亲密的家人，才是自己最应该善待、体察心思的人。

亲密的家人，才是最值得我们温情相待的人。

亲密的家人，才是对我们人生而言最重要的人。

琳琳需要做的，是学会把心理诉求简洁明了地告诉老公。琳琳

可以对自己的老公说:"老公,我想要你的安慰,我回家和你说这些,不是想要你给我分析原因,就是想要你的鼓励、你的开导,可以吗?""如果我想要你给我提建议,我会直接告诉你的。"

所以,两个人不管是谁与谁的日常相处,最有效的沟通永远是以简洁、直白的方式呈现出来的。

夫妻之间最忌猜忌,而杜绝猜忌的方法就是日常的沟通。

夫妻之间需要磨合,而磨合的方法离不开日复一日的沟通。

夫妻之间需要维系感情,而连结彼此情感的纽带就是沟通。

通过沟通,琳琳把心理诉求告诉老公,一次两次,时间久了,老公逐渐就会被"驯化",听到老婆的抱怨,下意识地就会先倾听,接着给予琳琳她最需要的认可和鼓励,先扬后抑,接着可以顺理成章地让琳琳摆脱情感上的不悦,带琳琳客观分析事件,避免下次类似不愉快的事情再次发生。这可谓是双管齐下,既能满足琳琳的需求,又能在事实层面解决问题,顺应了男性的逻辑理念。

所谓爱的密码本,其实并不难破解,夫妻双方学会有效沟通,明白对方的心理诉求,在每天朝夕相处的磨合中,一定能破译两人爱的秘诀,谱写两人爱的诗篇。

第二章
沟通表达——搭起通向幸福的桥梁

如何说出我心中的期待
——一致性沟通的三大方法

"谈话的艺术，是听和被听的艺术。"英国作家赫兹里特如是说。

一段婚姻要想保持长久的稳定和甜蜜，夫妻之间的有效沟通必不可少。

小雨最近非常苦恼。她和她的丈夫小朱是通过相亲认识的，当时两个人出去吃饭，小雨点了一个价格很亲民的餐馆，两个人抢着买单，你来我往间，彼此间都能感受到对方的诚恳。后来走出餐馆，恰逢一只流浪猫被虐待，两个人对视了一眼，不约而同地走向前去阻止，从一帮孩子手里救下来了这只可怜的小猫。

小雨总觉得，能这样爱惜小动物的人一定会是善良的，顺理成章地，半年内就和小朱结婚了。

结婚半年来，随着朝夕相处，小雨发现自己并没有很了解小朱。原先以为小朱这么对待小动物，一定很喜欢养小动物，但当小雨提出这个想法时，小朱说："家里不要养小动物，会把家里搞得乱七八糟。"小雨有些失落。有一次，还为晚上几点回家两个人拌过嘴。加上平日里小朱工作繁忙，小雨怕打扰到他工作和休息，于是双方之间的沟通越来越少了。

小雨有时候觉得这样生活也挺好，没有必要去打破生活的平静，有时候又实在是憋不住心里很多压抑的情绪。小雨想要多了解小朱内心的想法，但每次开口跟小朱说话的时候，总觉得不知道从何说起。说到底，小朱其实是一个模范好丈夫，工资全部上交给小雨。

"我们为什么没有多少交流呢？"时间长了，小雨也会想，如果这样问丈夫，他会不会不开心？是不是因为自己的性格比较内向，所以问不出口？

越想好好沟通，越觉得无力，小雨感觉很苦恼。

一、沟通，是通往人的内心的一座桥梁

良好的沟通，是夫妻双方建立情感联结的最有效方式。

海明威曾经说过："每一个人都需要有人和他开诚布公地去谈心，尽管有的人十分英勇，但他的内心也可能十分孤独。"

小雨想要去沟通的想法非常正常，但缺乏沟通的方法。内向和外向并不能成为划分是否能有效沟通的条件，生活中，有许多外向的人也在烦恼"好好说话"这件事，因为他们敢于表达自己，也不乏情绪过于激烈。

沟通是通往人的内心的一座桥梁，是水到渠成的一次语言的邂逅，我们不需要执着于沟通必须要达成的目的，当一件事带有了明显的目的性，就容易产生执着。

小雨就是太着急于结果，从而忽视了沟通本身作为桥梁的作用。

研究表明，即使偶尔地吵架，也是一种沟通方式，这是因为，争吵中的双方往往会非常真实地表达自己内心的想法。既然，争吵都能够成为开启沟通的一种手段，和小雨一样内向而不敢表达自己的人们，完全可以勇敢地表达自己，不仅仅是为了向对方输出自己的观点，也是婚姻生活中对另一半的最大信任。

哈佛大学有一堂"幸福课"曾说："最和睦融洽的夫妻关系，不是从来不吵架的那种，而是冲突式沟通与积极沟通比例在1∶5左右的。"

超模奚梦瑶和赌王之子何猷君的婚姻一直备受关注，夫妻携手上综艺节目《幸福三重奏》时，除了撒狗粮之外，偶尔就有一些小

争执。有一次，两人一起打游戏，何猷君指挥奚梦瑶操作，其间何猷君不断地碎碎念："到底我是辅助还是你是辅助？""我求求你了！"一开始奚梦瑶一直忍着，但老公依旧喋喋不休，甚至说："你太菜了！"本来还沉默不语的奚梦瑶，终于忍不住说："你怎么一直在骂我？"何猷君这才意识到自己的不对，及时道歉。

夫妻关系中，奚梦瑶真诚地表达自我的想法，避免了情绪的积压，双方的沟通在良性的发展中。

二、一致性沟通，是一切温柔的起点

心理学家萨提亚提出的一致性沟通，是心理学界最有效的沟通方法之一，在与他人搭建关系、建立连接的沟通过程中，一致性沟通是一个很好用的工具。

所谓的一致性沟通，通俗讲就是：在沟通的过程中不仅要关注自己的感受，真实地表达出自己的感受和期待，同时关注到对方的感受。

与此同时，我们进行沟通时的情境也是十分重要的，简言之，一致性沟通是要同时关注到我、你、情境三者之间的关系。

一致性沟通有三个重点：

1. 不着急，先来一个暖暖的肯定

我们可以使用诸如"我理解你的立场……""我明白你的想法……""现在我了解你的看法了"这样的能够肯定对方的语句，来降低被沟通者的心理防线。

比如后来有一次相处中，小雨对老公说："今天我同事给我穿了小鞋。"

小朱立即给了许多建议后，小雨就接上说："老公你是不是很为我着急，想马上帮我解决问题？"

小朱说:"那是啊!"

小雨又说:"我在公司里受了委屈,我现在就是很难过,想你抱抱我,等我能量恢复了,你再给我建议好吗?"

此时的小朱,立即张开手臂把小雨抱在怀里,轻轻拍拍她的头。

过了一会儿,小雨请求小朱开始提建议,并且抓取了其中一条建议告诉他:"你的×××这条建议真的挺好,对我启发很大,我明天就可以开始行动!"

用了这样的方式后,每次他们沟通时,双方就很愿意提供一些有启发性的意见给彼此,夫妻俩不仅得到了更多的情感支撑,也得到了许多对方真心的出谋划策,双方的关系更加密切了。

2. 不批判,没有人天生完美

为什么我们内心的表达和现实的输出相隔遥远,好心反而干了坏事?又是什么造成了如此反差?

因为我们总是着急地去爱,却忘了爱的方法。

结果明明是想要关心,说出来却硬生生地变成伤人的利刃。

记住,没有任何人能够不带情绪地接受别人的批评。

当我们在沟通的时候,除了站在自己的角度提出自己想法的,同时也要学会站在对方的视角去体会对方的感受,不将自己的想法轻易地施加在对方的身上。

"一个人用自我为中心去认识这个世界"是哲学界常有的议题。也许,我们曾经都是更多地站在自己的角度去思考问题的人,但是没有关系,每个人生来的功课就是学习,学习的过程是人生中非常宝贵的经验。

童年的时候,很多人曾遇到这样的场景,自己不小心受了风寒,很期待父母的关心,却听到爸爸拉着脸说:"怎么回事,这么大人了还不会照顾自己,天气冷了也不知道加衣服。"

责备式的沟通,隐藏了真正的关心。

亲密关系中，经常会出现这种词不达意的沟通，让伴侣间的相处越来越难。

持责备式生存姿态的人，通常会有攻击性的言语表现，比如：

责备他人："你自己不会看人的吗？"
挑剔否定他人的行为："这种错误，你犯了几次了？"
负面评判他人："别找理由了，你就是笨！"
命令他人，意图控制他人："不听我的，肯定出错！"
习惯性反对他人的建议。

责备式言语的出现，是因为说话者有不合理的信念，他们对自己、对他人都要求很高，不允许犯错。

小雨发现当初觉得很温柔善良的丈夫，在平时的沟通中，经常出现责备式语言，给家庭笼罩了一层负能量。所以小雨在日常生活中，开始经常跟丈夫有意无意地说："犯错是正常的，每个人可以犯错"或"一个人不是时时要选择强大，也可以在某个时候选择脆弱"，并且在大门的后面设置了一面"出门语录"，每天换一句正能量的句子，比如："不用求完美，你已经很好啦！"……一段时间后，她发现小朱主动找自己说话的次数越来越多了。

3. 多反馈，轻巧应对各个难题

人是社会性动物，一直都是群居、相互助力的群体。人跟人之间，不是一个人的努力，所有的交流，所谓的沟通，是相互的——双向奔赴的。

沟通就像打乒乓球，你来我往，是两个人的事情，两个人得配合。

有一对年过八旬的老夫妻，相敬如宾近六十载。

每每在吃鸡蛋的时候，丈夫就把自己最爱吃的蛋黄给妻子吃，自己只吃蛋白；妻子也把自己的蛋白给丈夫，自己只吃蛋黄。

后来,当丈夫重病离世之际,对妻子说,其实他最喜欢吃的是蛋黄,他把自己最爱吃的部分都给了妻子。

这时候妻子也泪流满面,抽泣着说,其实她喜欢吃的是蛋白,她以为丈夫不喜欢吃蛋黄,留下蛋白自己吃,所以她也会把蛋白留给丈夫吃。

这对老夫妻,用自己的方式爱了对方一生,但却从来没有真正懂得过彼此。

最后,他们一辈子都没有吃到自己喜欢吃的东西。

人和人之间相处,要有真心,要有信任,最重要的是彼此的沟通也要有,沟通的反馈更是必不可少。

后来,小雨还学了用以下四个步骤与丈夫和孩子沟通,成功地让自己成为家庭核心,因为丈夫和孩子沟通不了的问题,她总是可以在中间调和成功。

我看到、听到……

我感觉到……

我喜欢……

……同时……会更好

比如,小雨看到小朱拿钱去补贴弟弟,而没有告诉她,可以采用这种方式沟通:

(1)我看到你这段时间经常偷偷瞒着我,和你姐姐打电话;

(2)我感觉到很开心,因为你在姐姐困难的时候,借她3万元去帮助她,我觉得你是一个有责任心的人。

(3)但是如果你和我讲,你怎么知道我不会答应呢?

(4)下次遇到同样的事情,你可以告诉我啊,我们一起去面对和解决,让我们越来越团结,家庭越变越好,好吗?

德鲁克曾说:"一个人必须知道该说什么,一个人必须知道什么时候说，一个人必须知道对谁说，一个人必须知道怎么说。"

沟通是两个人走在一起的第一步，而不该是最后一步。

唯有学会沟通，才能让每一个日子过得更加舒心。

明明有爱就是说不出来怎么办

——如何让爱的表达更加容易

丹扬和姜博在一起异地恋了3年,他们一个在山西,一个在山东。刚开始丹扬会担心两个人异地久了没有共同语言,没有共同经历的事情,聊天会很冷,可姜博不这么认为,他说,距离产生美。

那个时候他们大部分时间都是和手机谈恋爱,有时候手机放在耳边,聊着聊着就睡着了,有的时候说着说着泣不成声。

丹扬想异地恋对于他们而言,拿起手机的那一刻,他们就是世界上最幸福的人,而放下手机的那一刻,他们就是世界上最孤独的人。

终于,丹扬忍受不住长期不见面,来到了姜博的城市,接下来,他们顺理成章地在这里定居并结婚。

也许是习惯了之前的手机交流,姜博在平时很少主动和丹扬表达什么,有事情也多是通过微信、短信给丹扬留言。

前几天,孩子学校举办一个活动,叫作"有爱就要大声说出来"。在孩子的要求下,他们参加了。一天的活动中他们一家人其乐融融,可就是最后的环节——用语言表达爱意,姜博却卡壳了。

他们俩拉着孩子的手,一起和孩子说道:"亲爱的宝贝,爸爸妈妈爱你。"

可轮到他们俩手拉手时,一句"我爱你"姜博却怎么也说不出口,脸涨得通红,嘴巴却闭得很紧。

回到家,丹扬非常不开心,这才意识到,这么多年,姜博真的很少和她说"我爱你"这三个字,好像只在异地恋时发短信和她说过。

而丹扬也不能说他不爱自己,这些年,在丹扬想要支持的时候,

第二章
沟通表达——搭起通向幸福的桥梁

在她颓废不堪、情绪失落的时候，他都会陪在丹扬身边。即使丹扬想要樱桃，他却买回来草莓，丹扬也没觉得他不爱自己。

郁闷的同时，丹扬又想，说出那句"我爱你"真的那么难吗？他是不是真的不爱自己？那些对她好的举动只是习惯了的行为而已吗？

自从这个小插曲后，丹扬经常无缘无故地朝姜博发脾气，可他还是老样子，默默地为丹扬收拾烂摊子。这让丹扬更生气了，真是榆木疙瘩，那天孩子学校的活动课白学了吗，有爱不是就要说出来吗？

一、爱是一种元素，如空气般真实存在

婚姻中，很多女人都喜欢问："你爱我吗？你还爱我吗？"

其实，话一说出口，女人自己也有答案了，因为女人是最敏感的，她一定会从各种细节里读出个什么来。

当一个人爱你时，他的每一个细节都会给你答案。

普兰特斯·马德福曾说："爱是一种元素，虽然肉眼看不见，却如空气或水一般真实存在。"

爱不会带来幸福，因为爱本身就是幸福。

有些爱说不出来不代表不在，爱是渗透到生活里，无微不至的关心和用心。

《半生缘》一书中顾曼桢拍照时，丢了一只手套，沈世钧建议回去找找看，但快到上班时间了，曼桢就说算了，她虽然嘴上这样说，但多少有一点怅惘。

沈世钧觉察到了这一点。下午下班后，天快黑了，他冒着雨，踩过泥泞，走向郊外，只为帮曼桢寻找那只遗失的手套。

只有真心爱一个人才能觉察到她微妙的情绪；

只有真心爱一个人，才愿意冒着雨，吹着寒风，去那么远的地

方，帮她捡一只无关紧要的手套。

恩格斯曾言："判断一个人当然不是看他的声明，而是看他的行动。"

判断一个人是否爱你，也是一样的。

一个人爱不爱你，不是挂在嘴边说说而已，而是藏在他的每一个细节里。

姜博说不出"我爱你"这三个字，难道就真的是不爱丹扬吗？

中国传统的教育让很多男性不擅长表达爱，但并不代表他们不爱。

面对爱与不爱的困惑，丹扬只有从自己心中来找答案。一个人时，请静下来，倾听你内心的声音，问问它，对你来讲，什么才是真正的爱？姜博对丹扬的爱，除了语言，他是怎么表达的？仔细聆听，认真思考。

有多少次，丹扬生病了，姜博都是日夜守护在她身边，为她熬粥，为她量体温，为她买药；

有多少次，为了怕丹扬穿高跟鞋上班很累，姜博都会在下班来接她，并给她带来舒服的平底鞋；

有多少次，姜博会大老远地去买丹扬爱吃的栗子，为了让她吃上热乎乎的栗子，甚至提前准备了保温设备；

……

乔治·艾略特曾说："金子般的美妙时光曾在生命中荡漾，我们却视而不见，任凭沙石掩埋；天使曾降临我们身边，我们却浑然不觉，唯有她离去时才恍然醒悟。"

或许，真爱的答案，就在自己的心中，在日常点滴的细心中。

二、爱他如他所是，而非如我所愿

网上有句流传已久的话："我需要一个苹果，你给了我一个橘子，你还问我为什么不开心？"

为对方好要用对方所需要的方式，而不是自己认为好的方式。很多夫妻分歧产生的原因大都是因为：你给的不是我要的。

丹扬想要的是一句"我爱你"，可姜博却偏偏说不出来，无法满足丹扬的需求，这种情况下，即使姜博做得再多，也难免会让丹扬觉得无法开心。

有一句话说的是，爱他如他所是，而非如我所愿。同样地，姜博也要学会想一下，自己给予对方的爱，真的是丹扬所需要的吗？

事实上，多数夫妻不是不会表达爱意，而是在表达时不了解对方接收爱的偏好，所以一方认为已经表达了爱，而另一方却没有接收到，这才是夫妻之间表达爱意时的最大损耗。

那爱人之间，如何给人所需，而非给我想给的爱呢？

有一个办法是，通过五感和第六感来了解对方接收爱的方式。

猫咪表达爱的方式是翘起尾巴迎接你。当你回家时，猫咪如果翘着尾巴朝你走来，那就是它在表达对你的喜爱。猫咪也会眯起眼睛蹭你，一是在向你示好，表达一种喜爱之情；二是在吸引注意，想要人去抚摸它，和它玩耍或者是想要向人要吃的。

五感是视觉、听觉、嗅觉、味觉和触觉，第六感可以理解为直觉。

视觉：爱人看到你……时，会觉得感受到了你的爱；

听觉：爱人听到你……时，会觉得感受到了你的爱；

嗅觉：爱人闻到你……时，会觉得感受到了你的爱；

味觉：爱人尝到你……时，会觉得感受到了你的爱；

触觉：爱人被抚摸……时，会觉得感受到了你的爱；

直觉：爱人喜欢和你一起做什么事。

对人来说，唯一真实的是体验，是感受。

曾有人在蘑菇宠医平台上询问猫咪表达爱的方式，专业的兽医师回答："翘起尾巴迎接你。"

人类也一样，可以用各种感觉感知伴侣的爱意，当我们能够清楚地了解爱人接收爱的方式，并用爱人喜欢的方式去表达爱时，这会更容易打通两个人内心爱的通道。

三、给爱人创造她喜欢的时间来说我爱你

爱的表达方式有很多种，有的是绵绵细雨，有的是寒风凛冽，有的是烈日高照，有的是电闪雷鸣……

每个人用自己的方式爱着，如果我们有一双听得懂的耳朵，还有一颗通透的心，就能感知到这一切。

在《北上广依然相信爱情》里，王茂和黄依然之间已经互相暗生情愫，却还没有挑明关系的时候，有一次他们走在一起，王茂对黄依然说，"你知道有些话不能直接说，得拐着弯。比如说，有个人喜欢你，想跟你表白，他跑过来跟你说，黄依然，我喜欢你，那人是不是特傻？"

黄依然问他："那该怎么说？"

王茂说："应该这么说，你喜欢吃什么，我带你去啊！你想去哪玩，我陪你去啊！"

黄依然说："原来要这么说啊。"

王茂往前快走了两步，然后说："你想去哪玩，我陪你去啊！"

爱的表达不止是简单地说一句"我爱你"，我们可以试着学习多种表达爱的方式，比如创造优质的时间。

如果我们的伴侣更愿意通过和自己共度一段优质的、专注的时

间来表达爱和感受爱，更加认同"陪伴才是最长情的告白"，那我们就要学会很专注地享受在一起的时间，因为这能让对方感觉到"被爱"。

优质的时间是双方都认可和向往的美好时刻，没有强迫对方，比如：

（1）影院约会：携手走进电影院，一起看一场电影，有条件的可以两个人包场，一起与艺术心灵共鸣。

（2）美食打卡：两个人约定，吃遍当地美食，约定不许带孩子与老人，不许谈工作，不许聊不开心的事。每走进一家色香味俱全，带来惊喜的馆子，就发朋友圈，也可以设置对方唯一可见。

（3）爬山记录：携手漫步大自然，一起接受身心的洗礼，一阵微风吹开氤氲，仿佛一切都沉醉在缓慢和浪漫之中，时间流逝，放下释怀，在山涧小溪、清新的负离子中，给彼此一个拥抱或者亲吻。

热播剧《去有风的地方》获得了豆瓣高分，在风景如画的大理，男主角谢之遥为女主角红豆创造了许多优质时刻：带她骑马在海边散步，看日出日落，星空花海；带她见可爱的家人，认识她的朋友；耐心地听她说好朋友、外婆的故事，以及对人生的迷茫和不确定。

从他看着她傻傻的笑中，从他闪闪发光的眼睛中，我们真实地感受他的爱。

记住，爱的表达方式不止一种。那些独属于你们两人的特别时刻，让对方感受到你的用心，也就是爱情流露的时刻。

有一种关心，它不动声色，却润物细无声；

有一份感情，它平淡无奇，却饱含深情。

爱存在于生活的每件小事中，那些美好的、灿烂的，

就算在平淡无奇的生活里，也能闪闪发光。

第三章

共情分享——让你的心中有个他

他总是不能理解我想回娘家过年的心
——默契的夫妻愿意互相成全

在日常生活发生意见冲突时,小欢和老公总有一个人"为爱妥协",可就是过年去谁家这件事,总是让原本开心的过年,蒙上一层灰色。

小欢老公家那边,传统观念比较重,认为儿子儿媳过年回家在除夕夜一起吃团圆饭是天经地义,而且公婆只有小欢老公一个儿子。结婚前几年,小欢主动为老公考虑,去老公家过年。

但现实是每次除夕,老公就出去与发小们聚会,一年也就一次,也不能不让他去,而小欢就一个人在房间里守着一个小小的电视机过春节,好不冷清!

即使过年的气氛十分欢喜,但小欢总有一种"独在异乡为异客"的感觉,在过年的热闹喧嚣中倍感孤单。

今年小欢的弟弟参军无法回家过年,她提早都和老公说过几次想回娘家过年的事了,而今天婆婆打来电话,问夫妻俩什么时候回去,老公竟然答应还是和往年一样的时间回去。

一想到在过年阖家团圆的喧嚣声、鞭炮声里,只有父母二人孤单相伴,电视里的欢歌笑语更衬得父母二人老迈的背影令人心酸,小欢就忍不住冲老公发火了:"谁规定过年就得到婆婆家去?自从结了婚,我就再也没在我爸妈家里过除夕,今年弟弟不在家,难道让二老自己过年吗?你为什么就不能理解我想回娘家过年的心呢?今年过年各回各家吧!"

小欢老公:"这让别人看到了,像什么话?"

第三章
共情分享——让你的心中有个他

小欢："你也太自私了！"

于是，夫妻俩为这事大吵了一架。过年回家，有两全法吗？

一、转变不良感觉，为沟通打开一扇门

国内某民意调查机构曾发布数据，在调查的6个城市中，因"除夕去谁家过年"发生过争吵的夫妻达28.4%。而在接受调查的小夫妻中，"80后""90后"小夫妻所占比例最高。作为自带"乡愁"属性的春节大假，往往成了夫妻俩的"兵家必争之地"。

争吵不可怕，不知为何而吵、永远不吵才可怕，两人永远在无效沟通的轨道里消耗，这是很多婚姻走向破裂的根本原因。

与其回避争吵，不如掌握争吵的技巧，从而让争吵真正实现有效沟通，帮助双方理解对方对一件事情的态度和看法。

任何一种沟通方式，都有它的正面意义和负面意义，我们只需要去觉知，去运用它的正面意义，促使我们能够得到最大化的效益即可。

吵架时，小欢面对老公的不理解，形成对老公固执己见的一种认识，这会让她产生很大的负面情绪，而这种情绪会使两人失去继续沟通的机会。

心理学中有一种方法：我们通过想象，把负面的情绪排解掉，也会减少情绪对我们的影响。小欢可以通过练习，来转变对老公的不良感觉，具体做法是：

（1）回想老公正盯着你看，并让你恼火的那个场景，聆听他在说些什么，留意你身体内升起的糟糕感觉。

（2）把这个场景黑白化，让它远离你。把它变小一些，变为原来的八分之一大小。在他的鼻子上加一个小丑的红鼻头。

（3）不论他在说些什么，都去聆听，但是把他的声音变成米老

鼠，或唐老鸭，或大笨猫的声音。

（4）留意你身体的不同感觉。接着打断一下你的思维，然后再次把注意力转向他，你对他的感觉会大为不同。

小欢通过练习后，不良的感觉转变了，她平复好自己的情绪后，开始想办法解决这件事。

二、曲线救国，找寻侧面支撑

婚姻就像一艘大船，船上除了有携手一生的爱人，还有他背后的家庭。

有一个成语"围魏救赵"，意思指以逆向思维的方式，以表面看来舍近求远的方法，绕开问题的表面现象，从事物的本源上去解决问题，从而取得一招制胜的神奇效果。

人们习惯于沿着事物发展的正方向去思考问题并寻求解决办法，其实，对于某些问题，尤其是一些特殊问题，可以从结论往回推，倒过来思考才会有解决办法。

有人落水，常规的思维模式是"救人离水"，而司马光面对紧急险情，运用了逆向思维，果断地用石头把缸砸破，"让水离人"，救了小伙伴的性命。

家庭关系中，有很多可以曲线救国的方法，比如在老婆冲你大发脾气、步步紧逼的时候，想办法唆使孩子给她制造点麻烦，转移注意力。

对于回娘家这件事也是一样。既然小欢无法从老公这里突破，可以考虑找身边人帮忙，比如婆婆。

以前过年，送婆婆围巾、口红等，今年可以给婆婆买一整套化妆品和铁皮石斛，在单位放假的前一个周末，先回一趟婆婆家把礼物送了，或者家里太远的可以提早寄回去。

给婆婆打一个电话："哎呀，妈妈，今年过年特别想回来看您和爸爸，但我弟弟今年参军了，没办法回家过年，您平时最疼我了，您看今年过年我们可以回我父母那边过一次吗？我们初三就过来，到时候我们再一起，叫上爷爷奶奶一起吃团圆饭。"

婆婆一看媳妇既然这么说了，想着媳妇送了这么多礼也是很有心，就觉得总是让媳妇在这里过年，吃也吃不惯，住也住不惯，搞得媳妇也不开心，就让他们去丈母娘家过个年也没事，不差这两天，而且话又说回来，又不是年年要去。

小欢婆婆同意后，过年在家庭群里，小欢主动向老公家的亲戚们提起："今年弟弟参军了，婆婆主动说让回家多陪陪我爸妈，感谢婆婆的贴心。"小欢向大家发了一个大大的过年红包，大家领到钱后都说，是蹭了婆婆的福。

后来小欢老公在除夕夜和婆婆通了电话，说婆婆高兴得很，把自己安排得满满的，根本没时间孤单。

三、对父母的爱，融入在生活的点点滴滴中

自从小欢这次与婆婆"愉快的合作"成功后，小欢每年都在元旦、春节、三八节、母亲节、重阳节，雷打不动给婆婆送一些小礼物。礼物以实用为主，却给足了婆婆面子，婆婆经常在村子里和别人夸小欢："我儿媳妇雷打不动一年五个节日都送我礼物。"大家都夸赞婆婆有这样的儿媳妇真是有福气。

父母的爱，伟大又深沉。

当我们回报父母时，无须局限于过年，而是在每天的微信消息中，在一个又一个的红包里，在朋友圈的一次次浏览上，在一个个的电话里，在QQ空间一次次的来访记录中……

小欢把对两边父母的关心与爱，也融在平时的点点滴滴中。

（1）主动关心父母的各种状况，帮助老人化解不良情绪。

（2）和父母每周一次视频电话，聊聊家常，让他们放心、安心。

（3）家庭中有重大决定时，多问问父母的看法，让他们感觉到被尊重。

（4）定期带父母体检，帮助他们做些力所能及的事。

亲子之爱是不平衡的爱，付出和接受并不平衡：父母付出，孩子接受；父母给予，孩子收取。父母给了我们生命，用爱浇灌着我们，我们无条件地全部接受。

这是家庭系统的法则，其终极目标是保持整个家族系统的传承和繁衍。我们的父母从他们的父母那里接受了生命，接受了爱，接受了滋养，他们也是亏欠于他们的父母的，所以他们把这些爱传给我们。父母给孩子的爱，这些给予是单向的，是代代相传的，我们通过这种方式来寻求平衡。

小欢的心里对四位老人充满了感恩，也对老公更加理解，两人约定好好合作，不管平时还是过年，尽力把四位老人照顾好，把两个孩子照顾好，把爱传承下去，此生互相成全！

第三章

共情分享——让你的心中有个他

丈母娘一来，我就感觉自己成了空气
——学会共情，维护伴侣的重要性

张爱玲说："人生就像一袭华美的袍子，里面爬满了虱子。"

小强的婚姻，有多少虱子不知道，但这袍子，总归有点破旧了。他和妻子之间，已经好几天没怎么说话了，家里很安静，下班回家，各进各房，小强玩游戏，妻子看电视剧，这种冷清和之前的热闹形成了鲜明的对照。

原来，一个多月前，夫妻俩本来计划七夕西安游，却因为丈母娘的到访改了计划。

小强："你怎么不去西安了都不和我说一声？"

妻子："我不是和你说了我妈要来吗？旅行肯定取消了呀！"

小强："西安我们计划了这么久，说不去就不去了。"

妻子："那我妈又不知道我们要去西安的，她难得想来住一阵。"

在这件事情上，小强感觉自己没有被尊重，心里不是滋味。

丈母娘到的前一天，夫妻俩急急忙忙大采购和大扫除，第二天在接站时，小强才发现同来的还有妻子10岁的外甥女，一起来过暑假。

两天的周末，妻子脸上挂满笑容，活动安排得满满当当，坐游船赏西湖边美景、尝西湖醋鱼，还为了外甥女专门去游乐场，玩完几个项目，小强胃里一阵翻江倒海，身体的疲惫还在其次，心里的疲惫才折磨人。

一晃丈母娘和外甥女住了大半个月了，小强看到妻子除了上班就和妈妈腻歪在一起，好像变回了孩子，和小外甥女又打又闹，到饭点就喊声："妈，我想吃小炒肉！"

饭桌上，妻子一会儿给丈母娘夹菜，一会儿给外甥女夹菜；

出门时，妻子一路和丈母娘、外甥女在后座有说有笑，指挥着小强开车。

小强觉得自己像个外人，他感觉很暴躁："每次丈母娘来，我都觉得这个家我就是空气和司机，妻子根本不顾及我的感受！"

一、夫妻关系，就像是家庭的"定海神针"

心理专家指出：夫妻关系是一个家庭的"定海神针"，它应该高于其他关系，是所有关系中最重要的。

同时，父母和子女的关系浑然天成、非常深厚，多数时候不会受到挑战，夫妻关系却是后天形成，需要更多刻意经营和情感投入。

小强的大部分不满，源于丈母娘的到访后，妻子越来越冷落自己。当我们与父母和伴侣共处时，怎样体现伴侣的重要性呢？

有一个简单有效的方法：在自己父母面前赞美伴侣。

主动告诉父母，伴侣有哪些优点，他对自己的重要性。比如小强妻子，可以在母亲面前多夸夸小强：

"妈，你来之前一天，小强特地去超市买了鱼，打算等您来做您最爱吃的酸菜鱼。"

"妈，平时小强工作比较忙，知道您要来，他特地给您收拾好了房间，他说想让您住得舒服些。"

"妈，这是小强让我买的铁皮石斛，他说给您多补补身体。"

……

这些做法能让小强增加内心力量，在丈母娘面前更有底气，也让母亲感受到小强对这个家庭的重要性，自己的女儿也受到了很好的照顾，使关系更加融洽。

父母之爱子，也希望他们拥有美好的婚姻关系。当你内心深处将伴侣放在重要的位置，你的父母感知到后，伴侣也会得到父母的重视。

二、会共情的男女，在关系中滋养彼此

很多时候，我们真正在意的是当自己内心痛苦、脆弱，或者压力很大的时候，伴侣能不能理解自己，能不能与自己共情。

什么是共情？"感同身受"就是最好的共情。

共情能力，是一种能设身处地体验他人处境，从而达到感受和理解他人情感的能力。和有共情能力的人在一起，我们会觉得如沐春风；有一个会共情的爱人，会让我们觉得自己被好好爱着。

作家韩松落写过这样一段话，给人启发："人在寻找伴侣的时候，在财富、智商、情商的能力之外，应该加上一个共情力的勘查。你得找一个能探查你情绪的人，能设身处地的人，能将心比心的人，一个醒着的人，才有可能和他悲喜与共，荣辱与共，在时时处处和他共鸣共振，触摸到真实的生命。你快要痛死在医院的时候，他才可能积极地回应你的痛苦，积极地做点什么。"

缺乏共情能力的伴侣，有多可怕？

比如：女人剖宫产生下孩子，月子里刀口没有完全长好。夜里，孩子饿了、哭了，女人把丈夫叫醒让他帮忙，他不耐烦地说："我明天还要早起，你自己照顾下。"然后抱着枕头、被子去隔壁房间睡觉了，留下悲戚的女人原地爆炸，脑子里闪过离婚的念头。

缺乏共情的婚姻，像埋着一颗定时炸弹，随时都会爆炸，不仅影响夫妻感情，也会影响家庭和睦。

不会共情的男女，无法在关系中滋养彼此。

不会共情的男女，无法在关系中让爱流动起来。

不会共情的男女，无法在关系中满足自己的情感需求。

不会共情的伴侣，常让人心灰意冷：他不懂我，他不爱我，他不在意我、不关心我，我是自己一个人，我的痛苦和悲伤，和他毫无关系。

男人和女人，都期待自己的伴侣能够将心比心、善解人意，而理解一个人，貌似简单，实则很难。理解不仅需要用耳朵去听，还要用眼睛观察，用心去感受。

当我们觉察到关系中有矛盾了，怎样才能做到与对方"共情"呢？

1. 停一停/放一放

特别需要共情的时刻，先按下暂停键，与共情对象建立合作思维。

有了合作思维，你会把你们彼此放到一个合作关系的框架里，你会愿意去看到对方，愿意重视对方，并愿意听到对方说的话，抓住关键，而不被七七八八的事情扰乱阵脚。

有了合作思维，你也会认真照顾对方的感受，及时地关注到对方的需求，让自己的心足够包容，让对方对你产生依恋，就是喜欢和你相处和交流。

比如：后来，小强在对妻子产生意见时，立即按下"暂停键"，思考夫妻关系是一个整体，而丈母娘和外甥女来住一阵时间，作为小家庭的主人，给她们安心愉悦的一段时光是应该的，而且妻子承担了更多的责任。

2. 拿起来/说出来

在向别人共情时，描述对方的问题，说出或者询问对方的感受，请求对方告知我们。当然我们不要在对方没有提出邀请时，就直接给出自己的建议。

比如：小强的妻子在意识到小强的情绪后，同他做了交流，"这段时间我和你交流得不多,你心里会觉得有些不开心吗?""嗯,后面我会做出一些改变,让你感受到我也是很在意你的。"

同时,夫妻俩在每天睡觉前,不再各玩各的手机,而是放下手机,静坐15分钟时间,感受彼此的心,聊聊生活的琐事,在这段时间里,小强夫妻俩就像老朋友谈心一样,全身心投入,给彼此依恋,给彼此共情,也在最后给彼此一个拥抱。

沈复的《浮生六记》中有这样一句:"闲时与你立黄昏,灶前笑问粥可温。"

当丈夫愉悦的时候,妻子的荷尔蒙也会分泌,当妻子流泪的时候,丈夫的体温也会降低。

夫妻双方的共情,是一种彼此相通的感受,是一种境界,也是一种能力。

三、不把自己当外人,才能和大家一起共情

对小强来说,妻子、丈母娘和外甥女,是有血缘关系的人,而自己是个外人、边缘人,甚至多余的人。

人际交往中,如果我们在潜意识中把自己当成外人,行为就会在无形中受到影响,慢慢地真成了外人。

不把自己当外人,我们才能更放松,做真实的自己;

不把自己当外人,我们才能更容易和大家打成一片,一起共情;

不把自己当外人,我们才能更设身处地地为他人着想,建立和谐关系。

小柔是个城里的女孩,她的先生是地地道道的山里人。第一次到公婆家,她了解到公婆家养的鸡,每年都会遇到鸡瘟,这让二老很是费心思,小柔就没把自己当外人,把这个问题放在心上了。回到家

里，她就买了几本养鸡的书，看了很多关于养鸡的知识。下次见到公婆，她就主动给他们讲关于养鸡的知识，自己开心，公婆和先生也对她刮目相看，越来越相信她。每次回老家，小柔都会主动地向公婆靠近。后来，她再回到村里，不光是公婆，连街坊邻居都会跑来问她关于养鸡的事，小柔笑着说她都成了村里的"养鸡达人"了。

当一个人自己活得轻松，也会允许他人放松。

小强的情绪中，有对妻子忽视自己的不满，有对丈母娘的隔阂，无形之中，他把自己和这个血缘圈子隔离开了。其实小强可以晒出自己的性格、自己的可爱与独到之处，放下这颗外人的心。当小强真正融入妻子的家庭后，他发现丈母娘为这个家带来了很多福利，比如：

（1）早上有了丰盛又准点的早餐，鸡蛋、煎饼、小粥、油条、糯米饭等，每天还不重样；

（2）丈母娘把一日三餐的洗碗全包了，还把厨房里里外外擦得焕然一新；

（3）以前妻子有时候会唠叨他这个那个，现在找妻子说话都难，难得一时还挺清净；

（4）自己很爱吃鸡公煲，以前没时间烧，现在丈母娘经常准备这道菜，自己饭都多吃了一倍；

……

与子偕老的是灵魂的芳香，是一颗真我的心，一颗会共情的心。

夫妻间用心维护彼此，齐心合力奔赴共同的目标，舍小逐大。心智若驾于云层之上，何惧身边的烦忧？

第 三 章
共情分享——让你的心中有个他

是不是我该承担所有的家务
——和他一起共担爱的责任

今年，是英子结婚的第十年。多年来，英子是家人、邻居口中赞不绝口的好媳妇儿、好妈妈。她总是习惯性地照料老公和孩子生活中的一切，洗衣服、煮饭、拖地等家里大大小小的家务，几乎是英子一人承包了。有些时候，英子觉得很满足，也很自豪，作为一个妻子和母亲，她将家里打理得井井有条。

但是随着年纪的逐渐增大，英子的腰和肩膀有了劳损，做起家务来时常觉得力不从心。有时候自己满头大汗地拖地，一转头家里老公和孩子都在沙发上安心地躺着，她的内心也会涌上一层淡淡的失落。

有一次，英子单位派她去外地工作一个星期，临走前她炒了一大盘肉末可以煮面条吃，并且交代了洗涤剂的位置，叮嘱老公和孩子要照顾好自己。

在外工作的一周，难得没有老公和孩子的大小琐事需要自己去照顾，英子觉得有些轻松，也有些无所适从，空闲下来的时间，除了跟家里电话聊聊天，英子反而觉得有些无聊和没有价值感。

一个星期过后，回到家中，英子发现：

家里的地一周没擦，灰尘多了不少。冰箱里，自己临走前炒好的肉末已经吃光，柜子里的挂面袋子也快空了。阳台上倒是挂了几件衣服，歪歪扭扭的，看起来是挂上的时候没有抖好褶子，洗衣机上还堆了不少没洗的衣服。

英子长叹一口气，看来家里的"老祖宗"和"小祖宗"是真的离不开自己。

英子一边洗着碗，一边感叹，自己几十年如一日，为家庭付出，是理所应当的吗？婚姻中的女性角色就应当无条件地承担家里所有的家务吗？

一、家庭的付出者，更值得珍视

一个女人，对于家庭的意义是什么？

难道是能够温柔地熨开每一件衣服的皱褶？

还是在厨房的烟火气中，将每种食材做成家人最爱的美食？

抑或是每天让家里的灰尘在不知不觉中消失？

答案当然不止如此。

女人是一个家的灵魂，一个女人，作为妻子或者母亲，她的伟大之处不仅在于她用博大的心胸承载了一个家，用爱和陪伴温暖着家庭的每一个成员，还在于作为家庭中的隐藏付出者，几乎不求回报。

时至今日，还有很多人觉得，家务就是女性的事，至少大多数应该由女性来承担。即便今天大多数女性也是社会劳动者，也有自己的工作和事业，但她们仍然被认为需要承担更多，工作、家务、育儿，这就形成了一种集体无意识——女性就该付出得更多。

还有一句流传至今的说法："每个成功的男人背后都有一个默默付出的女人。""默默付出"在这里无形中也传递着一种观念——女性应该默默付出，任劳任怨。

很多对女性的社会认知和要求，会折射到个体身上，潜意识里女性会觉得付出就是对的，并且只有付出了奉献了，自己才是有价值的。

英子默默付出了这些年，当她停下来时，竟然有一种无聊和无价值感，她的付出没有回报，也没有换来家人对她的在乎与尊重，甚至是连同她自己，都未曾觉得自己的付出是有价值的、是值得被珍惜的，如果用一个心理学术语来定义，可以说是低自尊。

心理学家卡伦·霍妮说："无法成为我们自己，是一切绝望的根源。"

自尊水平恰当的人，反倒会更现实地去衡量付出和回报的比例，会坚持自己的底线和原则，会觉察和判断付出的对象是不是值得，因为本质上他们认可自己的价值，珍视自己的付出，觉得自己很值钱。

一方面，英子应通过此次事件看到，自己的付出值得被尊重，自己本身的价值也是独一无二的，家务不是自己一个人的；另一方面，英子可以从多个角度关爱自己，认可自己多方面的价值，比如学会尝试把时间分给书籍，分给运动，分给舞蹈，分给对这个世界的热爱，而不是将自己过多地浪费消耗在没有回馈的人和事上。

二、解放思想，爱是答案

女性思想上的解放，是从女性能够独立进入社会工作开始的。

越来越多的女性加入职场生活，社会地位也随着经济地位的提升而逐渐提升。对于生活在现代的女性来说，思想的解放、教育的普及，为女性同胞获得了更多的权益。

女性从此不仅仅是男人的附属，她们走入社会，走进了千千万万个岗位，运动员、科学家、围棋选手、计算机工程师、飞行员，许多曾经被男性垄断的职位上都有了女性们忙碌的身影。

那么，为什么英子仍然会被家里大大小小的家务所束缚呢？这其实是非常值得思考的一个问题。

女性在经济地位获得提升后，还是愿意去作为家庭中付出者的角色，甚至是当她能够经济独立，完全不需要依附丈夫而生活的时候,仍然愿意在繁忙的工作后去将家里打扫得十分干净整洁,仍然愿意去做热乎的饭菜,仍然愿意去做衣物的清洗工作。

这一切,其实并不是一个女人在婚姻中天然应该承担的责任。

现代的家庭生活中,当女性走出家庭承担了一部分经济上的压力时,男性同胞们也应该适当地参与到家务生活之中。

英子并不只是个例,在中国,我们可以在生活中随处见到千千万万个英子,她们承担了生育后代的辛苦、职场中工作的压力,和家庭中的大部分家务。

社会文化中,还是有束缚女性的部分。比如,一个顾家的女人才贤惠,女人要维护好家里的整洁。

米勒·伯尔曼在《亲密关系》中指出,妻子承担了全部或大部分家务时,其家庭幸福感为负值,反之亦然。

泰国的公益广告《爱必须忍受吗》,就讲述了女人的心酸。

女主在厨房准备晚餐,忙前忙后,而她的男友却一直在玩手机。她终于忍无可忍地说:"你就不来帮帮我吗?我就活该这样做家务一辈子到死吗?"

男友平淡地说:"家务不都是女人做吗,今天你只不过是洗碗而已,一点小事闹什么?"

男友的妈妈听到后说:"没人喜欢做家务,妈妈愿意去做,是因为爱你,你女友也是啊。"

一句简单的话却道出了所有女人的心声。

女人做家务,并不是尽义务,而只是因为爱这个男人,爱这个家。

当一个女性深爱着家庭,作为妻子和母亲,她们并不是感受不到劳累,而是用爱化解了劳累,融化了内心的私欲和对自由的追求。

爱的责任,同时属于妻子和丈夫;

婚姻家庭,需要同心共力去承担。

三、家务是共同的财富，需要你我共担

《做家务的男人》节目在刚开播的时候，就通过一组数据讲述了为什么要做这档节目的原因。

中国女性的就业率是全世界第一，这是一件值得为女性欢呼骄傲的事情。

但是男性做家务的时间，排名世界倒数第四，女性的家务时间是男性的两倍还多。

以前传统观念根深蒂固"男主外，女主内"，时至今日，依然有很多男性在家庭中有这种思想。

从节目中也能看到中国很多家庭的缩影：一个筋疲力尽的女人，两个心安理得的大人，想想就觉得心酸和心累。

在节目中，与大多数家庭形成鲜明对比的是：袁弘做家务，让他备受欢迎。

早上六点，老婆还在睡梦当中，袁弘就起床做早饭；

孩子醒了，第一时间去抱，然后熟练地冲奶、喂孩子喝奶；

老婆吃早餐，自己带娃，老婆吃完自己再吃，然后收拾碗筷；

老婆脖子不舒服，马上丢下自己喜欢看的球赛，帮老婆按摩，没有一句怨言；

收到的快递堆积如山，一箱箱搬、一件件拆、清洗、安装，过程中没有一丝不快。

整个做家务的过程，袁弘在做，张歆艺幸福地笑着。最难能可贵的是，在袁弘的脸上，看不到不耐烦和骂骂咧咧，做家务对于他来说就是很平常自然的事情。

朱丹看到节目时一脸羡慕地说："怎么都是爸爸在照顾，我们家从来没有出现过这样的景象。"

其实，像英子一样的妻子们，该如何从妻子、母亲、照顾者的

角色中解放呢？可以从以下两个方面入手：

1. 学会善于放手

当母亲毫无怨言地将家里的所有家务包揽，时间长了，家里的人对于家务的概念会变得薄弱，可能会默认，母亲在家庭中就是照顾者的角色。

这也可以用心理学中的场域理论来解释：当人们长期生活在一种模式中，环境会塑造人的行为。所以，在一开始就要学会对家务的责任进行划分，比如：一个人做了饭，另一个人可以洗碗；一个人包揽了清洗衣物的家务，另一个人就可以进行房屋的打扫。

2. 家务是共同的财富

夫妻一起做家务的过程本身就是一个培养感情的机会，有时双方一起出去旅游、看电影还不如日常的一些小事情来得有意义。

试想一下，下班回家后，你在炒菜，旁边有个人和你一起煮汤，你在洗碗，旁边有个人可以帮你擦干碗筷，也无须再埋怨"垃圾永远都是我倒，地板一直都是我拖"。家本来就是要两个人共同创建和贡献的地方，两个人一起远远比单方的付出要重要得多。

婚姻中的付出是双方的，女性也要学会给男性付出的机会。

如果爱一个人，请一定要自爱；如果爱一个人，请一定给他付出的机会。

第三章
共情分享——让你的心中有个他

忍不住想翻看他的手机怎么办
——再亲密的关系也有界限

古人说:"至亲至疏夫妻。"关系越是亲密,反而让人更感觉疏远。

夏季,夜晚的高温给家中本来焦灼的氛围更添一份烦躁,家里明明两个人,却是一片寂静,只有一阵"滋滋"的蝉鸣传来,将小樊的思绪带回从前。

那时,小樊与丈夫是大学同学,从校服到婚纱,是朋友们艳羡的佳偶。

婚后第二年,丈夫经营的服装公司赶上了网红直播卖货的风口,公司业务量猛涨,丈夫的工作变得十分繁忙。夫妻俩商量,家里也不缺小樊的这点钱,希望小樊能在家里好好备孕,争取明年生个孩子。

考虑再三,小樊辞掉了工作,专心备孕和打理家务。

小樊起初很惬意,每天练练瑜伽,做做美食。但好久不长,最近夫妻俩总是爆发矛盾,矛盾点就在于小樊不止一次被丈夫撞到在偷看手机。刚开始丈夫还开玩笑地说小樊是个小管家婆,哪里都要管着,后来,丈夫对于小樊翻手机的行为渐渐地愤怒起来,甚至因此和小樊起了争执。

"你能不能让我喘口气,别再随便翻我手机!"在又一次发现小樊看手机后,丈夫忍无可忍地吼道,语气愤懑,眼珠子瞪得圆溜。

"唉,下次我还是要尊重下丈夫的隐私!"其实小樊自己也反思过,但还是克制不了自己想要翻看丈夫手机的冲动,她就想要了解丈夫每天究竟和谁在一起聊天。

小樊觉得以前去看丈夫手机，他也挺温和的啊，怎么现在火气这么大，是不是真的有什么情况了？她变得越来越没有安全感。

手机令小樊和丈夫本来和睦的夫妻关系变得相顾无言。所以，忍不住要翻看伴侣的手机，到底该怎么办呢？

一、好的亲密关系，是熟知却不逾矩

"夫妻之间，未经过同意看了对方的手机算违法吗？"

在2022年综艺节目《我们的滚烫人生》中，明星嘉宾进行法援律师职业体验时，提出了这个问题。对此，张起淮律师称："公民享有隐私权，未经过同意看伴侣的手机是违法的。"

听到这个回答，陈小春满脸疑惑，感到震惊，甚至还露出欣慰的微笑，因为应采儿曾自爆偷看过陈小春的手机，看到有女生发来"你怎么不见了"的信息。

每个人都会有自己的隐私，不管是多么亲密的人，他也总会有那么点事不愿意让别人知道，因为那是他内心深处最不可触碰的角落。

但是，精神分析领域有一个重要的概念——投射性认同，它是指一个诱导他人以一种限定的方式做出反应的行为模式。

比如：你查看老公手机，你怀疑他是不是有什么秘密，事实上他根本没有秘密，好的不得了。对方并没有秘密，但你已经假设了对方有秘密，你没意识到这只是你的一个假设而已，你把这个当成事实了。

结果就是所谓的"好奇害死猫"，老公真会藏起秘密给你看。"好啊，我本来还拒绝了女生找我聊天，你既然这么不相信我，我也不拒绝了，反正你心里认定我就是这样的人。"你把想法投射给对方，对方一旦认同这个想法，就会把想法变成事实。

俄罗斯作家邦达列夫曾说："人类一切痛苦的根源，都源于缺乏边界感。"边界感是内心的界限、处事的分寸、相处的底线，每一个独立个体，都有各自的心理防线，需要一定的私密空间和个人专属领域，在自己的领域完成自我的完善。

拥有边界感的人，才能处理好"边界内"与"边界外"的关系。"边界内"是个人空间，表现为自己对自己负责，掌控自己的生活；"边界外"是公共空间和他人空间，表现为互不干涉。

小时候被父母翻看日记本时，我们因为隐私被暴露而感到愤怒。在生活中，我们经常会看到这样的案例，对于伴侣的时时追问、对于孩子的严厉管束、对于朋友的过度说教，等等，这些都是边界感缺失的表现。

人与人的相处，如果不能保留一些边界感，亲密就会成为负担。

电视剧《中国式离婚》中，女主人公林小枫对丈夫24小时盯梢，时时监视，丈夫的生活被密不透风地控制起来，边界感的缺失，最终让她毁掉了夫妻感情。

偷看伴侣的手机，是侵犯了对方私人秘密空间，人与人之间是需要保持距离的，就算是亲密爱人也不例外，如果不给彼此一个空间，那么很容易有一种窒息的感觉！

小樊丈夫也因频繁被偷看手机而感到无法安心，感觉失去了最后一块栖息之地。

好的亲密关系，不是绝对控制；

好的亲密关系，是熟知而不逾矩。

情感上交融，精神上独立，是亲密关系最好的表达。

二、自我赋能，增加自我认同锚点

晚清的曾朴在《孽海花》第二十五回写道："大有风声鹤唳、草木皆兵之感。"

侵犯他人边界行为的背后，是一个人自我的缺失，缺失的背后，是安全感的不足。

缺乏安全感，意味着你不确定眼前的爱人以及这段亲密关系是否稳固可靠。为了增强安全感，你会通过各种各样的方式去进一步了解爱人未知的部分，最常见的方式便是偷看手机，疑神疑鬼，想探察究竟。

自我价值难以实现时，人就会失去自己的定位、失去社会认同感，同时也失去了独立的自我。在生活中，偷看者要重塑自我，增加自我认同感的"锚点"。当你意识到自己是一个独立个体的时候，就不会去偷看了，因为你相信你足够好，不怕失去。

《浮生六记》中的陈芸作为一个古代女子，在崇尚妇德的社会环境下不识字，因喜欢文学，她自学诗词，从目不识丁到出口成颂。她没有在婚姻生活中失去自我，仍旧保持着自己的热爱，充满生活意趣的她以鲜活的自我与沈复举案齐眉。

我们可以通过一些方式找回自我认同感，给生活增加更多"锚点"。比如后来的小樊，她在以下三个方面做了努力：

1. 找寻社交圈子，不忘人际充电

小樊通过社交软件，找到了许多读书会的组织，每周约好友去参加一次；结识更多志同道合的友人，让人生不再孤独，保持平和愉悦的心情。

同时，在小樊的坚持下，每周一和周二去老公公司上班，保持与社会不脱节。

丰富多彩的社交生活，为我们提供更多信息，同时也能从他人的生活经历中积累见解和经验。

2. 发展个人爱好，找到兴趣目标

小樊又拾起了她的书法爱好，每天写一副对联发到朋友圈，朋友圈点赞量非常高，都夸小樊是才女，很多群友还把她拉到各种书

法群里面，群里每天大家都分享书法心得。小樊的生活一下子充实起来，老公还说："你这是提前给我们孩子种下书法基因啊！"小樊对此也很开心。

帕斯卡尔曾说过，"没有消遣就绝不会有欢乐，有了消遣就绝不会有悲哀。"兴趣爱好是我们消遣时间、排解情绪的重要方式，培养爱好可以收获知识，但更重要的是可以获得成就感、完善自我，从而提升个人魅力。

3. 专注于自我，找回生活节奏

找到适合自己的生活节奏，培养一种有规律、有秩序的生活方式，形成有序的生活步调。后来的小樊每天早晨一起来，就将一天中需要做的事情按照优先级排序，对小樊来说，在这个序列中与"自我完善"有关的是第一级，然后是"生活需求"，最后是"他人需求"。

备孕的小樊，提前报班学习了新生儿护理知识，老公见她备孕期间就这么用心地为将来的孩子打算，特别支持，亲昵地对她说："以后我们的孩子一定能被你照料得很好！"

当生活被丰富多彩的人和事物填满，注意力集中在自己感兴趣的事情上时，一个人在社交和学习中就会变得更加优秀，这将给生活带来充满愉悦感、满足感，更有利于婚姻关系的维护。

三、好的夫妻，是互相成全

田亮在录制《爸爸去哪儿》节目的时候，偶尔间摄像头拍到他的手机解锁密码，竟然是妻子叶一茜的生日，当时森碟赖床，田亮为了让她醒过来，就拿出手机想给她玩。0903，摄像头记录下了这个密码，而网友扒出0903正是叶一茜的生日。

网友瞬间被甜到了，你都设置成我的生日了，我还看你手机干吗？

你既然这么尊重我，我也要尊重你，相信森碟妈妈不会去偷看田亮手机，因为看了也不叫偷看。

所以，当看到对方控制不住想要偷看自己手机时，被偷看的一方，也可以想想看自己是否可以做一些事情？

比如，很多男人在家里沉默寡言不善言辞，好像不想多说一句废话，但是在网络社交中就常常侃侃而谈，表现得非常活跃，这就让妻子十分纳闷："丈夫和谁在聊天？""他这么不爱和我说话，他喜欢和别人说话吗？"

对小樊老公来说，可以在回家的时候，和小樊多制造一些共同话题。比如：

"今天公司直播，直接卖了1000多件衣服，不仅收到货款，还让仓库腾空了。"

"我又新交到了一个钓友，打算这个周末去钓鱼，你想不想去？"

"我今天晚上不回来了，我和同事们在聚餐，但我晚上10点就能到家。"

生活中，还有一种情况是，被偷看者已经露出很多蛛丝马迹，令偷看者产生了怀疑，才不得不为了寻找答案而选择偷看。

在一档情感节目中，一个男人觉得女人太事儿了，一天到晚研究怎么偷看他的手机，段位和福尔摩斯一样，甚至趁他晚上睡觉时，悄悄拿起他的拇指来解锁，男人觉得这样的日子没法过了。

但是站在女人的角度，她说男人经常一个月有半个月在外面应酬，有时候夜不归宿，回到家，也不怎么和她说话，抱着手机和人聊天。此外，副驾驶上还有染黄的头发，而女人自己是黑发，问男人，他又支支吾吾。

当一个人硬查伴侣手机时，已经预示着感情出了问题，忙着指责对方，不做出积极的改变，只会让关系更迅速地破裂。

好的夫妻，是相互成全。这个时候，男人也要仔细想想，是哪里出了问题，要怎么去修补这个问题，再给到女人安全感？《致橡树》中描述的爱情是这样的："仿佛永远分离，却又终身相依。"

再亲密的关系也有界限，亲密关系间，要尊重双方的隐私，但是如果夫妻能共同维护好婚姻的界限，就能让彼此的婚姻之路走得更平稳与长远。

你还在乎我吗

——一起坐宇宙飞船去享受"外星时间"

曾几何时,晓晓对婚姻充满希望,当岁月在生命的围墙写满了诗句,晓晓为遇见他而感到幸运!当时光在爱情的丝绸绣满了锦绣的图案,晓晓为爱上他而感到骄傲!晓晓觉得生命中有他就有幸福!

结婚10年后,一切却在悄然改变。晓晓夫妻俩由曾经的陌生变得熟悉,又从熟悉变得陌生,时间使他们的距离悄然靠近,又悄然远离。

无力感最深的瞬间大概是上周末,那天加完班已经很晚了,晓晓身心疲惫。打开手机,茫然地看着上百条未读消息,手指麻木地在微信页面上一点点下滑,突然看到了先生的头像,瞬间停住了手指。

"我们俩,已经有多久没聊过天了?"明明是曾经的无话不谈,如今却被生活磨去了激情。

打开聊天界面,最后一条消息还是上周一。

"这周末是我们的结婚纪念日,一起出去纪念一下吧。"

"这周末要出差,要好几天呢。"

"什么时候回来?"

"这个真的不确定,要看项目的进度。"

"噢……"

这些年中,类似的情况经常发生。

晓晓猛然间想起刚结婚时,夫妻俩曾信誓旦旦地约定,不论工作多忙都要抽出时间陪伴对方,一开始是每周一次的用心陪伴,后来是每月一次,再后来,因为各种原因,不光二人独处成了奢侈,

第三章
共情分享——让你的心中有个他

就连聊天的次数都开始减少。

晓晓想,这大概就是爱情中的疲倦期吧。

夜深人静一个人的时候,晓晓不禁会有各种思绪飘荡。

以前晓晓经期肚子痛,他急得满头大汗,各种按摩和买药,现在却是:"你自己泡个红糖水,贴个暖宝吧。"

以前夫妻俩对未来充满了规划和期待,现在却很少谈论双方的未来,维持婚姻的不再是激情而是责任。

以前晓晓出差去外地,他都会惦记着晓晓的衣食住行,计算着到达的时间,现在却连问也不问了,更别提关心了。

以前夫妻俩吵架,他都会主动认错和好,现在却冷战几天,不说话也无所谓。

"我想知道,亲爱的,你还在乎我吗?

如若在乎,又怎会不再与我谈及未来的生活?

如若在乎,又怎会不再与我分享你的快乐?

如若在乎,又怎会不再计较我打不打电话?

如若在乎……

你,还在乎我吗?"

晓晓想不明白这些问题。

一、相濡以沫的岁月,更需要调味品

有人说,真心实意地在乎一个人,就像等待一场花儿的盛开,需要悉心照料,耐心浇灌。

许嵩的歌《亲情式的爱情》中唱出了一些情景,从新月、湖畔到下班、买菜,从电影、西餐到洗碗、平淡,从滋长不满到尝透心酸,几句歌词为我们讲述了婚姻的现实。两个人相识相知相恋,结婚多年,被琐碎牵绊,两人滋长不满,越走越远。

有这样一个问题困扰了不少人：两个人在一起几十年之久，当双方所有的可能性被开发完，靠什么东西来抑制生活重压带来的戾气，维系彼此的关系？有人说当然是家庭与责任！

难道夫妻相濡以沫的生活，仅仅是因为责任吗？

结婚10年，晓晓和丈夫都承担着各自的责任，努力地赚钱生活。如果银行免收了晓晓所有的贷款，孩子从小到大所有的费用均由社会出资，晓晓会放弃现有的家庭离开另一半一个人生活吗？答案是很少有人会这么做。

生活不仅需要烟火气，更需要调味品的点缀。

或许，晓晓和丈夫刚在一起时的爱情，在柴米油盐的10年烹调中早已升华，成为只有夫妻二人所能体会的亲情，独一无二，虽没有血缘关系，但对方却是自己在这个世界上最好的依靠。

"虽然你很烦，但我离不开你，虽然我们总是争吵，但有事我第一时间会找你。"

相濡以沫的岁月，夫妻两个人如何共同创造更多的价值，让婚姻更幸福呢？

方法有很多，比如夫妻共同参与一些活动，潜水、滑冰、爬山、远足、打球、绘画、猜谜、作对联、作诗、玩乐器、唱歌、跳舞、研究古文、测字、研究历史、写作、考古、制作陶瓷、雕刻、研习书法等。

当然，也可以是收藏字画、山石、古钱，钓鱼、养鱼、养宠物、研究蝴蝶，练习瑜伽、气功、太极拳、武术，学习跳伞、飞行，做义务工作、扶贫赈灾，研究儿童教育、心理学、学习电脑知识、其他语言……

夫妻间共同创造新价值，会让婚姻多一些温暖与有趣，会给彼此带来走下去的动力和勇气。

二、琐碎的关怀，让爱源源不断

晓晓之所以一次次地想知道自己是否还被在乎，是因为她没有感受到来自丈夫细致的关爱。

在纪录片《人生果实》里，休一和樱子他们亲手搭建的房屋、自给自足的田园生活固然令人羡慕，但最让观众动容的，还是这对结婚65年的老夫妻，在日常生活里对彼此深入肌理的那种琐碎和关爱。这种琐碎的爱，给了婚姻十足的动力。

因为妻子的名字叫作樱子，休一便特意在院子里的樱桃树下吊了一块牌子，牌子上写着樱桃，然后画上妻子的画像。厨房是樱子的领地，休一不插足，但他会做手账，在手账中记录下和妻子度过的每一天，吃了什么、做了什么，还会配上自己手绘的插画。休一不喜欢吃蔬菜，樱子便像哄小孩一样，每天打蔬果汁给丈夫喝，还加上应季的水果在里面，让丈夫营养均衡。

这部纪录片，处处充满着我们习以为常的细碎关怀。

当一方倒牛奶不小心手滑，把装牛奶的玻璃瓶摔了个粉碎，如果另一半首先做的是关心爱人有没有被伤到，并迅速将现场用抹布、扫帚、拖布、纸巾、吸尘器清扫擦拭干净，再次确认爱人的安全，爱人会感觉到满满的被在乎感。

延绵、持久的细碎关怀，会让我们的爱源源不断。

饶平如在《平如美棠》里写道："对于我们平凡人而言，生命中许多微细小事，并没有什么特别缘故地就在心深处留下印记，天长日久便成为弥足珍贵的回忆。"

对我们来说，琐碎的关怀就好像车上的安全带、早餐的煎蛋、下酒的小菜，看似简单不起眼，可也正是因为有了它们，感情才日濡月染有了滋味。

三、打造幸福的婚姻，学会给彼此一些"外星时间"

舒婷在《致橡树》里写道："你有你的铜枝铁干，像刀、像剑，也像戟；我有我红硕的花朵，像沉重的叹息，又像英勇的火炬。我们分担寒潮、风雷、霹雳；我们共享雾霭、流岚、虹霓。仿佛永远分离，却又终身相依。"

铜枝铁干与红硕花朵注定不同，但这不妨碍他们饱含深情一生相伴。

愿意沟通的伴侣，彼此之间有着强烈的分享欲。因为喜欢你、在乎你，所以愿意把自己的所见所闻——即便平淡无奇也愿意一股脑儿地抖搂出来告诉你。

鲜少有人愿意活成像茨威格在《断头王后》里写的那样：她的幸福没有人分享，同样，她的不幸也只能独自承担。

晓晓和丈夫可以学会建立"外星时间"，来帮助彼此走向柔和友善："外星时间"是夫妻两人共同度过的一段很特别的时间。在这段时间里，双方要把所有不愉快的记忆或者情绪抛开，就像坐宇宙飞船去了外星，把所有的不愉快都留在地球上。

"外星时间"的过程中，双方需要做好时间、规则和手势等约定。

比如，晓晓在结婚纪念日之前，可以主动和丈夫约一次"外星时间"，夫妻俩约定要完全放下使两人关系紧张的话题，说出自己的真实感受及对两人关系有帮助的话，并且毫无保留地献出关怀、支持和爱给对方。

在一个安静的环境中，双方可以谈论两人一起做过的开心的事、心中的一些梦想、一些老朋友的情况等话题，对于未解决的事先暂时放在一边，调整好自己的情绪状态，全身心地与对方待在一起，可以是一个小时，也可以是两个小时。

优质的"外星时间"会让夫妻俩感到爱与被爱，情感的自由流淌，有助于改善两个人的关系。至于引起冲突的事情，可以另外再选一个时间来讨论。

花点心思打造自己幸福的婚姻，学会给彼此一些"外星时间"吧。

第四章

情绪管理——让情绪自由流淌

曾经的好脾气怎么变坏了
——把控制自身情绪的权利留给自己

胡适先生曾经说过:"世间最可恶的事,莫过于一张生气的脸;世间最下流的事,莫过于把生气的脸摆给旁人看,这比打骂更难受。"

阮阮觉得:人怎么能变得完全没有过去的踪影呢?

7年前和老公(当时是男友)在学校社团相识的时候,他是一个阳光般温暖的男孩子,灿烂的笑容永远挂在脸上,待人热情亲切,犹如一股春风给人温暖。

恋爱3年,阮阮和他没有吵过一次架。阮阮有时任性,乱发脾气,但事情一到他那里就全化解了。

阮阮有点任性和小脾气,因为感觉他的脾气比较好,会包容,所以嫁给了他。

阮阮说:"我妈对他的评价是:难得的好孩子,有难得的好脾气。"

"难得的好孩子"这两年却变成了一个脾气暴躁的男人,怒火来得快,而且越来越没有理由。一点小事,经常会惹来他的高嗓门和大能量。他的坏脾气来时,阮阮觉得自己以前的威风不见了,瞬间在他面前变成了小白兔,等着那股火气像一头雄狮一样像自己扑来。

真的是"三十年河东,三十年河西",以前阮阮觉得自己任性,结婚几年后竟然反转了,虽然阮阮有时还会发脾气,但一想到他发脾气的样子,阮阮明显开始克制自己的脾气了。

谁不想和和气气过日子呢?可有时候夫妻俩发脾气时,感觉这

第四章

情绪管理——让情绪自由流淌

个家就像掉进了冰窟窿，有时又像踏上了火焰山，让人非常难受。

阮阮有点怕："这样的情况还会不会愈演愈烈？他还能变回以前的好脾气吗？我是不是也得改掉自己的坏脾气才行？"

一、从爱人的镜子中，发现自己的"气味"

俗话说："怒者，心之奴。"

坏脾气就像心魔，如果我们不能驯服它，就会被它制伏，成为它的奴隶。

一分脾气九分害。

电视剧《武林外传》里，有一位人物郭芙蓉，双手画圈推出两掌再加上一句"排山倒海"是她的标志性动作，冲动、泼辣、暴脾气是她的特征。吕秀才因为她的暴脾气，希望她在生气的时候能对自己说："世界如此美妙，我却如此暴躁，这样不好，不好！"

《水浒传》"镇三山大闹青州道，霹雳火夜走瓦砾场"一回中，也有这样一位"暴脾气"的人物——秦明。因性格急躁，声若雷霆，他被人称为"霹雳火"。宋江与花荣因陷害被捕，在押送过程中被劫走，秦明前去捉拿。当自己的盔缨被花荣一箭射下后，他"心头火起，哪里按得住，带领军马，绕山下来，寻山上路"，结果掉进了清风山众人的陷阱，被宋江活捉。为了断秦明的归路，宋江派人扮作秦明在城外烧杀，官府以为秦明已经投降了宋江，就杀了他家中老小。最后，秦明无处可去，落草为寇。

《尔雅·释天》有言："雷之急击者，谓霹雳。"秦明是梁山五虎将之一，一夫当关、万夫莫开，无畏刀林箭雨、冲锋陷阵，然而英雄都有暴脾气，丢了功名地位，也丢了挚爱至亲。

阮阮在怒火的老公面前，吓得像只小兔子，不敢动弹，心有畏惧，坏脾气伤了她的心，却也让她照了一面镜子：曾经多少次，老公因为她的小脾气而心生委屈，独自喝酒解闷；曾经多少次，当她发火时，老公也想爆发却都忍住了；曾经多少次，老公在她闹情绪时也想一走了之。

罗曼·罗兰说："每个人都有他的隐藏的精华，和任何别人的精华不同，它使人具有自己的气味。"

可是，在老公这面镜子中，阮阮却发现了自己的"气味"，如此的熟悉又可怕。

在婚姻这面镜子中，阮阮体验到了老公的坏脾气，却也照见了自己。她开始认识到每个人都是从自己的角度来解读世界，若自己每次生气、发脾气的背后，都是在呼唤爱，老公又何尝不是呢。

"种瓜得瓜，种豆得豆"，播种什么就会收获什么。明白了这个道理后，阮阮决定从改变自己的小脾气开始。

记着：好脾气宛如晴天，到处绽放光彩，让人心旷神怡。

二、善用剥洋葱法，调整坏脾气

阮阮如何梳理自己的坏脾气呢？有一个剥洋葱法可以使用。

情绪本身没有好坏，只有失控的情绪才是不好的。我们要学习的是如何让情绪成为我们的卫士和保镖。

一旦开启坏脾气，触发了情绪，我们要学会从身体、感受、思维、行为四个方面调整它，不让情绪一泻千里。

1.身体层——安抚情绪

任何情绪都伴随着身体的反应。身体是存储情绪的最大器官。当身体平静了，情绪自然就会平静。处理情绪的第一步，是安抚自己的身体。

（1）停下来：停止火上浇油。

当察觉到自己的情绪产生时，我们要做的第一步，是停下来。

（2）在身体中找到情绪的位置。

把关注点放在身体上，从头到脚扫描自己的身体，感受一下，此刻身体的哪个或哪些部位不舒服。比如，生气的时候是头痛、胃痛、胸闷、喉咙发紧、浑身发抖，还是有其他感受？

（3）继续深呼吸。

继续深呼吸，吸气时吸入自己喜欢的、此时此刻需要的情绪，比如平静、淡定、舒适；呼气时把身体里不舒服的感受都呼出去。连续做很多次，直到情绪平静下来。

按照以上方式调整之后，内心的怒火会消除不少。

2.感受层——探索情绪

其实，每种情绪都是我们的朋友，都代表了我们某些部分的需求。

（1）如果我们能够命名情绪，就能化解情绪——给情绪命名是重要的一步。

（2）想一想我们真正的需求是什么——所有情绪的核心，通常都与安全和认可相关——人们都希望被看见、被听见、被认可、被接纳、被理解、被温暖、被关怀、被爱。每当阮阮和老公有情绪的时候，不妨探索一下，彼此真正的需求是什么，是哪种需求没有得到满足。

3.思维层——转换情绪

事情不给人压力，压力来自人对事情的反应；事情也不决定情绪，决定情绪的是人的信念系统。

心理学家埃利斯认为，人的情绪主要来源于自己的信念和这个人对生活情境的评价与解释的不同。即事情的前因，透过当事者对该事情的评价与解释，以及对该事情的信念这个桥梁，最终才决定产生什么样的结果。

由此可知，引发情绪的核心，在于我们对一件事情如何解读。所以，要想从根本上转换情绪，最简单的办法就是换位思考。

面对坏脾气的老公，阮阮可以怎样换位思考呢？

想想对方为什么是对的。真正站在对方的角度，想一想他所面临的情况、他的需求、他的资源，以及他的局限性。为什么在当时的环境中，他那样说、那样做是可以理解的，甚至是情有可原的？

若以这样的方式思考，阮阮一定会有新的发现。

4.行为层——核对情绪

如果让你生气的事情已经发生了，怎么来挽回局面呢？方法就是，我们需要与对方在合适的场合进行核对。

核对是化解矛盾的过程，也是知己知彼的过程。发生矛盾不可怕，可怕的是不了了之，不断积压。

那么，阮阮夫妻又该如何做呢？

（1）发完脾气后，等自己平静下来，邀请对方进行一场心平气和的沟通。

（2）真诚地分享自己在当时情绪之下的需求，并告诉对方希望他如何满足自己的需求。

（3）邀请对方坦诚地告诉自己，他当时面临的情况以及他的感受和需求是什么。

（4）共同约定以后出现类似的情况应该怎么处理。

三、变化在所难免，学做彼此的"伯牙"与"子期"

我们大部分人对婚姻生活都会有一个非常美好的期待和向往，那就是结婚后和结婚前一样，一样的无话不说，一样的甜蜜，甚至比结婚前更加甜蜜。

但现实是，很多人带着这份期待和向往，兴冲冲地走进婚姻里，然后发现，原来愿望和现实竟然会有那么大的差距。

第四章
情绪管理——让情绪自由流淌

有些男人婚前温柔体贴，婚后对妻子不闻不问；有些男人婚前是顾家好男人，婚后成天不着家；有些男人婚前爱干净，婚后邋遢懒散。

就像"好脾气先生"变成了"坏脾气先生"一样，前后的反差让人难以接受。

这种婚前婚后的巨变，发生在很多婚姻里，不分男女，让很多人感慨：明明结婚前还好好的，怎么一下子就像是变了一个人？

网上有一个说法：跟谁结婚，都会发现对方像变了一个人。

婚恋的顶级哲学在于：唯一不变的就是变化。

这是大多数人的心声，如同阮阮夫妻一样，既然变化是在所难免的，人在变，婚姻也在变，何不重新相知呢？

心理学发现，夫妻间相知越多，相爱越深。

可以怎样做呢？

（1）归零心态，放下对另一半的期待，学会站在对方的角度看问题，尊重对方。

（2）反思、总结从相恋到现在，双方的变化，接纳、允许变化的发生，从变化中看到更完整的对方。

（3）经常拥抱彼此，可以融化一层层防御的心，当对方为自己做一件事情的时候，不要认为就是理所当然的，要懂得怀着感恩的心，跟对方说上一声"谢谢"。

婚姻的路途，不缺心动，缺的是相知相惜。

"高山流水觅知音，知音不在谁堪听？焦尾声断斜阳里，寻遍人间已无琴。"这便是俞伯牙和钟子期"高山流水觅知音"的故事。

钟子期与俞伯牙，高山流水，琴声会友，他们是最知己知彼的知音，他们的情谊藏在琴声里。

在婚姻中，谁又能说我们不可以做彼此的"伯牙"与"子期"呢？

一喊吃饭他就拖延，真的很生气怎么办
——情绪ABC法则

爱自己，是维持幸福生活的最好良药。

结婚后，梦梦总觉得自己变得暴躁了许多，很多生活的细节都让她感觉到压抑和窒息。午夜梦回，梦梦忍不住回想起婚前的甜蜜生活。那时候还是男朋友的老公，对自己有诸多体贴，他经常换着法子做一些好吃的来"投喂"梦梦，尤其是他下厨做的洋葱圈，金黄灿灿的鸡蛋将洋葱包裹起来，再撒上一层孜然粉，梦梦觉得特别好吃。

可是现在梦梦不仅自己做饭，而且每次做完了饭，梦梦总想着趁热让老公来吃，老公却需要她一遍一遍催促。就为了吃饭这一件事，夫妻间就闹了不少脾气。

"亲爱的，饭做好了，快来吃饭了。"梦梦喊了两遍，没有得到回复。

"饭凉了，快来吃！"每到这时，梦梦就开始不耐烦了，语气也明显不好了。

好几次都是梦梦忍不住发了脾气，老公才慢悠悠从沙发上站起来说："来啦，凉了正好吃。"

而一旦发脾气后再吃饭，梦梦就会觉得胃不舒服。

那个体贴、温柔、善解人意的男人去哪了呢？梦梦时常问自己。

她敏锐地觉察到自己和老公之间的沟通出了一些问题，但这些问题的根源究竟在何处，真让人苦恼。

第四章
情绪管理——让情绪自由流淌

一、从认知偏差中，找到争吵的根源

"婚姻是爱情的坟墓。"卡萨诺瓦文中的一句调侃，在21世纪的今天，竟然已经被一些人奉为醒世名言。

婚姻是否必然断送爱情的甜蜜？

夫妻间争吵时，为何一件小事会引起彼此大发雷霆？

美国心理学家埃利斯曾创建ABC理论，它指向了夫妻生活中关于争吵的最本质的问题。

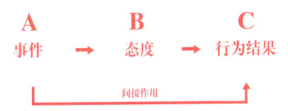

注：事件对行为结果只是间接作用，态度才是直接作用，积极的态度就会有积极的结果。

A（Activating event）——事件

B（Belief）——态度

C（Consequence）——情绪和行为结果

ABC理论认为，引起消极结果和行为障碍结果的原因，不是激发事件本身，而是个体对激发事件的认知和评价所产生的消极信念。

错误信念也称为非理性信念，也即看似就事论事地在争执，实际上很多人可能被"非理性"的信念牵住了鼻子。

梦梦与老公关于吃饭产生了分歧。如果梦梦仔细回想就会发现，原来婚后提出要学会做饭的是自己。一开始，老公还会跟梦梦开玩笑，打趣梦梦是个只会品尝美食的"小吃货"，但梦梦励志成为要将老公照顾得体贴周到的贴心老婆。

她苦练许久厨艺，终于也能做出很多好吃的菜品，这些看似简单的家常菜，饱含了梦梦对婚姻生活的希冀和对老公的爱。

当梦梦做出热腾腾的饭菜，迫不及待地想要和老公分享时，那个瞬间的她，心中充满了爱和喜悦，让老公吃上热腾腾的、自己亲手做的美味的饭菜的计划即将完成。

可老公却是叫了一次两次三次，一直到饭菜不再热乎，才慢悠悠去吃饭。梦梦的成就感大大降低，她的信念是：老公不在乎我，所以不在乎我做的饭菜，这种错误的认知让梦梦产生负面情绪，继而引发了争吵。

梦梦老公的想法却是：想让饭菜凉一点再吃，不喜欢吃热饭，无关乎爱与不爱。

两个人价值观的不同，导致了他们对待同一件事产生不同的结果。

二、松动信念，看到新的可能性

人们在处理事情的时候，往往站在自己的角度去思考，并默认自己是完全理性的状态。从心理学的角度来看却能看到不同的视角。

每个人都不是完全理性的个体，或多或少都存在一些"非理性"的信念。例如，一定要老公趁热吃饭的梦梦，"饭一定要趁热吃"是她的底层认知。因此，遇到跟她发生了认知冲突的老公，便会产生争执。

在这个环节中，并非梦梦或她老公的错误，这样的争执可以通过松动信念来避免。

有一种错误的信念是绝对化的要求，比如，我们常常站在自己的角度，认为一些事情必定发生或不发生，话语中经常包含一定、必定、每次、从不等绝对化的词语。

梦梦面对自己"饭一定要趁热吃"这种信念，可以怎么做呢？

有一种提问方法，可以学会反问自己，来松动自己的信念："做好的饭，一定要趁热吃吗？没有任何例外吗？"

这句问话，可以帮助梦梦松动她的固有想法，让她看到新的可能性：

也许老公不愿意马上吃饭，可能是他刚下班有些累，暂时没有食欲；

也可能是希望饭菜可以稍微不要那么烫嘴再吃；

也许是这道菜放凉了吃，口感更好；

……

宽广的认知，会让一个人变得包容与开阔。

当梦梦有了新的认知后，她也就不会执着于让老公立刻过来吃饭了。

以后的岁月里，如果梦梦感觉到饥饿，可以告诉老公："我有些饿了哦，你要是不来吃，我可先吃了。"如果并不饿，不妨跟老公一起在沙发坐下，静静地享受一下二人时光。

三、高品质的沟通，从心开始

有这样一个小故事：

迈克走进餐厅点了一份汤，服务员马上给他端了上来。服务员刚走开，迈克就嚷嚷起来："对不起，这汤我没法喝。"

服务员重新给他上了一碗汤，他还是说："对不起，这汤我没法喝。"

服务员无奈,只好叫来经理,经理毕恭毕敬地朝迈克点点头说:"先生,这道菜是本店最拿手的,深受顾客的欢迎,难道你不喜欢?"

迈克说道:"我是想问,调羹在哪里呢?"

这个小故事告诉我们什么呢?

沟通的意义取决于对方的回应。

自己说得多么"正确"没有意义,对方收到你想表达的信息才是沟通的意义。

因此,我们说什么不重要,对方接收什么才重要。只有改变说话方式,才有机会改变收听的效果。

沟通成功的先决条件是创造和谐气氛。有时候,梦梦老公明明听到了梦梦喊他,却抗拒到餐桌旁边吃饭,他可能是用自己无声的抗拒来表达对梦梦说话方式的指控。

沟通没有对与错,只有有效果与没效果之分。

萧伯纳说:"沟通最大的问题在于,人们想当然地认为已经沟通了。"说过了,就默认我们已经完成了沟通,而误会往往却是这时候产生的。

"在对方心情愉悦的情况下,达成目的,才是真正高级的沟通。"沟通信息的送出接收,在潜意识层面比在意识层大得多。

美国社会语言学家艾伯特,曾提出一个55387定律,即100%沟通效果=55%态度及仪表+38%语气+7%内容。

在人际沟通中,55%是指一个人说话的态度、肢体语言、面部表情和动作等,38%是指说话的语气、口吻,最后只有7%才取决于说话的内容。

权重不一样,发挥的作用也有先后顺序,只有做好了55%+38%的准备工作,7%的内容才能发挥作用。

如此一来,梦梦在和老公沟通吃饭这件事时,可以多做好55%和

38%的工作。比如,梦梦可以来到老公身边,轻轻地按住老公的肩膀,用温柔的语气,面带笑容地、充满爱意地和老公说:

"亲爱的,我精心准备的饭菜已经做好了,我们一起去吃吧,我邀请你一起来品味我的成果呢!"

经过几次这样的交流后,老公也会感受到梦梦的爱意,而且双方也会形成吃饭前的爱意沟通与表达。

高品质的沟通,从心出发。

高品质的沟通,把注意力放在结果上!

他长期在外，压力大了我就忍不住踹女儿一脚

——消减压力的三大方法

有人说：生命是一条艰险的峡谷，只有勇敢的人才能通过。

看着窗外灯火通明，苏晨的心却一点点地沉下去。

曾几何时，苏晨也渴望这万家灯火的温暖，渴望一家人其乐融融，渴望倚靠在另一半的肩膀上，然而这种渴望在婚后的几年却被现实一次次击碎。

又是一个无眠的夜，无处安放的心。

刚才苏晨和长年在外工作的老公，沟通了给二宝上保险等事，因为意见不合，没有确定最终结果。苏晨一肚子的火气，眼瞅着二宝就快出生了，老公因为军训不能到场不说，连尽快定个保险也一拖再拖。

苏晨一想到要自己面对这一切，压力就非常大。

大宝刚好不识趣地过来问苏晨："妈妈，你看老师给我批改的卷子，我重新做了，这道题对了吗？"

看着大宝卷子上的大叉叉，苏晨一时没回过神来，就仿佛这个叉叉是画到她的头上似的，充满了委屈、愤怒和无力。

苏晨控制不住自己，伸出右腿，朝着女儿就踢了一脚："这么简单的题，你都能做错，你还能干点什么？"

10岁的大宝或许已经习以为常，不再像以前那样委屈大哭，而

第四章
情绪管理——让情绪自由流淌

是在苏晨每次发火时,选择默默地离开,回到她自己房间里。女儿知道,妈妈肯定又是压力太大了。

苏晨看着女儿瘦弱的背影,心里又开始后悔:"我这是怎么了,为什么就不能控制下自己,这些年大宝跟着我受了多少委屈啊?"

大宝出生后,她爸爸除了部队休假回来,其他时间都是苏晨自己带她长大。一个人喂她吃饭,教她走路,教她说话,陪她上舞蹈班。日复一日,她们俩才是相依在一起时间最长的人。

可是苏晨却一次次在自己压力太大时,把最不好的脾气都给了大宝。

为此,苏晨常常心里很愧疚,可是,她觉得自己也没办法。

一个人带着孩子,丈夫常年在外,父母又距离远帮不上忙。眼看二宝又要出生了,虽说丈夫已经请好陪护人员和月嫂等,可一个人带孩子,照顾这个家,她还是压力巨大,有时会心口痛,有时会头痛。

这些年,苏晨只有在安顿好大宝,一个人淋浴时,才会感觉到片刻的放松和休息。她看着水滴一点点地打在身上,感觉所有的压力在这一刻消解了。在马桶上坐一会儿,伴随着水声,这时她才允许自己大哭出来,一边哭一边不断地告诉自己:"第二天又是美好的一天,苏晨一定要坚强。"

可第二天压力大时,苏晨还是难以控制住自己的情绪,还是不知道该怎么办。

一、练习接受自我,做情绪稳定妈妈

父母的情绪稳定,才能让家成为最温暖的港湾。

拿破仑曾说:"能控制好自己情绪的人,比能拿下一座城池的将军更伟大。"

为人父母，保持心境平和会影响孩子的一生。心境平和，是一种让人为之低首的感人力量。无论面对艳阳高照，还是狂风暴雨，都不会大惊小怪、忐忑不安，永远保持处变不惊、泰然处之的态度。

心理学研究表明，一个情绪变化大的人或变化频率很高的人，可能失去选择和判断的能力。当负面情绪占领大脑当前的思考资源，人会立刻陷入不理智的状态，大脑新皮质的理性思考往后退位。

想想这样的场景：早上急着送孩子上学，可孩子却打翻了牛奶，洒了一桌、一地、一身，在早上有限的时间里，你不得不手忙脚乱地擦桌子、擦地、换衣服，没有人帮你……

对于很多妈妈来说，这样的场景并不陌生。妈妈的情绪总是不知缘由地被这些琐事"一点就着，一说就炸"。苏晨不仅要面对这些一地鸡毛的琐事，一个人照顾自己和孩子，还得又当爹又当妈，压力之大让人难以想象。这让她无暇关注自己的情绪，负面情绪来了就任之发展，发泄转移给孩子，自己过后又充满愧疚。

心理治疗师曾奇峰说过："做一个好母亲其实也很简单，多为自己活着，把自己变成一个轻松快乐的人，这是母亲能够给孩子的最好的礼物。"

一个人轻松快乐的前提是关爱自己，有稳定的情绪。

苏晨在面对问题时，可以用"接受自我法"来帮助自己平静下来，具体做法是：

第一，承认自己有情绪，并找到这种情绪。

第二，给自己情绪找个词语，打分，比如愤怒，85分。

第三，手放锁骨下面同时重复说："我接受我自己，虽然我有愤怒的情绪。"然后深呼吸，闭上眼睛，放松，想象自己放松了。

第四，找出愤怒带给自己的正面意义是什么。比如，愤怒给苏晨增加了做决定的力量。

第五，重新感受自己的这种情绪并再次打分。比如，下降到了

10分。

第六，平静下来后，苏晨在心里用三个词语，描述自己下一步的打算。

通过这个练习，不断地认识和了解自己的情绪。下一次，当情绪的暴风雨来临之时，积极给自己按下暂停键，停下3秒，接着使用接受自我法，再行动。

二、练习四点法，释放负面情绪

每个人都会多少存在一些负面情绪与负能量，倘若没有得到及时有效的干预，积累到一定程度时，极易成为"定时炸弹"，一旦遇到外界刺激，很容易形成心理障碍或产生精神疾病。

《黄帝内经》中表达过这样的内容："恐伤肾，悲伤肺，怒伤肝，忧伤脾。"一个人若长期处在焦虑、抑郁、愤怒、委屈、悲伤、羞愧……的负面情绪中，身体健康会受到严重影响。

结婚多年，苏晨常一个人带孩子，压力情绪已经让她经常失眠，出现心口痛、头痛的现象，那有没有快速有效的方法可以帮助她，即使她一个人时也可以练习呢？

四点法的穴位练习，可以帮助苏晨在接受自我的基础上，快速缓解心烦的负面情绪。四点的位置是：眉心、人中、下巴窝、膻中。

四点法是借着按摩或敲击身体上特定的情绪要穴，来平衡身体里所有的紧张与混乱，处理过去、当下自己的情绪以及别人的情绪。

苏晨在和先生商量二宝保险等事没有结果时，她感到失望和沮丧，整个人没有力量，这时，四点法很有帮助：

首先，苏晨看到自己失望的情绪在影响自己。

其次，苏晨给自己的失望情绪打了分，8分。

再次，苏晨坐在椅子上，觉察自己的呼吸，调整呼吸并放松。

接着，苏晨用右手轻轻地敲击自己的眉心，一边敲一边对自己说："我深深地接受和爱自己，虽然我有失望的情绪……"

接着，她把手指分别移到人中、下巴窝、膻中，继续敲击继续说："我深深地接受和爱自己，虽然我有失望的情绪……"

几分钟后，苏晨感觉自己流出了眼泪，她让自己保持呼吸顺畅，对失望情绪再次评分，她发现失望降到了1分，现在失望已经不再困扰她了。

三、社会支持系统，让自我更强大

心理学研究表明：一个良好的个人社会支持系统，可以帮助一个人建立安全感，缓解不良情绪，快速摆脱困境的束缚，从痛苦的深渊中走出来。

良好的个人社会支持系统是指个人在社会网络中所获得来自他人物质和精神上的双重支持，其中精神方面的支持最重要。

每个人在社会上都离不开与他人的相互配合，共同发展。人与人之间的亲密互动、相互支持，在帮助他人的过程中产生，帮助行为包括物质、体力、信息和情感支持等方面。

我们可以画一个同心圆，从里到外分别是自己、父母、好朋友、普通朋友等，这些都是我们生命中的人，越靠近里面越是重要的，这些人构成了我们的社会支持系统。

一个人的社会支持系统越强大，身心就越容易健康。

"一阴一阳之谓道"，中国人讲究阴阳平衡，一个人如果在系统中总是在付出也是不平衡的。当我们每一层都有自己可以倾诉的人时，这个系统也会更强大。

苏晨的老公长期在外，父母又远在他方，苏晨除了在取得他们定期的支持下，还可以去扩大自己的社会支持系统圈子。比如，在

第四章
情绪管理——让情绪自由流淌

大宝上学期间,她去参加一场读书活动,在活动上扩大自己的社交,真实地表达自己的感受,在这里面可以袒露自己的脆弱,在这里可以听别人的故事,这也有助于化解自己的情绪。

看见即疗愈。只有当需求被看见时,那些隐藏在我们体内的热情、灵感、勇气等美好的力量才有可能被唤醒。

演员秦海璐36岁生完孩子,曾爆料自己产后抑郁,因为母乳很清,儿子营养不良,老公抱着儿子,自己就躺在床上看着他们哭,当时她体重到了160斤,很是焦虑,心理压力非常大。

产后100天,《白鹿原》剧组就找到秦海璐,让她饰演仙草这个角色。秦海璐丈夫知道,让她回到熟悉的环境,是治愈妻子的一个办法,于是克服困难带她去试镜。

秦海璐在家人的支持下努力瘦身,进入剧组,演完这部剧后,她重新拾起了笑容。

秦海璐能够从产后抑郁走出来,离不开家人的鼓励和支持。那么,我们应该如何建立自己的社会支持系统呢?

(1)先培养自己"建立和完善社会支持系统"的意识。

(2)善于发现他人的闪光点和积极面,用资源取向的眼光看待他人。

(3)利他=利己,欲取必先予,增加交往的主动性,尊重别人、乐于助人。

(4)积极参加感兴趣的社交活动,寻找一些志同道合的朋友。

(5)寻求专业支持:遇到烦恼,不太想透露给熟悉的人,或者身边的人暂时不能给予较好的支持时,寻找专业人士的帮助,是建立社会支持的方式之一。

每个人可能都会遇到情绪低落、压力巨大的日子,但阳光总在风雨后,那些付出的汗水与泪水,终会开出最美的花朵!

每隔一段时间就会陷入痛苦的情绪怎么办
——一念之转法

持续成长，是一个人面对未知不确定最好的姿态。

燕子和老公结婚3年，在孩子满1岁的时候，因困扰公公几十年的旧疾复发，婆婆打算回江苏老家。燕子不放心将年幼的女儿托付给阿姨，也不舍得放弃打拼了6年的工作，很是纠结。

婆婆走的前几天，燕子在阳台上给趴着匍匐前行的女儿唱歌，看着小小人儿一双眼睛咕噜咕噜地打转，发出"嘤嘤呀呀"的清脆声音，叫了一声"妈妈"，燕子心里泛起一阵柔软。

那一瞬间，她站起身，走到电脑前，翻出草稿箱里那篇辞职报告，光标移到"发送"的位置，食指重重按在鼠标上。

燕子开始全职带娃，日夜孤军奋战，操持柴米油盐醋酱茶。

燕子心里有一种孤独，带女儿的间隙，她参加了很多微信社群。群里很多履历光鲜亮丽的人士，燕子和"上流人士"们聊天时，特别能产生共鸣。她一边羡慕着这些人，一边承受着比较产生的落差。

燕子在乎精神层面，渴望那种深层次的交流，当初看重老公，是因为他朴实、顾家，没有花言巧语。但结婚后，她多次尝试跟老公聊得深入一些，聊聊自己的生活理念和心理压力，但除了吃饭、睡觉、孩子和性，"吃了没""可以睡了""孩子的烧退了吗"，其他的话题老公似乎无法对她敞开交流。燕子也渐渐发现，老公不仅对她这样，对其他人也是淡淡的。

生活像是被什么裹挟了，每隔一段时间，燕子就会陷入痛苦的

第四章
情绪管理——让情绪自由流淌

情绪中，被压抑在心底的怪兽吞噬……

一、在自己的时区中，找到内心的追求

世界上没有两片一模一样的树叶，也没有两个人的人生经验能完全一样。

每个人都有属于自己的发展时区，奥巴马55岁就退休，特朗普70岁才当上总统。有些人看起来走得快，方向错了，走得快反而南辕北辙；有些人看起来走得慢，方向对了，走得慢反而蓄势待发。

想好了自己的时区，我们便可以调整自己的情绪。

想好了生命的节奏，我们便可以让自己尽快从负面的泥淖中走出来。

燕子做了全职主妇后，在网络上与上流人士们交流，感到失落，心存思绪，欲诉之老公，却无法得到想要的回应，无法走入亲密的婚姻关系。

想一想还有人，在人生路上越挫越勇，不鸣则已，一鸣惊人。大器晚成说的是，上好的器具往往需要很长时间才能制作出来。

姜子牙一开始身份普通，甚至当过屠夫、卖过酒水，但他一直刻苦学习天文地理知识、军事谋略，直到70岁时遇见周文王，才一飞冲天，走上人生巅峰。

这个阶段对我来说，我要什么？我又不想要什么？

分别把"要"和"不要"列在笔记本上，在价值层面做出分析和判断，针对价值高的需求，我们对应投入更多的时间和精力。

此时此刻，无论内心出现什么样的答案，我们都可以选择从容地去调整。

燕子可以尝试给自己设置一个节点：上幼儿园前，以孩子为中心；等孩子上幼儿园了，再去做想做的事业，甚至可以立即行动，

从离幼儿园近，不加班的工作做起。

最怕的不是解决方案，而是犹豫中的内耗。

作为全职妈妈，要有一个笃定的认识：我现在这样是在做最有意义、最有价值的事情。对孩子0~3岁的投入，是为了孩子未来健康的心灵，是送给孩子一生最好的礼物，从长远来看，对整个家庭的价值不可估量。

明确我们内心的答案，如果全职主妇确实不是此刻自己内心的追求，就去努力寻求解决方法。

《黄帝内经》里有一句话："恬淡虚无，真气从之。"其中的"恬"，是一种通过自我疗伤最后达到自得其乐的能力。人生不如意事十之八九，大多数人的生活背后，都不是一帆风顺的，都有或多或少的插曲。

若能"恬然自得""风恬月朗"，将"恬"字刻在心上，也不失为一服心灵良药。

二、一念之转，让发生为我所用

克莱因说过，人的存在就是为了让别人感知到自己。

心理学上有一个名词叫融合焦虑，指的是一个人在童年的经历中，用假我与父母相处，非常配合地让父母看到他们想看到的自己，内心的需求被压抑。

融合焦虑，让一个人既渴望关系，又惧怕被关系吞噬，没有办法与他人建立太过亲密的关系，担心自身独立存在受到威胁。具有融合焦虑的人，就像蜘蛛被麦芽糖粘住，浓度很高的亲密感对他们来说，会让自己无法动弹。

就像轨道为椭圆形的彗星，能定期回到太阳身边，又定期离开，它们被称为周期彗星。

第四章
情绪管理——让情绪自由流淌

有融合焦虑倾向的人对待感情,也像彗星之于太阳,他们一旦发现关系进行到了某个亲密程度,会不自觉地产生防御措施,用"逃离"来避免恐惧感,等关系疏远一些后,他们才绕回来。

家庭治疗大师米纽庆说过:"一个理想的家庭,其实就是一个有修复能力的家庭。"

并非所有的家庭都没有冲突,没有问题。

家庭具备了修复冲突、解决问题的能力,就是一个足够好的家庭。

燕子渴望与老公做深层次的交流,她可以用一念之转法来减少得不到老公回应的痛苦。

(1)"老公必须是一个愿意和他人做深度精神交流的人",这个信念一定对吗?

(2)假如我坚持这样的信念,对我们的婚姻生活有什么影响?

(3)假如抛弃了这样的信念,我又可以得到哪些不一样的回报?

(4)为此,我可以做出哪些改变?

在婚姻关系中,谁难受谁改变。我们可以尝试以下方法:

(1)暂时将精神层面和现实层面分开满足。比如参加读书会经营志同道合的朋友关系,或者找寻心理咨询师一起探讨生命与人性,以此来满足自己精神层面的需要,给婚姻家庭留出现实层面的温馨与关怀。

(2)在老公的层面,我们可以先尝试通过在共同的话题上进行灵魂共鸣。比如,共同的乐趣、共同的游玩目的地、共同的家庭财务目标。

(3)我们可以给夫妻关系设置一个番茄钟,遵循老公的特点,阶段性做保养。我们可以给亲密关系设置多个时间点,比如,跟老公约好,每周日19:00—21:00,有两个小时的谈心时间,这样让他有这个意识,也有这个准备,不至于太被动。再比如,每个月的最

后一天分房睡,各自活动,给彼此独立滋养的空间。亲密关系的休养,是为了更好的未来!

三、审视虚拟人设,为负面情绪命名

古希腊哲学家苏格拉底曾说过:"未经省察的人生是不值得过的。"

广义的虚拟世界是一种动态的网络社会生活空间,在虚拟世界里的人看似都很完美。

拜伦·凯蒂说:"痛苦是一种选择,我们可以通过信念来转化。而消除那些负面情绪的最好方法就是去审视背后的信念。"

当故事中的燕子被羡慕、嫉妒吞没时,可以用一念之转法问自己这三句话:

(1)"我从网络中看到的人成功、幸福",这个想法一定是真的吗?

(2)假如我坚持认为他们这么成功、幸福,自己就是最差的那个人,会产生什么影响?是否会在比较中对现实生活产生极大的不满足?

(3)假如我抛弃了羡慕网络成功人士的想法,生活会有什么改变?

如果我们更立体地去看,虚拟世界的成功人士同样有烦恼、有缺憾,也有鸡毛蒜皮的日常生活,从表面看到的,不代表全部,我们看到的,很可能是他们包装后的自己。

一个人因为偏颇的假象而让自己陷入负面情绪,对自己身心健康和家庭产生负面影响,是不值得的。

想让思维冷静,管理好自己的情绪是第一步。

人际关系神经生物学家丹尼尔·西格尔博士建议将"为情绪命名"作为理解我们的情绪并找到情绪平衡的手段。这是为了让我们描述我们的内在状态,而避免过度解释情绪。

燕子可以将自己心里的感受命名，如：

（1）将愤怒命名为"小黑狗"，它会走，也会跑，还会跳！

（2）将嫉妒命名为"大犀牛"，笨重地挪动着粗壮的四肢！

（3）将痛苦命名为"大脸猫"，圆圆的脑袋，你笑，它也对你笑，非常灵活。

尝试谈论以上情绪影响自己的所有原因，通过这样的方法让情绪流淌出去，让自己变得更强大，而不是粗暴地埋葬它们。

从不表达自己的不满,情绪越积越多怎么办
——逐步抽离法消减情绪

情绪的源头是期望的落空。

丽丽与老公结婚很多年。在外人眼中,丽丽有着善解人意、温柔体贴的完美形象,老公也常常在他人面前夸奖她。而就是这样一个表面完美的家庭,背后却充满了丽丽的不满、隐忍、痛苦。

刚结婚时,家里没有很多积蓄,只能租没有电梯、环境差的房子。老公为了照顾丽丽,选择住在离她公司较近的公寓。丽丽每天早上上班前负责整理鞋柜、倒垃圾。

时间一长,她心中感觉倒垃圾也就是顺手的事情,为什么一定要她干。丽丽尝试着让老公上班时顺手把垃圾带下去,可他老是忘记。丽丽一说他,他就说下次一定。为这事,她与老公吵了好几次,其实也没有太大的事情,但这让丽丽很懊恼,很不开心。带着这样的坏情绪,她越看越感觉周围的事物没有一件能让自己顺心的。

丽丽看到丢在沙发旁边的袜子和对着电视傻乐的老公,气就不打一处来。然而,这样的场景在他们的婚姻生活中出现过无数次。

耳边充斥着老公边看电视边发出的尖锐笑声,那一瞬间,她感觉这样的老公好陌生。扔在沙发旁边的袜子好像发出无比难闻的恶臭,令她连连作呕。

丽丽一开始会表达自己的期望,可外界给予她的反馈一直是负面的。丽丽心里明白,导致她负情绪的事情都很小,小到都不知道怎么与他人开口。可是,就是这些鸡毛蒜皮的小事,一点点地击溃

第四章
情绪管理——让情绪自由流淌

她的内心，让她觉得胸口有一股怒火一直没有发出来，这种感受击垮了她对美好婚姻生活的向往与热爱。

对于很多事情，想要开口表达自己的不满，可是丽丽又感觉自己为了这么点小事去挑起家庭争端是不是太不懂事了。这真的让人好苦恼。

一、压抑自己，不是解决问题的长久之道

情绪压抑是一种普遍的病态社会心理。压抑虽然能暂时减轻焦虑、不满、厌倦等负面情绪，但不能消失，它会变成一种潜意识，很容易就被触发，从而使得人变得脾气古怪和易怒。

神经生物学家坎达丝·伯特的研究报告指出，人充满着情绪的意识时会让身体产出神经缩氨酸。神经缩氨酸不仅影响脑部，也会影响我们身体的各个器官、腺体、组织。

俗话说："一直在叹息，容易窒息。"情绪在身心相遇的地方产生。

情绪对健康的影响很大。焦虑、抑郁、愤怒、委屈、悲伤、羞愧……这些情绪循环往复，焦虑、抑郁加剧，会严重影响身体健康。

一个人在生气后，各大器官将会产生变化：心脏血流速度增加一倍、肝脏比平时大一圈、免疫系统罢工6小时、肺泡不断扩张、肠胃功能紊乱、乳房出现肿块、甲状腺分泌过多激素、皮肤长色斑。当我们不断积累负面情绪的时候，身体会变得紧绷、敏感、酸疼。

本来性格温和、柔软的丽丽，因为压抑情绪，变得沉闷，常感到自己身体不舒服。她去医院检查，结果各项指标都是正常的，医生只是说她有点亚健康。只有她知道，这种身心的双重折磨有多难受。

压抑自己，不是解决问题的长久之道。

如果不能和身边亲人表达，丽丽可以采用书写日记、涂鸦、给

自己录音等方式来释放自己的情绪。

在一个安静的房间，找来空白的纸、日记本、录音笔，静静地感受自己的内心和身体。如果感受到胃不舒服，可以将胃画下来，体会一下胃有哪些情绪，写在本子上，是委屈、失落还是痛苦。如果想要说出来，就打开录音笔，把引发情绪的事情慢慢地表达出来。涂鸦和书写记录配合语言记录后，再来感知自己。几次之后，当感觉到自己平静下来了，可以给自己一个拥抱。待整个人恢复力量后，起身去做一件让自己快乐的事情。

二、建立新习惯，打破所有的理所当然

有这样一则故事：一位老伯家屋后有一片空地，很多小孩都喜欢空闲时到那里踢足球，嬉闹声常吵得爱静的老伯不得安宁，而且还发生过玻璃被足球踢烂的事，老伯去找"肇事者"，却没有一个孩子承认。

对此，老伯曾劝阻了他们好几次，但一点儿也不奏效，孩子们依旧天天来。有一天，老伯把正在踢足球的孩子们叫了过来，对他们说："谢谢你们常常来陪伴我，你们踢足球也够累的，奖给你们每人一元，去买好吃的。"

第二天，老伯奖给了这些孩子每人五角。第三天，老伯奖给了这些孩子每人一角……后来老伯就不再奖励了，小孩也来得越来越少，不久就一个也不来了。

这个故事有个很深的哲理——对一个人好，时间长了，对方就会把你的好当成理所当然。

成婚后，为什么丽丽会有越来越多的不满？

她与老公是否真的变了？

还是婚前相处和睦都是伪装？

第四章
情绪管理——让情绪自由流淌

开始,丈夫为了妻子通勤便利,选择离妻子单位较近的公寓,这意味着丈夫要花很长时间在上班路上,出门自然要比妻子早一点,妻子倒垃圾、整理鞋柜也是情理之中的事情。而随着时间的推移,妻子把丈夫对她的好变成了理所应当,仿佛丈夫每天比她早起上班是一件天经地义的事情。

丈夫也会觉得自己早起上班是对家庭的一种付出,倒垃圾变成妻子的事情,他也会觉得理所当然。

亚里士多德说过:"总以某种固定方式行事,人便能养成习惯。"

王尔德也说过:"起先是我们造成习惯,后来是习惯造成我们。"

建立一个新习惯是打破旧有习惯的快速方法。

丽丽和老公可以通过建立新的习惯,来改变现状:考虑到老公上班早出发,丽丽也可以早起,陪着老公一起出门,一起将打扫出的垃圾带出去,并将老公送到小区门口,丽丽再到小区锻炼一会儿,这样既有助于提升夫妻感情,饭后的锻炼又对丽丽的身体健康有帮助。

三、四步抽离法,让理性之光照进心门

负面情绪的产生都是来自潜意识的保护机制,让当事人懂得保护自己,形成保护膜。这层保护膜让他人无法伤害自己,可是也将自己困死在里面,无法过上正常人的生活。

丽丽因为老公长期忘记丢垃圾而产生了负面情绪,但这不是真正的原因,深层原因是她从内心深处认为自己没有得到足够的重视。

其实,丽丽生气的点不在于老公忘记丢垃圾,而在于老公未将她的话放在心上。如果老公在下楼的时候说一句:"我今天上班来不及丢垃圾了,你帮我丢一下。"丽丽是不是就不会这么生气了?

德国诗人、散文家海涅说过:"照耀人的唯一的灯是理性。"

充满负面情绪的人,判断问题容易失去理性,解决之道便是释

放自己的负面情绪，重新将理性之光唤醒。

丽丽可以通过自己做逐步抽离的练习来实现这个过程：

（1）准备一把椅子，坐在椅子上深呼吸，回想老公让自己生气的场景，"忘记了，下次一定记得。"同时，表达出自己的感受："当时看到他讥笑的嘴脸，这让我感到难受，我好像得不到他的重视。"

（2）站起身远离椅子三步，想象带着负面情绪的自己还坐在原来的椅子上，并对她说："痛苦的丽丽，你好！你是我生命中重要的一部分，感谢你一直以来对我的照顾。你是来反映负面情绪的，而我是来解决问题的。为了解决问题，原谅我把全部情绪都交给你，让我能平静思考。你可以帮我这个忙吗？"

（3）得到同意后，检查自己是否还有负面情绪，如果没有，说明自己已经成功脱离了情绪。

（4）想象另一把椅子上出现一幅画面，上面正是老公对自己说话时的表情。静下心来慢慢地思考："在这件事情上，是否有我需要学习的正能量、有意义的事情？我是否因为自尊心而曲解了丈夫对我的态度？我何不顺着他的话再次表达我的需求？"比如以开玩笑的方式表达出来："好的，那下次一定记得哟，不然就罚你倒一个月的垃圾。"

通过这个练习，丽丽可以放下负面情绪，将理性唤醒，提取并吸收事件中的正能量，整个人便会感觉全身轻松不少。

在以后的生活中，丽丽经常使用逐步抽离法。现在的她情绪越来越平和了，与老公的关系也有了明显改善。

风起东方，大潮奔涌。人生这条路很长，未来如星辰大海般璀璨，不必踌躇于过去的半亩方塘。有些所谓的痛苦，可能是一种成长；那些曾受过的伤，终会化作照亮前路的光。

第五章

冲突化解——给婚姻注入爱的能量

一句话不对就恶语相向
——无名火背后的深层原因

以晴是一个喜爱整洁的人,每次下班回家换下衣服来,都会叠好、放好,看着整洁干净的家,工作一天的疲劳就得到了一丝缓解。

但结婚后以晴却发现,先生根本不像婚前那么爱干净,不仅不爱洗澡,还有随意堆放杂物的习惯,看完的书随手一扔,脱下的衣服、袜子更是如此。

平时以晴是个面对事情比较心平气和的人,一开始看到先生乱放物品,她会善意提醒,或直接帮忙收拾,时间久了,她也开始偷偷生气。

以晴的先生下班回家总喜欢直接躺在沙发上看电视,还一边笑嘻嘻地问她:"老婆,今晚吃什么好吃的?"看着他这副样子,以晴就气不打一处来,说:"想吃自己做,我也累了一天!"当看到先生穿着西装外套直接躺在沙发上时,以晴就更生气了。

"和你说了多少遍,你就不长脑子吗?"

"哎,你就不能换了衣服再躺着,你咋这么恶心呢?"

以晴的先生也会不耐烦地说:"我这上班很累了,你能不能闭嘴,天天就这些事,我躺一会儿怎么啦?"

"我天天念叨,你还记不住,脑子被驴踢了吗?"

然后两夫妻就拌起嘴来,经常如此循环往复。

以晴的先生有时吵不过她,就会和她保证,会讲卫生,按照她说的去做,可过不了几天,就会故态复萌。

有一天,以晴出差回到家,看到桌上摆着各种各样没有收拾

第五章
冲突化解——给婚姻注入爱的能量

的餐具，冰箱里凌乱地塞着各种东西，心里的无名火顿时被点燃了，那一刻，她就像一只濒临爆破的气球，只要一根针就能立刻让它爆炸。

"老婆，今晚吃什么好吃的？"

毫无疑问，以晴先生的这句话将她彻底燃爆，结果是以晴跟先生又吵了一架。

过后，以晴感到懊恼：自己是不是小题大做了？

为什么当时会产生如此强烈的情绪？

一、负面情绪，是无名火之根

很多人平时会因为一点小事突然发火，甚至是什么事都没发生，情绪就会变得非常激烈，让人根本摸不着头脑，也就是我们常常说的无名火。那么无名火到底是怎么来的？

其实，哪有什么无名火，发火都是有原因的，不过无名火一般都隐藏得很深，连我们自己都不知道为什么爆发。

究其根源，无名火多来自日积月累的负面情绪。

社会竞争的激烈，让更多人没有足够的安全感，因此容易变得敏感，容易焦虑，而负面情绪又无法排解；

家庭中做不完的家务，夫妻矛盾重重，也压得人喘不过气来；

孩子写不完的作业，纠正不完的错题，更是让人恼火很大；

……

每个人，甚至每件事都会让人产生情绪。

或许，某个场景、某句话，或者某个人都会触及我们的情绪按钮。

什么是情绪按钮？它就像人身上的电源开关，一旦被触碰，就会唤起痛苦或者不舒服的感受。

无名火是一种情绪。

情绪是一种认知经验，人的情绪背后是需求。

比如，婴幼儿饿了、渴了，他不会说话，只有通过哭声或肢体反应表达需求，甚至在胎里的时候，会对外界的声音刺激产生反应，这一系列都是婴幼儿的情绪。如果婴幼儿在哭喊，得不到回应，他就会产生不爽的相关体验，累积多了，就会到了潜意识层，不知道在什么时候发作。

爱发无名火的人平时一般不怎么发脾气，特别能忍，一旦火山爆发，造成的伤害就会比较大。就像以晴一样，自己脾气比较好，会帮先生收拾烂摊子，可是她内心的情绪却一直被压抑。

当先生超越了她在内心设下的"界限"，当她的需求没有得到满足时，因为一件很小的事，并没有侵犯原则，以晴就会无端地发起无名之火。

心理学上说，愤怒是一种抵抗和防御的表现。

她曾向先生表达了她的需求，但经常是她默默地把东西收拾好，先生的行为还是难以改变，以晴充满了不爽、无奈，最后，随意摆放的餐具就变成了导火线。

在生活中，当我们不乐意做某件事的时候，要及时沟通、学会拒绝，而不是积压情绪、在某一天爆发，让双方的关系产生裂痕。

二、照见自己，灌溉心灵的花朵

据说在一个美国小镇，一个老者询问一个来访的人："您觉得这里怎么样？"来访的人便滔滔不绝地抱怨起来，如：邻居怎么怎么不好，每天吵闹；很多人的品行不好，损人利己。后来，老者问了大家对这个人的评价，结果大家对这个人的评价和他对大家的评价也差不多。

后来，一个访问学者来这个小镇考察，老者询问学者对这个地方怎么看？这个学者高兴地说："这里的人可好了，对人有礼貌，还经常帮忙照看孩子。"老者后来问了大家对这个学者的评价,大家都表示也很喜欢他。

这个故事说明的就是镜子理论,你怎么看待别人,别人也怎么看待你。

世界是一面镜子,我们看到的外在事物,其实都是照见了自己。

以晴对先生发火时,先生也对她态度不好,如何改善这种状况,如何让镜子中的自己更平和?重新开始是必经之路。

在双方心情稳定的时候,夫妻俩可以做一个"灌溉心灵的花朵"练习,总共分为三步:

(1)灌溉花朵。面对对方,说出对爱人的肯定,认可爱人的长处,彼此诚实以待。

(2)表示道歉。对自己曾经伤害过爱人的行为,表达歉意。有时候,一句无心的话也能伤人,两人共同回想,在这个星期内对对方做的感到后悔的事情,互相道歉。一句"对不起,我做错了,让你难过了"能让彼此的心更近一些。

(3)表达自己的受伤与困难,不带情绪,如实表述。

比如,以晴对先生表达:"我看到你把物品摆放得很乱,我就会感到紧张,就会觉得不自在,我一遍遍地强调要整洁,或许是因为没有得到你的重视和回应,这会加重我的痛苦感。"

当一方在说时,另一方静静地聆听就够了,爱人表达出自己的痛苦,释放了自己的压力,整个氛围会更祥和。

练习结束后,二人可以一起唱首歌或者拥抱彼此,带着爱重新上路。

三、爱与尊重,让婚姻更和谐

在电视剧《生活家》里,男主顾飞向女主冬娜求婚时说:"我可以给你带来什么，想来想去，我觉得这个选择应该由你来做。"顾飞对爱人的这份爱与尊重，让多少人感动。

在微博上，有多少妻子抱怨："我的丈夫并不爱我。"而愁眉不展的丈夫们却会说："我的妻子一点都不尊重我"。

夫妻本来是世界最亲密的人，为什么会有这么多误解呢？

那是因为男人和女人分别有着不同的心理：男人需要被尊重，女人需要被爱。许多夫妻正是由于没有意识到这一心理差异，才让彼此之间的交流变得困难。

曾有个调查询问男性：如果非要在"不被爱"和"不被尊重"之间选择一个，你会选择什么？调查显示约有74%的男性宁愿孤单一人不被爱，也不要不被尊重、被视为无能的人。

当以晴对先生急躁说话的那一刻，尊重就荡然无存了。

那先生是如何理解妻子的尊重与爱的？

当以晴对先生说"我爱你"，先生不大能体会，但是如果说"你很棒！你在换洗衣物、整理卫生这件事情上的表现真的很好"，他整个人都会醒过来，因为对男人来说，爱的语言关乎"肯定他的能力"。

在以晴的婚姻中，因为多次没有感受到丈夫的爱，以晴就会拒绝尊敬丈夫，以示反抗；而丈夫没有得到以晴的尊重，就会拒绝付出爱，以示反抗。久而久之，一个"疯狂怪圈"就形成了。

经典的故事同样告诉我们爱与尊重的重要性：

高贵的武士加温为了国王和国家，娶了丑陋不堪的女巫，她驼背，只有一颗牙齿，浑身散发着臭水沟般难闻的气味……而加温高大英俊，诚实善良，是最勇敢的武士。

在加温和女巫的婚礼上，女巫用手抓东西吃，打嗝，说脏话，令所有的人都感到恶心，国王亚瑟也替加温难过，在极度痛苦中哭

第五章
冲突化解——给婚姻注入爱的能量

泣，而加温却一如既往的温和。

新婚之夜，加温不顾众人劝阻，坚持走进新房，却看到一个绝世美女躺在他的床上。

女巫说："我在一天的时间里，一半是丑陋的女巫，一半是倾城的美女，加温，你想我白天变成美女，还是晚上变成美女？"

加温做出了选择，他对女巫温和地说："这件事由你自己决定。"

女巫热泪盈眶，"我选择白天、夜晚都是美丽的女人，因为你懂得真正尊重我。"

尊重是男人的天空，缺少了它，男人就无法飞翔。
爱是女人的氧气，缺少了它，女人就会窒息。
幸福的婚姻仅仅有爱是不够的，还需要互相尊重。
只有拥有了爱与尊重，夫妻之间才能拥有和谐的婚姻。

一吵架就翻旧账,感受不到爱怎么办
——感觉被爱是压力的天然解药

晓苏今天准备做两道菜——菠萝青椒炒芹菜、西红柿洋葱奶油汤。在这些五颜六色的食材之间忙时,晓苏很开心"老公应该会很喜欢吧!"

"和你说过了,平时忙工作,周六我只想简简单单吃面条。"面对着晓苏的创新菜,老公嘟囔了两句,并不买账。

吃完饭后,晓苏收拾碗筷时,老公双眉又开始紧锁起来,在客厅朝着晓苏说道:"和你说过多少遍了,洗碗的顺序总是记不住,水盆的水总是弄得到处都是。"

晓苏强压着老公指指点点带来的不舒服,给他冲了一杯红茶,想陪他说点高兴的事情,让这个周末过得快乐些,可老公却嫌弃晓苏记不住饭后应该喝绿茶,而不是红茶,也永远不知道家里的茶分几种。

看着茶叶在杯子中慢慢沉下,晓苏的心也变得沉重起来。

有次两人吵架,老公觉得晓苏乱买东西,指责说:"你怎么乱花钱?之前花的钱还不够多吗?"

晓苏自然也不落后:"你去应酬交际的时候,怎么没想起这句话?"你一句,我一句,尽是一些碎芝麻烂谷子的事。

晓苏觉得,老公的心里总记着那么多过去的不愉快,一点小事就能让他联想起过去那么多事,她说过的错话,她做过的错事。在老公眼里,她就是一个没有责任心的人,一个不知道关心他的人,不适合做妻子。

面对老公的指责,晓苏一开始不在乎,可渐渐地,她也开始觉得自己是个非常有问题的人，这让她深深地陷入苦恼和挫败感中。

结婚后这几年，晓苏很困惑：越来越无法感受到老公的爱了，尤其是他一吵架就翻旧账，怎么办？

一、翻旧账像隔靴搔痒，毁掉两个人的幸福

吵架翻旧账是一种双输的做法。

翻旧账是夫妻相处的大忌，而真正具有毁坏性的不是翻旧账本身，而是翻旧账背后的情绪和目的。

翻旧账，是一种强迫性重复，是人们在经历一次痛苦或者快乐的体验之后，会时常去制造机会再次体验。

在生活中，很多夫妻翻旧账的动机不是解决问题，而是制裁和声讨对方。

在吵架时，翻旧账是最容易传染的毛病。

像晓苏和先生一样，一个人噼里啪啦提起一堆陈年往事，另一个人又怎能轻易饶过，自然也是算了一通烂账。翻来翻去闹半天，该理顺的问题仍旧没解决，倒是心中的郁闷更加深了一些。

其实在心理学上，吵架时翻旧账是"情绪依存效应"在作怪。

"情绪依存效应"发生在长时记忆中的信息提取过程中，当人们回忆不起一件事情的时候，会从多方面去寻找线索，而与记忆相联系的情绪状态可以作为信息提取的有力线索。

也就是说，心情会影响一个人对过去回忆的偏好。好心情会选择记忆中让人快乐的事情，坏心情会让人选择记住那些让他们不愉快的事情。

当一个人遇到不愉快的事情，情绪连同事件本身都会被记住。当再次处于类似的情绪状态时，这种情绪体验就会激活对过去事件的记忆。而这个过程，就是"翻旧账"。

在吵架时，负面情绪最集聚的时候，一个人会更容易回忆起难过时、失意时经历的事情。所以一旦翻起旧账，就犹如陷入坏情绪的无底洞。

《错不在我》一书中有这样一句话："绝大多数夫妻的矛盾，都是长期的累积所致，这样的夫妻都以滚雪球的方式责备对方并为自己辩护。"

翻旧账，一瞬间是舒坦了、发泄郁闷情绪了，但对解决问题来说，根本就是隔靴搔痒，更容易毁掉两个人的幸福。这样不但解决不了问题，还会导致事态愈演愈烈，甚至会一发不可收拾。

总翻旧账，是否意味着没有好好地关注当下，度过今天？

活在当下，就事论事：

（1）抽离环境，让自己冷静下来，给自己和对方一定的空间。

（2）就事论事，不要牵扯乱七八糟的往事，在现在的问题上纠缠往事只会让很多事情变了味道！

（3）根据这次吵架的原因，找到自己和对方的心理需求，做有效的心理情感建设，充分解决具体问题。

二、放慢脚步，让自己感觉在爱的包围中

网上关于被爱的感觉有一个段子：虾是没有壳的，柚子是没有皮的，电话是打不完的，信息是秒回的，淘宝是可以代付的。晚睡是会被骂的，睡觉是有人抱的，奶茶是可以喝两杯的，吃火锅碗里是满的，过马路是可以不用看路的。

在婚姻中，你多少次感觉到被爱了呢？

神经科学与早期儿童发展的研究发现，人的一生，从诞生之日起就需要一种特殊的关系来让自己感到安全、快乐从而茁壮成长。

这种安全关系的特征就是看护者与婴儿之间有一种非言语的情

感交流，比如，语气、面部表情或适当的身体接触，通过这种交流，婴儿会觉得自己可以被看到，被人理解也被人珍视，这种需求是我们终生都需要的。

当我们感觉到被爱的时候，会产生一些激素，比如催产素，它可以让人觉得安全和愉快。这是神经科学家从生物化学的角度研究被爱感觉时的发现。

催产素会促进爱的体验和社交行为。催产素从我们的脑部流向心脏，而且会流遍整个身体，它的作用是减少压力和启动情绪、情感，包括吸引力、钟爱和幸福。催产素会抵消压力激素皮质醇的作用，当我们感觉到被他人所爱时，会增强愉快、幸福和欢乐的感觉。

吵架时，因为总翻旧账，负面情绪被唤醒，皮质醇的分泌增多，这时，思维和情绪很难保持正常，这常常让我们感觉不到被他人所爱。

不仅如此，匆匆忙忙的情感沟通也很少能够让我们感受到被爱。

婚姻中的那些孤单、分离的感觉，以及情绪上的压力也容易让我们感觉自己不被他人所爱。

想要感觉被爱，我们需要放慢脚步。

如果我们没有感觉到被爱，就很难让别人感觉被爱。

吵架时，一方的友好表示，比如，一个拥抱或者一道和蔼的目光，可以中和压力带来的痛苦感觉，转瞬间，我们可以从激动转变为放松。

感觉被爱是压力的天然解药。

三、与自己保持联结，唤醒爱的感受

笛卡儿曾说"我思，故我在"，事实上，"我感，故我在"可能更接近真相。

情绪、情感负责很多对我们而言很重要的事：动机、行为、判断力、人格、共情和爱。情感对它们的影响比思维要大。婴儿时，我们向世界表达身体感觉和情绪感受用的是非言语的方式，这为整个人生中的亲密沟通奠定了基础。

每个人一开始的交流都是无言的，以情感线索为基础。

吵架时，我们感觉到紧张与压力，于是焦虑地向外寻找，希望对方会给我们提供支持。通过沟通，我们在情感上感到心安，当我们感到安全而满足，情感上的联结便建立了。

当我们感觉被爱时，安全感和亲密感会在其中不断增长和深化。

作为一个成年人，如果伴侣让我们感觉被爱，那么即使在午夜因噩梦惊醒，他在身边散发出的安心气息也会让我们立刻感觉很安全，可以帮助我们重新平静入睡。

与此相似，如果我们听到了可怕的消息，感觉自己快要失控时，一个熟悉的声音、一双关心的眼睛、一次好的聆听，或者一个让人安心的拥抱，都可以帮助我们缓解焦虑、战胜压力。

我们不可能只体验那些令人愉快的情绪，而抛弃那些让人不太喜欢的情绪，所以，保持每时每刻与自己的感受联结至关重要。

当我们与情绪、情感脱离联系时，不仅会断开与自我的关系，而且会断开与我们爱人之间的关系。

通过呼吸，感受自己，改变自己的体验：

吸气，我知道我在吸气；

呼气，我知道我在呼气；

吸气，我心情平静；

呼气，我感受被爱；

通过一次次呼吸，我们与自己建立了联结，爱的感受被重新唤醒；

愿我们点亮爱，也被爱点亮。

第五章
冲突化解——给婚姻注入爱的能量

上次吵架后他和我冷战，一个月没说话
——学会给对方台阶下

尼采说："婚姻生活犹如长期对话，当你决定走进婚姻时，你要考虑好，你们能否谈笑风生地走到最后。"

紫金和先生是相亲结婚的，两家人以前有过生意上的合作，家庭方面都比较合适。

恋爱半年后，他们结婚了。

紫金的先生是个敏感、内向还有点自卑的人，没事的时候两个人关系非常好，一碰到严重点的问题就不爱沟通，在重大决策上又比较有主见。紫金性格比较强势，哪有那么好说话，一来二去，两人就会争吵起来。

因为女儿学舞蹈的事情，夫妻俩一直意见不合，吵了不止一次。这次学校有考级比赛，要去外地参赛，紫金主张让女儿参加，可先生却一直认为女儿学舞蹈又不走专业路线，根本没必要参赛，陶冶一下情操就够了。

眼看报名还剩下一天，紫金急坏了，私底下和先生又哭又闹也不管用，讲了一堆道理，他一句都没听进去。

那天，紫金抱着刚6个月的二宝，没有控制好自己说出气话："你为什么不让参加，怎么就不能听我的了？今天不管你怎么想，我必须给她报上，你要是不同意，就分开。"

"你在孩子面前竟然说出来这种话。分开就分开，我带着老大自己过。"情急之下，先生也说了气话。

第二天,紫金的先生给女儿报了名。接下来这一个月,他都没和紫金说过话,每天接送女儿上学,自己做饭、吃饭和上班。

以前每次吵架冷战也就几天,先生就会主动找紫金和好,这次冷战,两个人不对话,分房睡,无性,让人非常难受。

紫金觉得自己就跟《无问西东》里的王敏佳一样,双方看似生活在一起,却只有冷漠。有时候冷漠真的比动手更可怕。

紫金实在憋得很难受,想主动一些,可自己还一肚子火气,何况他就没有错吗?要是道歉,紫金更是拉不下脸来。有的朋友说撒娇最有用,但是吵得心里难受,哪有心情撒娇。

一、先处理好情绪,再解决事情

20世纪80年代,约翰·格雷调研2万对伴侣发现:在发生冲突的时候,83%的男性觉得自己不被尊重,而72%的女性觉得自己没有被爱。

在婚姻里,有冲突是很正常的,正所谓牙齿舌头常打架。长期生活在一起,避免不了会有矛盾,再加上还有父母、孩子等各种各样的问题……

每个人都有自己的想法,都有自己的脾气,不可能两个人对每件事的态度都一致。

紫金性格强势,受不了先生跟自己意见不一致,非要争出所以然来,否则就发脾气,说气话。而她的先生面对问题,选择消极处理,冷战面对。在生活中,这种情况时有发生。

刚吵完架,大家都在气头上,这个时候,我们首先要学会处理自己的情绪,有句话说得好,当事情发生后,先处理好情绪,再解决事情。也就是说,此时,处理情绪的重要程度排在处理事情之前。

一个人,过于情绪化是处理不好事情的。

紫金首先要做的是：将自己的情绪调整好。

（1）吵完架后，避免继续和先生争论。

（2）换个空间环境，让自己安静下来。

（3）做一件事让自己的情绪缓和下来。当没有好的情绪调节方法时，也可先转移自己的注意力。不管用什么方法，睡觉也好，看电视也好，听歌也好，玩手机也好……总而言之，不能让自己继续陷在争吵的情绪里无法自拔，要让自己先从负面状态里解脱出来。

（4）试着做一件关爱自己的事情，让自己增加正面情绪。比如，做美甲、SPA或者给自己做一顿好吃的饭菜，买一件自己喜欢的物品等，这些自我关爱，会给自己带来解决问题的动力和处理问题的新办法。

带着情绪是解决不了问题的，想要让事情得到妥善处理，首先紫金得放过自己，关爱自己。

二、别用冷战，伤了最爱的人

关于冷战，有一个流传已久的故事：

20世纪50年代，某地农村一对夫妻因家庭琐事吵架，看不见的战火硝烟笼罩着他们的家。接下来几天都在冷战，双方都不愿意先开口说话。

恰巧就在这个时候，丈夫要出门谋生，次日凌晨早起乘车，家里没有钟表，又怕睡过头误了时间，往日，他可以告诉自己的妻子叫醒自己、根本不用操这份心，如今……这可真难住了自己。他开始有点后悔，不该与妻子吵架，男子汉大丈夫，为何就不能退一步？他想过主动开口认错，但气在心头，一时难消，最终下不了决心。

夜深了，妻子睡着了，他翻来覆去想出了一个"好"办法。既然难开口就写吧，"明天我要出远门，天亮叫醒我。"丈夫写好字条，放在

床头边的桌子上,觉得安心多了,睡觉吧,明天要赶路。

妻子第二天早晨起床时,发现了字条,明白了意思,她也反思自己不该与丈夫过不去,早知丈夫要出门,打死也不吵架。她知道丈夫为操持这个家东奔西忙,一个人出门在外不容易,心想算了吧,叫醒他吧,可回头想起三天前的"战争",一肚子窝囊气涌上心头。气归气可别误了丈夫的行程,矛盾之下,她也拿起笔写了一张字条放回原处,"天亮了,快起床吧!"写罢,提着篮子下菜地去了。

因为冷战,夫妻二人既伤了感情,又耽误了行程。

有人说:"冷战,是一种比武器战争还可怕的战役。"

所以夫妻之间,千万别冷战,伤了最爱的人。

正如杨绛先生说过:"一辈子太短,能牵手的别只肩并肩。"

即便偶尔会有争吵,也要把握好度,不要因为一时的冲动而错失彼此,更不能像紫金一样将"分开、离婚"等字眼随口说出来。

其实,夫妻争吵是一个不断了解彼此的过程,回顾这个过程,双方可以重新审视自己,认识对方。当发现自己过激的言行和不对的地方,认清对方真正的内心需求后,我们就要学会和解。

每个人都渴望被爱、被尊重,婚姻中的女人要学会给丈夫台阶下,给丈夫足够的尊重,不要觉得不好意思,更不要每次都非得等丈夫先开口。

俗话说:"你敬我一尺,我敬你一丈。"

夫妻之间,你眼里有我,愿意为我着想,尊重我的感受,那么我也愿意尊重你,替你考量。

有一句极富智慧的话:"在冷战中能够放下对错输赢,先转身的那个人就是天使。"

冷静下来,紫金发现自己还珍惜这段感情,既然觉得没必要僵持下去,就不妨主动一点,迈出第一步,心平气和地去和先生好好

第五章
冲突化解——给婚姻注入爱的能量

谈谈。

为何不让自己先去做那个转身的天使呢？

或许这个时候，男人也正在犹豫该怎么向妻子开口，妻子主动了，正好给他一个台阶下，一句两句，两个人很快就能和解。

妻子低下头，一句话："老公我错了，不要生气了。"

先生也会不好意思地回道："对不起老婆，我也不好，不该说气话，不该不理你。"

这么简单的一句话，就可以化解夫妻之间的冷战，为何不试着去说呢？

三、家是藏着爱，彼此包容的地方

在婚姻中，很多一吵架就冷战的夫妻，有着相同的特点：性格过于强势，总感觉自己没错，总是通过吵架让对方服软，而且双方都认为自己的做法是对的。

这些一吵架就冷战的夫妻除了强势，还会觉得自己没有错，他们都有这样的想法："我都是为了这个家，我做得没错，你还说我的不是，你错了还不向我认错，还想让我先道歉，凭什么？"

其实，哪有那么多谁对谁错，家是讲爱的地方，不是讲理的地方。

夫妻吵架，往往是赢了争吵，输了感情。

真正的聪明人，宁愿嘴上吃亏，换来一家的安宁。

某次，梁启超的两个孩子，被一位炙手可热的官员驾车撞伤。梁启超出于一些顾虑，不愿意把这件事情闹大，只将官员派来道歉的下人训斥一顿了事。但夫人李蕙仙护子心切，情绪十分激动，一定要面见当时的总统黎元洪，状告肇事官员。

梁启超虽然反对如此声张，但还是尊重夫人的意见，并不阻拦。

他曾在家信中对远在国外的大女儿思顺提起这件事，说："汝母在黎极力替赔一番不是后气亦平了，不致生病，亦大好事也。"

抛开对错与争吵，让总统赔不是，梁启超对夫人李蕙仙的尊重和爱护，由此可见一斑。

实际上，夫妻之间，不讲道理，只讲包容与理解。

家是讲爱的地方。爱一时很容易，爱一生一世却不容易。

家是个空盒子。我们必须往里面放东西，才能取回自己想要的东西；我们放的越多，得到的也就越多。只有家的每一位成员，去给去爱，彼此呵护，彼此赞赏，盒子才会日渐丰富起来。夫妻之间别忘了爱和包容。

家和万事兴，下次想争对错之前，请记得：家不是说理的地方，而是藏着爱，彼此包容的地方。

第五章
冲突化解——给婚姻注入爱的能量

他一酗酒后，我就遭受殴打，怎么办
——及时止损，学会对生命负责

生命最美的不是完美，而是完整。

小洁28岁，身高160厘米，体重98斤，她的男友身高180厘米，曾经是自己的学长，因为长得帅、爱打架，是学校的风云人物。毕业后，他开始追求小洁，但凡她生病，就会放下手头工作，驱车5小时出现在她面前，小洁被这份体贴打动了。

国庆假期，小洁和男友及朋友一行6人，开始3天的厦门自驾游。抵达的当天晚上，他们在沙滩边扎帐篷，男友不顾小洁的强烈反对，禁不住朋友劝酒，一晃三瓶啤酒下肚。

"别喝了，你不是保证过的吗？"小洁站起来训斥道。醉上头的男友在朋友面前丢了面子，脸色阴沉下来，"你别管！"小洁气瘀后开始胃疼，眼噙泪水独自回了酒店。一年前那个快被淡忘的晚上在小洁脑海里渐渐变得清晰，喉咙口似乎有硬物卡着……

是的，男友曾在那晚醉酒后，扇了小洁两个大巴掌，事后在他的求饶和保证下，小洁终究念及他日常的好，心软原谅了他。

"嘭嘭嘭"的敲门声传来，小洁开门后，醉醺醺的男友靠在墙上。经过一番不愉快的交谈后，男友的五指张成一柄芭蕉扇，一个巨大的耳光甩了过来，小洁只感觉头"嗡"的一声，眼冒金星，瘦小的她抵不住这种猛力，被床沿挡了一下后，摔落在地上。还没等她回过神来，又是两记连续的左右交互的耳光，小洁微垂的头在惯性冲击下撞击在床头柜上，额头已红了一大片。

小洁捂着热烘烘的脸,大脑一片空白,只有一股逆流的凉意"嗖"地从头顶灌到脚底。第二次遭遇殴打,男友狰狞的面容和陌生感让小洁心里异常愤怒。

安静几秒后,许多滑动的"逃"字变成弹幕,在小洁眼前成片飘过。

三四个小时后,男友酒醒了,和第一次一样,他跪在小洁面前扇自己耳光,辩解今天同学群里都在吹捧那些混得好的,自己工作多年,起色并不大,又挨了老板的批评,心情郁闷才没抵住劝说喝酒,保证没有下次,哭求再给他一次机会……

一、及时止损,请不要轻易原谅对方

如果你不幸遭遇家暴,请不要轻易原谅对方。

"脑瘫诗人"余秀华,2022年5月新婚,7月就在微博拉开了与丈夫杨储策的家暴故事。余秀华说:"我被扇了上百个耳光,天亮之后要赶紧离开,怕被打死。"杨储策也对记者做出回应:"确实打了余秀华,但是没有那么厉害,只打了十几巴掌,余秀华逼着爱她的人打她,这是我的错吗?"

面对执迷不悟的家暴男,余秀华选择及时止损,和他解除了婚姻关系。

什么是家暴?根据2016年3月1日通过的《中华人民共和国反家庭暴力法》中第一章第二条的定义:"家庭暴力,是指家庭成员之间以殴打、捆绑、残害、限制人身自由以及经常性谩骂、恐吓等方式实施的身体、精神等侵害行为。"

在现实生活中,施暴者通常为男性。家暴男分两类:第一类是精神有疾病,比如狂躁症、精神分裂、更年期精神病,这些是可以通过医学认定的;第二类是只因为"我想对你暴力,而你也允许"。

两者有普遍的共性：

情绪阈值低，偏执冲动，猜疑心重。
擅长演戏，内心封闭，有两幅面孔。
有极强的控制欲、占有欲，逐步突破你的底线。

对于天生专横的人，家暴是他们的瘾。从情绪不稳定到无缘无故吼骂，再到推肩膀、指着鼻子骂等边缘性家暴行为，过后说什么"没使劲""我就轻轻推了一下"等说辞，直到真的上升到严重的家暴。

据全国妇联统计，中国30%的已婚女性都曾遭受过家暴，平均每7.4秒就有一位女性会被自己的丈夫殴打，在女性群体死亡人数中，40%的妇女死于家暴，在自杀人数中，60%的妇女因家庭暴力而选择轻生。

很多受暴者受到深度伤害的原因，是耳根子软，不能及时止损。

第一次被打击就怼回去，要让对方觉得不好惹。

第一次被暴力对待就反击，不好欺负，及时远离施暴者。

婚姻中的鸡毛蒜皮容易引起冲突，如果家暴出现一次、二次、三次，通过许多手段已无法改善，应该着手为离开婚姻做准备。

故事中的小洁目前并未走入婚姻，男友的殴打行为便已经发生两次，可以考虑分手了。一个自爱的人，能为父母和自己负责，不需要为家暴男赌上自己的未来。

二、妥善分手，拾起法律武器保护自己

"你死都不可能离开这里，死了这条心吧！"

"你敢走，我毁了你娘家！"

"家暴分手后，他每天打电话过来，拒接后用陌生电话打，不仅

打电话,还每天在住所楼下等着。"

"被家暴分手后被纠缠,拉黑了没有用,直接换个小号再来,拉黑了他十几个小号后,后面自己换了小号玩,结果他居然又跑来找我的小号。"

……

分手时,施暴者极端控制,受暴者胆战心惊。

很多遭遇家庭暴力的女性,还遭受着分手暴力,家暴拖的时间越长,施暴者对受暴者的控制欲就越强,分手就越难,他不接受对方已经不受他控制了。多数家暴男会想尽办法不分手,拖延分手时间。

2022年7月23日,网红拉姆的前夫被执行死刑,这位家暴妻子并放火焚烧的男人,让拉姆提早以惨痛的方式结束了一生,在此之前,她的家人也遭受过家暴男殴打。

在恋爱初期,我们需要理性识人,适当保护自己的住址。如果婚后不幸遭遇暴力,我们需要及时向亲人朋友、求助,用法律手段维护自己的合法权益。

2022年全国妇联权益部组织编写的《家庭暴力受害人证据收集指引》,明确指出家庭暴力受害人证据收集中的有关重点提要,证据包括以下几个方面:

(1)公安机关出警记录。

(2)告诫书、伤情鉴定意见等。

(3)村(居)民委员会、妇联组织、反家暴社会组织、双方用人单位等机构的求助接访记录、调解记录等。

(4)病历资料、诊疗花费票据。

(5)加害人实施家庭暴力的录音录像。

(6)身体伤痕和打砸现场照片、录像。

(7)保证书、承诺书、悔过书。

（8）证人证言、未成年子女证言。

（9）受害人的陈述。

除了法律手段，我们还可以尝试用一些补充性的小方法，比如：想办法把自己负面、不堪的一面展示给家暴男，生活邋遢、不求上进、失业无收入、不孝顺，让他觉得自己不值得喜欢。

故事中的小洁，在旅途中可以先按兵不动，保留好男友对其施暴的证据。在旅途结束后，通过自毁形象的方式，让男友对其有所失望，对其能否做一辈子的妻子有所怀疑，然后借合适时机提出分手，从此拉黑，在态度上不留一丝余地。如果遇到男友追逐，还可以寻求父母的帮助，让父母陪伴自己居住，必要时可以报警。

三、一颗勇敢的心，让完整的自我翩翩起舞

在磨难面前，要抱有一颗勇敢的心。

大文豪苏轼曾写道："慎重者，始若怯，终必勇；轻发者，始若勇，终必怯。"

创伤后应激障碍（PTSD）是指个体经历、目睹或遭遇到一个或多个涉及自身或他人的实际死亡，或受到死亡的威胁，或严重的受伤，或躯体完整性受到威胁后，所导致的个体延迟出现和持续存在的精神障碍。

很多受暴者遭遇家暴后，身体上的伤害容易过去，心理上的伤害却长久走不出来。创伤后应激障碍主要有四种症状：

（1）侵入：分手后，无法忘怀过去在一起的场景，甚至在睡梦中惊醒，觉得自己还生活在那个陷阱当中。

（2）回避：不敢谈恋爱，对爱情失去了安全感，害怕再次遭遇陷阱，带着心理创伤沉默地度日。

（3）负性情绪认知：性格敏感多疑，开始变得自卑。

（4）信任缺失：不再相信未来，也不再相信爱情。

日本作家吉田修一曾袒露："信任问题是我人生最重要的课题，我总是在写信任，总是在寻找相信他人、相信人性的方法。"

孤独而疏离，是有些人在遭受创伤后，无奈的自我保护。

曾出演《还珠格格》（第三部）小燕子角色的明星黄奕，在《怦然心动》节目中提及前夫的暴行，她第一次遭到家暴是在怀孕6个月的时候。2014年，她还在微博上晒出一张照片，称遭到了老公的家暴，照片中的黄奕，头上满是伤疤。离婚后，前夫并没有打算放她走，公开了黄奕的私人照片，还多次羞辱她。

这段失败的婚姻，一度成为她永远难以释怀的噩梦，压抑得喘不过气来。

可贵的是，黄奕没有放弃自己，她把女儿作为最大的工作动力。2021年，她重新出发，参加了6档综艺节目，播出了6部参演电影、4部电视剧。

生命本身，是一段成就完整自我的旅行。

缺失的心理营养要自己给，但家人、朋友、社会，会支持你。就像黄奕一样，作为家暴受害者，黄奕没有错，所以观众并没有对她苛刻，甚至在参加《演员的诞生》节目时，所有评委都对她多一份关照。

故事中的小洁，分手后可能带有或大或小的心理阴影和创伤，但也应庆幸，男友能及时暴露，无论发生什么事，自己未来都有主动选择权。

要知道，婚姻中的家暴，需要面对更复杂的境地。

对于家暴造成的创伤，我们可以通过积极的暗示来疗愈。

心理学家塞利格曼认为，积极的自我暗示，让越来越多的好事发生。

当自己情绪异常时小洁可以在心里不断默念："这不是我的错，我不需要承担后果。"同时,从"为什么"到"怎么做"进行思维方式的转变,即从"为什么是我遇到家暴男"到"我每天清晨、午后、晚上怎么做,做些什么,让自己修复,走向更完整的自我"。

  当小洁能看懂白云在蓝天下时刻变换形状,以及一株小草从绿色变成黄色的意义时,一定能重获一份美好的感情。

为什么学了很多课程,还解决不了冲突问题
——夫妻冲突成长五步法模型

小希做全职主妇3年,对心理学感兴趣的她,这几年通过上课学了很多心理学知识。

"与伴侣非暴力沟通的12个方法""照顾你的内在小孩""如何经营好亲密关系",小希看着规整的笔迹,很有成就感:学了这么多心理学课程,虽然自己胆小,但今后的夫妻关系、亲子关系,一定能更好。

事与愿违的是,那天的冲突让小希发现,自己并没有多少改变。

女儿发烧了,药效一过体温又上去了,"怎么不退呢?"小希不断擦拭女儿滚烫的手脚心,用蘸了水的纱布去润湿她的小嘴。

两天过去了,女儿的烧还未退,浅睡中的小希突然惊醒,转头冲着老公说:"我们再去医院看看吧!我现在就挂号。"老公说:"你想看就去看吧。"小希心中一股愤怒:"什么叫我想看就去看?"

带上奶瓶等必需品,小希一路奔向医院。在医院拥挤的过道中,人头攒动,眼看着下一个号就是了,小希一边拨通丈夫的电话,一边焦急地关注着前一个看病的孩子。

几分钟后,"快,快!"小希伸出手招呼,自然地从丈夫手里接过孩子。"孩子发烧两三天,都是39度多,下不来……"小希焦急地向医生诉说着女儿的病情。

看完后,老公拉着脸对小希抱怨:"你每次都对医生说得严重,哪有这么严重?真正发起烧到现在就一天多点,吃了药也能好一点,医生也说了,小孩子发烧很正常。"

第五章
冲突化解——给婚姻注入爱的能量

疲惫的小希立刻回嘴:"你又来了,你觉得不需要看病是吧?你不着急我着急,每天看她烧得那么高,你也能睡得着?"

……

在人与人间距不超过一米的气闷繁杂的大厅里,小希和丈夫的争吵愈演愈烈。

情绪真可怕,情绪上头的时候,甚至能让人忘记怀里还抱着生病的孩子,让人脊背发凉,挪不动脚。

学了很多心理学课程,依旧化解不了冲突,徒留彼此消耗和伤害。此刻,医院里消毒药水的气味沁入小希的鼻翼,特别浓烈……

一、夫妻冲突,常如滚雪球般越滚越大

情绪是夫妻关系的休止符。

在热播电视剧《心居》中,因为矛盾,冯晓琴被激怒后,马上拎着还没还原的行李箱,气冲冲地走出家门。在拉拉扯扯的过程中,顾磊摔下楼梯,砸到一块破玻璃,最终因抢救无效身亡。

夫妻间一件小事,却像滚雪球一样,越滚越大。

当夫妻吵架时,一旦被情绪占满大脑,身体就可能心率加快,出冷汗,面色苍白,血压急剧升高,甚至出现心脏骤停。

负面情绪是晚高峰高架桥上"哔哔哔"的喇叭声,让人聒噪恼怒。

为什么学了很多课程,还解决不了亲密关系中的冲突?

因为营造良好亲密关系,不仅需要我们重视学习,更重要的是打造一个安全的情境,来体验式练习。

解决亲密关系中的冲突问题,不仅需要学习技巧,还需要从系统、关系、自我、伴侣、行为层面对思维进行统筹把控。

二、五步法模型，让你赢得夫妻关系的未来

1. 自我：艺术描绘自我平静画面

了解自我，才能更好地驾驭自我。寻找真挚永恒的亲密关系，其实就是寻找自我。

丰子恺先生说过："唯有在艺术中，可以看到万物的天然的真相，恢复人的天真。"艺术常常比你想象得更能表达自己，帮助自己了解真正的内心世界。

在情绪爆发的那一瞬间，在声音和思维都已经停滞的那一刻，脑海中的一个画面却能表达全部。

情绪自我的画像很简单。一张纸，一支笔，闲暇时刻，提起笔勾勒心如止水的自我：可以是一个人坐在莲花上，双手合十在冥想，打坐；可以是万里长空中，把自己化成一个古人模样，在山水中云游；也可以是夕阳大海上，万籁俱静，在船上平静地漂荡……

此刻，反观过去夫妻冲突的崩溃瞬间，也为未来情绪崩溃时创造更多的画面来让自己更加冷静。

第五章
冲突化解——给婚姻注入爱的能量

2. 伴侣：知己知彼，接纳互补

在冲突面前，女人的目标是得到共情；

在冲突面前，男人的目标是解决问题。

央视8年来收视率最高热播剧《人世间》，明星舒淇发微博说："不要纸巾，要大毛巾，哭麻了。"但男人很少看着电视剧一把鼻涕一把泪，他们关心的往往是："你想要我做什么？"

一方需要共情，而另一方重视解决问题，是许多亲密关系冲突的内核。

"婚姻教皇"约翰·戈特曼在《爱的沟通》里写道："当冲突发生时，女人唯一需要的是一个优秀的倾听者。"

故事中的小希，在争吵的开端，被丈夫说后产生了委屈的情绪。她两天来为孩子发烧熬夜，睡眠不够，很需要丈夫的理解与支持，而丈夫非常理性地保持想要解决问题的态度，他认为应该理性看待女儿发烧这件事，寻医、问病、吃药就好。因此夫妻之间产生了差异。

差异导致误解，误解导致冲突。

但差异并不一定就带来冲突。

小希可以允许自己站在"解决问题"的角度思考，不去对自己的情绪做过多的托付给丈夫。

小希的丈夫可以允许自己站在"共情"的角度，多给小希一些言语上的肯定，肯定对方作为母亲的用心。肯定不止可以用言语，还可以用身体语言，用一个温暖的拥抱，也许就可以化解夫妻间的这次冲突了。

3. 关系：夫妻齐心，其利断金

夫妻是亲密爱人，我们都希望在自己生病的时候，爱人来照顾自己。但其实，夫妻双方还有一重身份，就是"合作伙伴"。

婚姻合伙人最大的产品，就是这个家庭，两个人怎么样把这个

家经营好？

"夫妻齐心，其利断金。"如同乘一条小船，妻子在朝前划桨，而丈夫在朝后划桨，小船只能在原地打转；如果两个人都破罐子破摔，那么只能让这个家背道而驰；只有合作，取长补短，朝着一个目标齐心走，才能发挥出"1+1>2"的力量。

知名媒体人杨澜曾说："婚姻最坚韧的纽带不是孩子，不是金钱，而是精神上的共同成长，爱情有时候也是一种义气。"

何谓义气，为情谊而甘愿替别人承担风险或作出自我牺牲的气度。

热播剧《知否知否应是绿肥红瘦》中的顾廷烨位高权重，在他犯事之后，大娘子从家庙里跑回来，劝明兰与顾廷烨合离以保全子嗣性命，明兰没有同意。

明兰明白：过日子是夫妻二人以合伙人的身份共同经历婚姻这份事业，两个人是婚姻合伙人。

将对方视为婚姻合伙人，能从根本上减少冲突。

合作共赢的夫妻，就是两个半球，半个球无法滚动，但合起来就可以滚到遥远的目的地。

小希和丈夫，在面对女儿生病时，让女儿恢复健康才是夫妻间的共同目标。除了一致对外，你多说一句，我少说一句，就显得无关紧要了。

4.行为：刻意练习，熟能生巧

有的人可以控制情绪，而有的人被情绪控制。情绪来的那一瞬间，我们百感交集，或者喜极而泣，或者胆战心惊，或者痛心疾首，或者悲怆震怒……

情绪就像一头猛兽，我们有各种理由，什么都干得出来。

若想很好地应对冲突，调节自己的情绪，需不断刻意练习，不断修行，才能让自己达到心静如水的境界。

晨起坚持5分钟的冥想，而后练习调节情绪的方法，比如：

（1）看到吵架的苗头，先逃离现场12秒。比如丈夫和小希无论谁看到对方情绪上头，都可以说"你先照顾一下孩子，我去取药"，冲突就可能避免了。

（2）把"你"字开头改为"我"字开头。以"我"字开头的语句通常不是批评性的话语，只是表达自己的感受。比如，小希指责丈夫："你不着急我着急，每天看她烧得那么高，你也能睡得着？"改为："我很郁闷，孩子发烧我两天没休息，需要你的支持。"比如将"你总是不在乎我"改成"我想你现在有空的话听我说说话可以吗"？

（3）站在肯定对方的角度。在对方说话时接一句"你说得对"，再表达自己的观点。比如小希可以在丈夫说完后先肯定对方："你说得对，确实只发烧一两天，不需要过于紧张，但是我只是很着急，孩子这么发热很不舒服，我们怎么做才能让她更舒服一些呢？"

5. 系统：时间系统，赢得未来

过去，现在，未来，是一个系统。

塞缪尔曾说过："婚姻的成功取决于两个人，而一个人就可以使它失败。"

夫妻冲突的避免离不开每一个当下的努力，掌握规则，将让我们主导冲突，跨越冲突。

在电视剧《我的前半生》里，罗子君离婚时哭着说："当初结婚的时候，陈俊生答应过要养我一辈子的。"

当下的结果，是过去决定的；当下的努力，会在未来见效。

强化自我能力，为夫妻关系、家庭关系的未来做预见和准备，才能不让自己处于被动中。

故事中的小希可以从以下三方面做努力：

（1）增加自己的自我价值，做一份自己的事业，有收入的同时，

也让丈夫更加尊重你。

（2）培养自己的知识技能，阅读儿童成长相关书籍，学习幼儿病理知识。

（3）提升自己的思想层次，无论遇到什么事，要求自己沉着冷静面对。

尊重系统的力量，懂得为每一种未来付出当下的努力。

如此，我们面对婚姻冲突时，必能用更宽广、灵活、包容的态度去解决，用更熟练的方法去迎接，为自己的言行负起责任，从而让未来的家庭更加幸福！

第六章

目标实现——幸福要靠自己

为什么婚前还有目标，婚后很迷茫
——四个问题找到婚姻的方向和目标

每一个不曾起舞的日子，都是对生命的辜负。

安琪漫步在回家的路上，一阵秋风吹过，她站在路灯下，看着几片枯叶打着旋下落。婚姻迷茫，没有奔头，眼前长路漫漫，却不知往何处去。

就在今晚，安琪参加了八九年不见的高中同学会。

"安琪来啦！好久不见呀！来来来，学霸坐这里。"几年不见的同桌招呼着安琪。

包厢里十分热闹，老同学们热烈地交谈着，追忆往昔的同时也分享着现在的状况。

安琪原先挺期待同学的聚会，但觥筹交错之下，她渐渐地有点不是滋味。

和她坐在一起的同桌得意地说，去年她生下儿子后就儿女双全了，老公对她百依百顺，而且事业不错，在知名的会计师事务所就职。

同学会很热闹，安琪却不禁黯然。

同桌推了推安琪道："安琪，怎么不说话呀？听说你结婚了，过得怎么样呀？"同桌关切地问道。

"我，我挺好的啊！"安琪勉强地笑笑。

安琪知道自己在撒谎，自从4年前和老公结婚后，两人之间的三观越来越被验证不一致。

第六章
目标实现——幸福要靠自己

安琪喜欢孩子，老公却说晚点生；

安琪喜欢大城市，老公却说小城市自在；

安琪喜欢出门在自然环境中兜兜风，老公却喜欢和一帮朋友聚会打牌。

在鸡毛蒜皮的生活中，她越来越焦虑，整宿地失眠，和丈夫相处时常觉得耐心用尽了。多番吵架后，大家都心灰意冷，非常疲惫……

一、适度平行和向下的比较，生活更容易美好

心理学家费斯汀格在1954年提出社会比较理论：人类体内存在一种评价自己观点和能力的驱力，这种把自己的观点和能力与他人进行比较的过程，即为社会比较。

费斯汀格在他的著作中指出，我们会和与自己相似的人进行比较。后来人们在其基础上分出几种类型：

（1）向上比较：和优秀的人比较，它让一个人产生焦虑和动力前行。

（2）平行比较：和自己差不多的人比较，它让一个人停滞不前。

（3）向下比较：和平凡的人比较，它让一个人产生幸福感。

适度地向上比较，能驱使一个人走出舒适区；过度地向上比较，则容易使一个人溺于深潭底。

安琪可以尝试与过得不如自己的人作比较，这样是为了自己的心理得到一份平衡。我们的心需要安装一个广角，如果我们总是特写看到比自己过得好的人，难免会心理失衡，当把角度扩大，看得到跟自己过得差不多和比自己过得差的人，就更能容得下比自己过得好的人。

学会平衡，看到天地的广阔，就像一个通往高层的云梯，你不断往上看，但不妨低头看看，在你下面的人，已排到地平线。

周杰伦的《稻香》中，有一句歌词："请你打开电视看看，多少人为生命在努力勇敢地走下去，我们是不是该知足，珍惜一切就算没有拥有。"周杰伦的这首《稻香》，歌词满满正能量，给人信心和力量。

信念的"念"，下面是个"心"字，一个人活着，不能失去信心，有了心，人的精神就不会崩塌。

二、根据马斯洛需求理论，开启自我觉察

夫妻结婚多年，可能会经历热恋期到平淡期再到倦怠期。

"倦怠期"指夫妻双方在婚后不久觉得婚姻生活无趣、没有新鲜感，从而表现出越来越冷淡的一种状态。

最新的马斯洛需求理论模型有八大阶段：

（1）生理的需要：食物、水分、空气、睡眠、性的需要等。它们在人的需要中最重要，最有力量。

（2）安全需要：人们需要稳定、安全、受到保护、有秩序、能免除恐惧和焦虑等。

（3）归属和爱的需要：一个人要求与其他人建立感情的联系或关系。例如结交朋友、追求爱情。

（4）尊重的需要：马斯洛将此分为两类，尊重自己（尊严、成就、掌握、独立）和对他人的名誉（例如地位、威望）尊重。

（5）认知需求：知识和理解、好奇心、探索、意义和可预测性需求。

（6）审美需求：欣赏和寻找美、平衡、形式等。

（7）自我实现的需要：人们追求实现自己的能力或者潜能，并使之完善化。

（8）超越需要：一个人的动机是超越个人自我的价值观。

第六章

目标实现——幸福要靠自己

曾经有一个漫画故事 *The Missing Pece*，讲一个缺了一角的圆不断地寻找着补全自己的另一半，可是它找到的不是太大，就是太小，好不容易找到了一个合适的，当它以为自己圆满之后，却发现被填满的自己不能像以前一样唱歌了。最后它还是放弃了这个合适的另一半，带着缺角继续向前滚。

婚姻如此，婚姻中每个人的缺角需求都不同，重要的是，带着觉察与另一半相处。

荣格说："你的潜意识会指示你的人生，而你称其为命运，除非你能意识到你的潜意识。"

这个意识到你的潜意识，就是觉察内心真正的需求。

自我觉察，是解决当下问题的第一步。

觉察内心真正的需求，会带领我们走向未来！

三、四个问句，找到婚姻的方向和目标

在面对婚姻迷茫的时候，我们可以尝试在笔记上写下四个问题，来找到婚姻的方向和目标，以及内心的答案。

1. 我在意的是什么？

一个人能觉察到自己最在意的价值，才能抓住主要矛盾，在鸡毛蒜皮的琐事中抽身出来。

有一段话，很让人感动："想象有两个世界，一个世界有你，一个世界没有你，两者之间的不同就是你生命的意义。我的价值在于，在我生命中遇见的人，因我的出现，他或她的生命开始变得有那么点不一样了，这就够了。"

我在意什么？婚姻中，我们没有办法让每个瞬间完美，面对冲突，我们希望能最大限度地解决问题，重新获得生命的能量。找一个温暖和煦的晴天，沐浴在阳光下，静静地坐定：

回顾和老公温暖的时光，从现在开始，每一刻都属于你们，允许自己，重新创造自我在意的一切，依靠自我所有的力量，盘点自己的资源，拾起自己的笑容，让自己，一天一天，一步一步走入正向的过程，借由自己美好的身躯，愉悦地为自己在意的那个事物而努力。

2. 我不能面对的是什么？

我能面对离婚吗？

我能面对孩子晚点生吗？

我能面对换到小城市居住吗？

我能面对老公经常聚会打牌吗？

把它们写下来，找到自己最不能面对的方向，试着删去，然后留下的去坦然接受，并找到正面的意义。

比如：离婚，刚好还没有孩子，我会重回到单身，做自己喜欢的事情，有一个崭新的开始。小孩子晚点生，刚好在经济上我们可以多攒些钱，孩子出生后能有更好的物质条件抚养教育。

婚姻迷茫的原因，有时候不在外部世界，而在于自己。

一个敢于直面自己恐惧的人，能让淤泥中的莲子开出圣洁的莲花。

如果没有这次同学会，安琪可能仍然在生活的泥沼中停滞不前，而此次的同学会，让安琪的思想受到了冲击，如果能把握住这次机会，这是一个全新的开始。

与其临渊羡鱼，不如退而结网。面对真实的自我，才能开启前所未有的动力。

3. 10年后我想拥有怎样的生活画面？

10年后你的婚姻生活是什么样的？

这个问题你有没有好好思考过？

婚姻的10年画面，就像一张火车票的目的地，它让我们不容易脱轨。

第六章
目标实现——幸福要靠自己

很多有困扰的人，会把自己沉浸在一个困境里，头脑里忘记了未来。

安琪可以设想未来10年后想拥有的生活画面，将这个画面用彩色笔画出来。美好的画面吸引力越大，对我们行为的推动力就越大。内心有动力去营造未来，我们就可以对现实问题有巨大的改善。

制定长远目标，就像婚姻的黏合剂，它帮助婚姻中的双方朝着一个目标前进，也将使实现目标的夫妻联系得更加紧密。

4. 如果只需要6%的改变，我可以怎么做？

凡事预则立，不预则废。

美好的目标就在眼前，反推之，如果自己只需要实现10%的目标，我们可以怎么做呢？

而当我们只需要实现目标6%的时候，是否更容易轻松地开始呢？

从0到1，没有难，只有开始！

我们的6%改变，可以从练习反思性倾听开始。

反思性倾听练习是指什么呢？就是一个人强制自己倾听另一半说话，然后用自己的话重复给他们听。

也许只是简单地复述一遍，也许只是模仿一下对方的语气，我们不再沉溺在自己的观点中，而是通过倾听—复述—思考的方式，看看对方的世界，以此来和对方共情，达到婚姻的和谐。

人生把心放平，就是平静海面上的一道波光；

把心放轻，就是小池里自由盛开的一朵莲花。

10%的正向改变，往往就能破解一盘看似无解的棋局。

婚后生活一片凌乱,不知道怎么规划
——善用"聪明原则"来制订计划

有人说,世界上最难经营的"公司"是婚姻。

小文和老公结婚两年,经常因为一些生活琐事发生争吵,最后竟然到了需要分居、互相冷静的地步。

小文的老公俊辉从事建筑行业,平常工作十分忙碌,对于生活只追求舒适,而不在意细节。小文是一家公司的高管,虽然同样工作很忙碌,却非常追求生活的细节以及仪式感。她一直希望老公能够将更多的精力分配到生活上,而老公偏偏对这些仪式感充满了烦躁和不耐烦。

为了庆祝今年的结婚纪念日,小文很早就开始准备,在两人初遇的餐厅预订了座位,想要用仪式感装点生活。但是,俊辉却像之前一样不同意。

"平常工作总是需要应酬,难得的休息日,我不想去嘈杂的环境,在家简单地庆祝又有什么不好呢?"

"再说了,也不用非得有仪式感吧,咱们都是老夫老妻了。"

两人经常因为要不要仪式感这件事而争吵,甚至因此而冷战。

不仅如此,婚后,俊辉没有了之前的浪漫和对小文的关怀,日常的生活也充满了各种矛盾。

"我已经说过100遍了,袜子不要乱丢,你怎么还不改?"

"周末就知道待在家里,一起出去玩玩好不好?"

"买房前咱们先买辆车怎样?"

第六章
目标实现——幸福要靠自己

小文的很多问题得到的答案都是否定的,争吵已经成了家常便饭。小到一双袜子的琐事,大到家庭资金的分配管理,两个人总是很难达成一致。

小文感觉自己婚后的生活如同一团乱麻,怎么理都理不清楚。

这让小文很不解,恋爱期彼此合适的两个人,怎么一走进婚姻就有那么多的不合呢?她和俊辉又该怎么规划生活呢?

一、在婚姻的"团战"中,学会放弃"我最重要"

很多人在刚步入婚姻的时候,往往会经历一段心理的落差期:恋爱期的轰轰烈烈,在走进婚姻后,渐渐被柴米油盐取代。面对落差和变化,夫妻俩不可避免地会发生争吵。就像小文在婚姻中想要维持恋爱时期的亲密度,但老公更追求婚后的平淡生活,因而引发无休止的争吵一样。

很多新婚夫妻,之所以会发生争吵,很重要的一个原因便是他们不了解婚姻的本质。

婚姻,对成年人来说,是人生中非常重要的一段长期的关系,其中掺杂着美好的爱情,但同时也存在着复杂的利益关系。想要将这段关系稳定下来,就需要夫妻双方结合为"利益共同体"。

爱情可以是纯洁、高尚的,但是婚姻也是世俗的,是两个人互相配合,携手"打怪升级"。一段牢固的婚姻关系,就像战友一样分工明确,像公司一样分配合理。

所以,在婚姻关系中,我们不应该"以爱为名"自我绑架,一味地为对方妥协,也不应该要求对方百分百地迁就包容自己,而是应该积极寻求"利益共同点",并且以此为基础,合理分工、积极配合。

婚姻是一场兼顾彼此利益的"团战",而不是只寻求个人利益最大化的"个人战"。

之所以小文和俊辉不能接纳彼此婚后的差异,在世界萨提亚家庭治疗大师约翰·贝曼看来,是因为很多人面对伴侣时,总觉得"我最重要"。

我的父母比你的父母重要,我的工作比你的工作重要,我的感受比你的感受重要,我的想法比你的想法重要……

于是吵架和冷战就出现了。

《再见爱人》节目第一季里,三对遭遇婚姻危机的夫妻都面对这种僵局。

朱雅琼和王秋雨,一个感性浪漫,一个讨厌仪式感,一个是想要被肯定的小女孩,一个却坚持自己的原则,不好就是不好,绝对不会为了妻子的情绪而肯定妻子做的事……

郭柯宇和章贺,一个有话直说,一个追求含蓄默契,沟通总是在两个频道上。

丈夫最大的心结是:"我们都没什么问题,你那么肯定我,我也觉得你很好,两个都很好的人,为什么浑浑噩噩就走到了离婚的地步?"妻子则认为:"根本性的原因,你想听的,我说不出来,我想说的,你又不肯听。"

婚姻不是漫天的风花雪月,而是漫长的一地鸡毛。

婚姻既然是"团战",那面对这"一地鸡毛",何不放下那个"我最重要"的想法?彼此都学会去放弃强硬的态度,何不把沟通的角度切换为:我们共同的目标是什么、各自能做的努力是什么?

二、"聪明原则",犹如婚姻的清醒剂

SMART法则是管理学之父彼得·德鲁克提出的经典目标管理方法,它由五个单词组成:

Specific:具体的;

Measurable:可衡量的;

Achievable：可实现的；

Relevant：相关的；

Time-bound：有时限的。

这五个单词的首字母拼在一起便是SMART，英文中是"聪明的"意思，所以SMART法则也被称为"聪明原则"，它可以应用于学习、生活、管理等很多方面。

小文特别在意仪式感的生活，而俊辉却为此觉得不耐烦。小文可以试着和俊辉用"聪明原则"来规划仪式感这件事。

夫妻俩可以商量好后计划如下：以后，小文每次想要仪式感生活的时候，俊辉若无法满足小文，就给小文一个拥抱。小文在接收到拥抱之后，停止抱怨，停止继续说这件事！

具体用SMART原则来解读：

S=具体的：要把每个人的行为描述清楚、具体，当小文因为仪式感未满足的时候，俊辉给小文一个拥抱，小文停止委屈抱怨。小文做好记录。

M=可衡量的：一个拥抱。

A=可实现的：夫妻都同意。

R=相关的：增进夫妻身体接触，增进情感，以夫妻共同期待的方式进行。

T=有时限的：观察一个月时间。

一个月以后，随着小文和俊辉之间的拥抱和互动，随着小文抱怨的减少，夫妻之间慢慢发展出一些其他的话题，比如：一起做菜，怎么在家打造仪式感，夫妻俩一起包饺子，等等。

用了这个方法后，小文觉得生活越来越明朗起来。现在，她和俊辉在用"聪明原则"规划买房买车的事情，俊辉也感觉生活充满了希望与魅力。

比尔·盖茨说："人们总是高估自己一年内能够取得的成绩，却低估了自己10年后能够获得的成就。"

"聪明原则"犹如婚姻的清醒剂，让爱在理智中行走。

三、每个人都有创造资格，设计最适合自己的婚姻生活

作家耿帅曾在《孤勇如你》一书中写道："人生，就是一点点崩塌，又一点点重建。"

其实，婚姻是两个人在一定的物质基础上，共同去创造生活。

很多女性在结婚后，因为身份的转变，都会面对各种不容易，随之而来的可能是失落、失望、沮丧、自卑，甚至缺失了安全感。

张爱玲曾说过："在这个光怪陆离的人间，没有谁可以把日子过得行云流水。"

我们是要一直在婚姻中颓废下去，还是可以自我救赎，这取决于谁？

答案是：完全取决于自己。

电视剧《我们都要好好的》中的女主"寻找"，出身书香门第，从事自己喜爱的工作。自从不顾一切嫁给了丈夫"向前"后，便做起了全职太太。丈夫在外应酬，两人聚少离多，女主患上严重的抑郁症。但是这个可怜的角色，很多观众并不买账。老公多金专一，孩子听话懂事，在普通人看来就是"身在不福中不知福"，就是"作"。

生活中，自己的苦闷和压抑，很少有人能来真正地与你共情。

婚姻生活，聚集着快乐、胜利和挑战，而我们将来的人生是苦是乐，由现在走的每一步来决定。小文可以重新设计自己的婚姻"指纹"，促进夫妻之间的和谐，比如：

1. 看待小事，让自己难得糊涂

结婚后小文会感受到另一半慢慢没有了浪漫情怀，也没有了体贴关怀；曾经和俊辉一拍即合，现在变成了各执己见；曾经和和睦

睦待人优雅的公婆也变得随意邋遢。

当小文因为这些苦恼、烦心时，是否想到他们眼中的自己或许也是一个唠叨的、无理取闹的形象？

"人非尧舜，谁能尽善？"真正美好的婚姻，并不是完美无瑕，而是包容理解。难得糊涂是人生的智慧。放下对小事的执着，会让婚姻多一分和谐。

2. 夫妻之间，培养共同爱好

人的本质是孤独的，真正心灵非常契合的婚姻稀如宝钻。

小文喜欢热闹，俊辉喜欢安静，性格不同的夫妻俩如何增进亲密关系？有一个不错的方法是：两人一起去培养一项共同的爱好，比如读书、理财。让这项爱好，成为彼此共同抵抗这漫漫婚姻路的秘密武器。

有人说，真正美好的婚姻，就应该是一半清醒一半醉，一半亲密一半包容，一半融合一半独立，一半争吵一半甜蜜。如此甚好。

婚后我该不该和他一起设立家庭目标
——夫妻同心，其利断金

莫迪一直觉得，婚姻本应该是幸福美满的，两个人携手经营小家庭，让日子过得舒适和安心。可是她和老公小帅结婚之后，各种各样的矛盾层出不穷，不是吵架就是沉默，夫妻间的不同心让婚姻很难再继续下去，有时真不知道怎么办好了。

夫妻俩是在2018年年初结的婚，年底便生了孩子，过完年就开始异地。

老公去上海发展，莫迪留在家乡。这两年来，莫迪一边照顾孩子，一边操心家务事，一天天地努力为小家撑着。

一晃孩子两岁了，莫迪想着孩子长久没有爸爸的陪伴也不是回事，就和婆婆一起到了上海老公这里。夫妻俩都上班，让婆婆在家帮忙带孩子。

老公每天工作回来后逗会儿孩子，倒是很满足，可莫迪总觉这样的生活不踏实，内心不够安定。

莫迪是个凡事会制定目标的人，习惯未雨绸缪，凡事都有据可循。而在老公小帅的眼里，他似乎觉得每天只要能吃饱穿暖，一家人能待在一起，日子就是幸福的，剩下的事情发生了再说，船到桥头自然直。

"一些客观存在的事情，你不去想，不去管，随着时间的变化，事情自己就解决了？"很多时候莫迪都觉得自己在孤军奋战，这种情绪多了就感觉还不如自己一个人生活。

关于家庭目标，莫迪前段时间考虑把老家湖北县城的两套房子

第六章

目标实现——幸福要靠自己

卖掉一套精装修的，然后凑首付在武汉市里买一套房。考虑到目前自己归属感不足，等过几年条件允许了再置换到上海也不是不行。

当莫迪表达在武汉市买房的想法后，老公竟然是沉默对待，受不住莫迪三番五次的折磨和争吵，最后他答应了。买下新房子后，莫迪由衷地高兴："终于又实现了一个目标。"可谁知，老公一点也不高兴，竟然嘟嘟囔囔地说："那是你的目标，不是我的。"

他的这句话让莫迪心里一直不舒服，总是感觉婚后大部分需要夫妻共同考虑或者共同探讨的事情，都是自己一个人在计划，然后老公要么顺从，要么拒绝，要么排斥逃避，要么漠不关心。

莫迪想不明白，难道我和他一起设立家庭目标，有错吗？不是说，夫妻同心，其利断金吗？

一、婚后的异质整合，让差异被看到

夫妻之间的结合是建立在广义上的志同道合基础上的，"同"当然是主要的。但是，不管这个"同"在夫妻间占有多么大的比重，总有一些相异之处。

由于各种背景的差异，夫妻间在心理、生理、气质、性格、文化教养、社会经历、生活习惯、意识修养、处世态度和兴趣爱好等方面难免有异。以上诸多不同，称为夫妻之间的"异质"。夫妻组成家庭，在一起生活，而诸多异质的存在，势必会影响家庭生活的和谐幸福，所以必须进行调适，使"我中有你，你中有我"。这个过程在社会学上称为"异质整合"。

"整合"就是相互配合，相互适应，成为一个不可分裂的整体。夫妻关系是人和人关系中最需要契合的一种，要契合就得进行"整合"。

当莫迪结婚后，发现老公和自己的思想有这么多不同，异质一下子涌现出来时，让她伤叹："早知道这样，我就不结婚了，还不如自己一个人过呢。"其实这倒大可不必。现实中的夫妻，往往会从自己的角度去理解对方的行为。就像很多妻子抱怨老公结婚以后不再像婚前一样体贴了，而很多丈夫也感觉妻子好像越来越不懂事，没那么理解自己了。

其实人没有变，变的是视角和期待。

在电视剧《你迟到的许多年里》，主角沐建峰和老婆赵益勤之间的矛盾就是这种类型。援建归来，妻子只想尽快买个房子，踏踏实实过日子；而当过老虎连连长的沐建峰却一直想着创业，实现自己的价值。妻子错误解读丈夫的行为，造成各种误会，引发一系列矛盾，导致感情走向危局。

那么，对未来目标不一致的莫迪夫妻，怎样做才能相互理解，更好地生活在一起呢？

首先，要承认差异的存在，避免以己度人。

冰冻三尺，非一日之寒。夫妻间对未来生活目标不一致，一定不是在婚后才产生的，而是两个人原本在婚前生活的态度上就有很大的不同。

恋爱中的男女，被一种叫荷尔蒙的东西冲昏头脑，交往中更倾向于展示美好、彼此相似的一面，自动回避不同的部分，以便达到交往成功的目的。所以，那时的女生显得更温柔、漂亮、善解人意，而男生则表现得阳刚、俊朗、体贴多情。很多时候，能够恋爱成功，主要是动物本能左右了事情的发展。

结婚以后，吸引的动力消退，各自露出真实的样子。不是对方不爱你了，是不用拼尽全力爱你了而已。原有的价值观占了上风，行动方式自然不同了。

当莫迪能够理解这种婚前婚后男女思维的差异后，与其一味地希望用吵闹的方式强行把一方拉回到自己的框架里面，不如承认两个人的差异。正视问题，才是解决问题的开始。

第六章
目标实现——幸福要靠自己

二、用心沟通，换我心为你心

家给人最大的诱惑就是归属感和安全感。

无论生活多么艰难，有个叫家的地方始终能够接纳我、支持我、供我疗伤、给我滋养。安全感和归属感是很多男女义无反顾冲进围城的深层心理需求，这种需求的根基是信任与理解。

当小帅说出"这是你的目标，不是我的"这句话后，莫迪生气的同时，是否又考虑过老公的目标是什么呢？还是自己一味地以为自己的这个决定就是家庭的目标？

有时候，"我以为的"真的就是"我们夫妻共同以为的"吗？

夫妻沟通之道，要"易其心而后语"，要彼此知心。但是知心很难，《昔时贤文》说："相识满天下，知心有几人？"

《易传·系辞传》的"易其心而后语"，这个"易"是交易的易，不是容易的易。"易其心"是彼此换了心，就像古人一首非常有感情的词："换我心，为你心，始知相忆深！"

面对家庭目标，莫迪可以和小帅进行一次用心的沟通：

（1）允许双方都说出自己的目标和规划，看看大方向是否一致；

（2）如果都是为了把日子过好，具体方法可以协商解决；

（3）可以明确问对方，我怎样做？做到什么程度，你会觉得安全，觉得被理解？

（4）引导对方说出需求后，不评判，协商双方能够接受的内容，达成一致并努力实施；

（5）从各自的角度为大目标出力，建立夫妻一体的联盟，形成家庭合力。

夫妻之间，让彼此安心，明白不论对方做什么，心都是在一起的，在各自实现小目标的同时，能心里有底，日子自然和谐甜美。

三、夫妻同心，其利断金

《易传·系辞传上》中写道："二人同心，其利断金；同心之言，其臭如兰。"

"二人同心，其利断金"，意思是说两个人一条心，力量很大，像锋利的刀剑一样能斩断铜铁，后常以二人同心，其利断金喻指紧密团结、力量无敌；"同心之言"，指同一个思想、同一个观点的话，"其臭如兰"，这个"臭"不是香臭的"臭"，不作形容词讲，"臭"就是味道。同心之言，是指那种味道像兰花一样，永远清香。

后来，民间俗话说"夫妻同心，其利断金"，旨在告诉我们夫妻同心同德，可以战胜婚姻中的困难。

有人说，配偶与自己紧紧连在一起，相依相偎，犹如自己倚着的一棵大树，这棵树坚实了，自己就有坚强的后盾。如果这棵树萎缩了，自己只能在外单打独斗。这棵树长势如何取决于我们对它的护养：护养得当，树便茂盛；护养不妥，树便无力。

其实，夫妻同心，其利断金，说的最核心的是一个思想：家和万事兴，夫妻和，福运生！

婚姻中的两人，在充满祥和的婚姻关系中，才能得到充分的休息、充分的互相鼓励和体谅，因此，家和万事兴一语从来就不欺人。

欣赏与包容，互敬对方是夫妻同心，其利断金的基础。

人与人之相处，不管是在一个团体里还是一个家庭里，不可能永远没有摩擦。"刚柔相摩，八卦相荡"这个自然法则，就是两个彼此不同的现象在矛盾、在摩擦，才产生那么多不同的现象，一切人事也都不能离开这个道理。

当莫迪明白了这个道理后，开始学着在婚姻中与丈夫建立欣赏和包容。比如，戴上"放大镜"，找一找对方的优点，主动发现丈夫的闪光点，这会让莫迪的心更加柔软和敏锐，也更有利于婚姻的

第六章
目标实现——幸福要靠自己

和谐。

互敬对方，更是夫妻同心、家庭和谐的良方。

"相敬如宾"的故事我们都知道：郤缺出身大夫之家，20岁之前吃喝不愁，前途无忧。没想到祸从天降，一天其父晋国大臣郤芮因罪被杀，全家都遭殃，郤缺被废为平民，务农为生。从只知写字作画到躬耕农田，郤缺却没因此而怨天尤人，他一面勤恳耕作，养家糊口，一面不忘继续读书修身，终成远近闻名的大学者。

一次郤缺在田间锄草，到了午饭时间，妻子看他没回来，就把饭送到了地头，一看，他正在看书。妻子见状，十分恭敬，送上了一碗糙米饭。郤缺一看妻子来，才知道自己忘记了时间，连忙接住，频致谢意。夫妻俩就在田间地头吃起了糙米饭，倒也吃得有滋有味。

这一幕感人场景正好被路过此地的晋国大夫臼季看到。看到乡野之中还有如此相互礼让的家风，臼季上前攀谈，一聊才发现这是原来同僚郤芮的公子，认为其真是不辱家门。攀谈过程中，臼季认为郤缺上通天文、下知地理，是治国之才，便极力举荐他进朝为官。后来郤缺立下大功，升为卿大夫。

相敬如宾让丈夫改变命运，这种夫妻之道反映的不仅仅是恩爱，还有同心同德。

既然是夫妻，就应该互相关心、同心同德，共同营造和谐的家庭气氛，真正做到心往一处想、劲往一处使，多包容对方、多理解对方，这样才能实现同心同德过日子。

实现目标过程中，遇到困难怎么办
——灵活的人更能掌握大局

阳光穿过树梢，在地面洒下清冷斑驳的树影，芳芳骑着小黄车神情恍惚地去上班。突然一阵急促的哨音响起，交警将她拦下了，原来是她闯了红灯。

芳芳之所以会恍惚，是因为她和先生共同筹划的换房一事，在实施过程中遇到了困难，这让她一宿没睡好。

7年前，他们刚结婚时，为了工作方便，将房子买在了最繁华的街道，虽是老房子，室内的装修却是一等一的讲究与精致。

那时两个人住，一室一厅一厨一卫，已经可以满足了，只是偶尔朋友家人来时，芳芳夫妻俩就会觉得房子很局促。可偏偏芳芳又是个喜欢家庭聚会和热闹的人。

每天夜晚，先生还没有回家时，芳芳总是一个人坐在客厅的窗前，看着窗外楼下的车水马龙、霓虹灯盏，屋外是如此的热闹繁华，屋内的芳芳却觉得特别孤单。

渐渐地，换个有宽敞的餐厅和客厅的大房子，就成了芳芳和先生的共同目标了。"等开春，咱们把这个小房子卖了，这里地段好，肯定会卖个好价钱，咱们再添一些钱，换个大房子。"先生意气风发地和芳芳说。

小房子卖出去了，本来新房子也看好了，三室两厅两卫，楼层也不错。准备付款时，却发现这个开发商的楼盘被爆出很多问题。谨慎的先生说："要不放弃这个楼盘，我们再看看吧。"芳芳也同意了。

过渡阶段，芳芳夫妻俩暂时又租了一个房子，只要有空，两人

第六章
目标实现——幸福要靠自己

就是研究楼盘，去现场看楼。也许是看得房子多了，越看越花眼。先生看好了一套叠拼，室内装修各方面都不错，可芳芳总觉得没有那么满意。

"这套叠拼不行，那你来选吧，你说选哪套就是哪套了，我也不想再继续看房了。"先生的耐心也快用完了。

芳芳也觉得再继续看下去，自己也是心力交瘁，要是买下这套叠拼，却又觉得室内的楼梯自己不喜欢，想来想去，芳芳也没做好决定。

买房子的事，让夫妻两人疲惫不堪……

一、困难都有一个期限，试着再坚持一下

《士兵突击》中说："过日子，就是问题叠着问题。"

多年来换房的心愿，本来让芳芳觉得生活充满了希望，可在一次次选房不如意的局面下，芳芳夫妻俩的耐心日渐被磨没了，很快地两个人的动力都开始下降。

面对困难和情绪，芳芳夫妻俩可以用理性的逻辑区分"能掌控"与"无法掌控"之事，通过调整生活态度，做出正确的判断和选择。

比如，针对买房这件事，芳芳夫妻能掌控的是：要不要继续看下去，选择哪一套。无法掌控的是：房子的空间设置，未来的升值空间。

我们无法左右磨难的产生、环境的变化和别人的看法，但可以控制我们的情绪和应对的心态。在可控范围，我们应该尽力争取，对于无法控制的事物，不去费心劳神。

若能有效地将"能掌控"与"无法掌控"之事区别对待，面对选择时，芳芳就能真正做到宠辱不惊了。

当芳芳和先生情绪平和时，也就多了坚持的动力。

有一个著名的荷花定律：在同一片荷花池中，第一天开放的荷花只是很少的一部分，第二天开放的数量则是第一天的两倍，之后的每一天，荷花都会以前一天两倍的数量开放……

假使到第30天荷花会开满整个荷塘，那么第几天荷花会开满至荷塘的一半呢？很多人不假思索："第15天！"其实错了，是第29天。

而成功的秘诀——坚持到最后一分钟。

在现实生活中，很多人都像芳芳夫妻这样：想要完成一个目标，在实现目标过程的初期很拼，很卖力，敢于承担和奉献很多东西。可渐渐地，当没有看到黎明的曙光，便开始感到枯燥、乏力，甚至是颓靡。在第9天、第19天甚至第29天的时候，最终选择了放弃，功亏一篑。

其实这个时候，离成功不过短短的一步之遥。

《道德经》中说："飘风不终朝，骤雨不终日。"狂风吹不了一整晚，倾盆暴雨下不了一整天。一旦开始坚信"所有的苦难都有一个期限，而且并不长"，我们总能挤出些力气对自己说："再坚持一下。"

二、奇迹提问，给自己增加新的力量

奇迹提问法，通常由一系列的问题组成，不但需要我们想象问题不存在的未来，还需要我们对未来做更多细节上的描述，目的是不去纠结过去要如何解释，而是建构未来问题解除后生活的模样。

芳芳和先生可以为彼此做奇迹提问的练习，重新获得力量。比如，在某个安静的清晨，芳芳引导先生来做练习，从最初的线索开始，找出改变发生的蛛丝马迹，寻找可以利用的资源。

1. 引导先生看到奇迹的发生画面

芳芳："我现在要问你一个有点特别的问题，假如有一天早上你醒来，奇迹发生了，你烦恼的问题已经得到解决，你觉得你的生活会有什么不同？"

先生："我们住在新买的大房子里，你在快乐地做着早餐，我觉得很美好。与父母和朋友的相聚，也是如此的温馨与舒畅。"

芳芳："你如何能察觉奇迹已发生，你是怎么知道的？"

先生："一切都很和谐，最重要的是你对新房子也很满意啊。"

芳芳："如果你很满意，那可能是什么？"

先生："你喜欢新房子的空间布置、位置，喜欢新房子的装修，对我的选择很支持。"

2. 与行动连接

芳芳："为了这个奇迹，你一定做了些不同的事情，那会是什么？"

先生："我又重新去确认了叠拼的优劣、地段的价值，和你重新做了探讨和沟通。"

芳芳："你猜想你可能做了什么？"

先生："因为看好叠拼的地段，所以我又在它的附近找了同等价位的楼盘研究。"

芳芳："你要怎么做才能让这些奇迹发生？"

先生："尊重你的想法，我们放下纠结，一起再全身心地去重新看一遍心动的房子，最后一起决定，争取让双方都满意。"

经过夫妻双方的奇迹提问，芳芳和先生重新找回了对未来美好生活的耐心和热情，开始全身心地去感受这个房子，很快，他们就做好了一致的决定，买到了喜欢的房子。

三、在一个系统里，灵活的人更容易掌握大局

有一句话说的是：有一个选择是没有选择；有两个选择，左右为难；有三个以上的选择才叫有选择，有选择就是有能力。

对于芳芳夫妻来说，灵活很重要。这里的灵活不仅是指有一个

以上的选择，而且包括信念上的调整和灵活，比如面对叠拼的房子，如果芳芳减少使用自己的一套信念、价值观和规条，而多凭观察去运用环境所提供的其他条件，芳芳很容易就会发现叠拼所独有的优势，也就不那么纠结了。

此外，容许不同的意见和可能性也是灵活。

固执使人紧张，灵活使人放松。灵活是用自己的步伐去做出转变，而固执则是在被逼的情况下做出转变。

芳芳如果一味地坚持，有时会让她变得固执，这也无形中给先生带来压力和紧张。

"流水"是我们学习灵活最好的老师。

在电视剧《安家》中，孙俪饰演的房似锦就具备灵活的特点。一套10年没被卖出去的跑道房，房似锦却不按照原有的思维模式去出售。在拿到这套跑道房，了解完准客户宫蓓蓓的需求之后，房似锦把这套跑道房装修了一番。

装修后的房子，客厅是大落地窗，采光充足。餐厅完全够一家人使用，边上还专门装了个书桌，大人和孩子都能用。这套跑道房最大的亮点就是原本昏暗的过道，被设计成了一条画廊，挂的全是宫蓓蓓儿子平时画的画。而过道尽头这个飞出来的房间，也设计成了卧室，老公平时作息不规律，这就可以作为他的卧室，一家人不会彼此影响。因为层高足够，甚至还隔出了一个阁楼，透过天窗看风景，看星空。

因为灵活，这个装修一新的房子，尽管户型奇葩，但其他部分符合买主的一切条件，狠狠切中她的痛点，买主几乎立刻决定买下。

人无完人，在买房的过程中，芳芳如果灵活应变，学会利用手头已有的房子优势，相信很快就可以选到自己和先生都满意的房子。

灵活不代表放弃自己的立场，而是容许找出双赢、三赢的可能性，在举步维艰时，只有灵活的人才能创造"不可能"。让我们学做一个灵活的人，创造生活的各种奇迹。

第六章

目标实现——幸福要靠自己

婚姻中你愿意做到什么程度

——种瓜得瓜,种豆得豆

种植爱与喜悦,收获硕果。

"2月14日,5折……"情人节下午,小梅和闺蜜去逛街,大包小包地一回到家,就看到老公阴沉的脸上流露的不满,这时候她才发现,手机里有3个未接电话,"不就没接到电话,至于吗?"小梅收起了脸上的笑容。

餐桌上的空气有些凝滞,两人在闷闷不乐中结束了晚饭,吃罢,老公说:"饭是我做的,碗你去洗。"

晚上睡觉前,小梅拿着一堆衣服,和老公说:"衣服是我洗的,熨你就自己来吧!"

小梅心里很气,情人节又是没礼物,还摆脸色。

夫妻俩越来越计较,谁也不让谁,你打我一锤,我还你一拳。

小梅也是结婚后才知道老公挺反感节日送礼物的,觉得一到节日就头疼,都结婚了,还过这么多节日,没必要。但小梅觉得:"爱就需要仪式感,谈恋爱时你可不是这样的。"

恋爱时,是小梅追的老公,其间虽然有些小摩擦,但老公都还算让着自己,所以恋爱第二年,就顺利结婚了。

虽然修成正果步入了婚姻,但好景不长,夫妻俩越来越不相让。

吃完饭,老公提议明天上午回父母家一趟。小梅拒绝道:"要去你自己去,我要汇报,PPT没做完,明天还要赶工。做完后,下午我还有个朋友聚会。"老公也不让:"明天下午我约了人钓鱼,你不能

去聚会，不然女儿没人带。"

夫妻俩都坚持自己不能爽约，用熟悉的方式发泄着心中的不满。

经营婚姻，有好方法吗？

一、想要收获什么，就先播种什么

婚姻中，你愿意做到什么程度？

热播剧《三十而已》中，陈屿说："都说婚姻是避风港，我跟你结婚是为了轻松省心。"钟晓芹说："都想避风谁当港啊！"

两人的婚姻，被网友称为合租式婚姻。

一个小小的门锁，钟晓芹和陈屿说过好几次拧不开。有一次陈屿接到通知匆忙走了，结果钟晓芹怎么也打不开门，她真的很着急，打电话老公关机，自己怀孕又不能生气，最后在对面的楼梯口睡着了。

陈屿回来后三两下就拧开了，还说："这不开了吗？"钟晓芹非常无语："你拧开了不代表我能拧开。"两个人不同的手劲、不同的方向，也会导致不同的结果，所以两个人最终还是离婚了。

婚姻不是一个人的避风港，而是两个人互相扶持、彼此付出。作家雨果说："在田野上，哪怕是播下一粒种子，也有收获的希望。播下善良的种子，播下感恩的种子，播下脚踏实地的种子，等到收获的季节，总有好的收成。"

这也是心理学中的"种子法则"：你想得到什么，就去种什么，外界的一切都是你种的种子。

人生如是，婚姻亦如是，都需要经营和播种。

《吕语集粹·存养》有言："种豆，其苗必豆；种瓜，其苗必瓜。"

你怎样对待你的爱人，你的婚姻就是怎样的呈现。婚姻是围城，如果两个人忙着栽种美丽的花草，收获的就是瓜果飘香，芬芳四溢；

第六章

目标实现——幸福要靠自己

如果两个人忙着争吵和冷战，收获的一定是杂草丛生。

我们的每一句话、每一个念头、每一个行为，都是在往心田里撒种子，在种植明天的心树，我们需要种种子，种植完美的关系，种植氧气般的心情，一起带给婚姻和家庭更多的正能量。

一个人的意识中，1秒种65个种子，1分钟种3900个种子，1小时种234000个种子，1天种5616000个种子。

我们所看到、听到的外界都源自自己内心，都来自自己念头里面的种子，念头里的种子比自然界种子成熟速度快一万倍，一棵红杉树长大需要几十年，念头的种子只需要一瞬间。

想要甜蜜幸福的亲密关系，就需要相信并且践行。晨曦，闭上眼睛在心里告诉自己，"我今天可以……只要我……"

我今天可以让家庭更好。

只要我今天找出一件事情给予对方一个肯定；

只要我今天在双方冲突时给一个拥抱，灵活地应对；

只要我今天在吵架时能站在对方的角度考虑半分钟；

只要我今天尝试承认错误，放下虚荣心，为此改变。

在"相信—践行—相信—践行"的循环过程中，理智地耕耘，让宇宙知道你要什么，宇宙会回应你的思想。

二、好的婚姻是琴瑟和谐，让爱流动

当你只注意一个人的行为时，你看不见他；

当你开始关注一个人行为后面的意图时，你才能觉察到他；

当你尝试关心一个人意图后面的需要和感受时，你就真正看见他了。

一名知名导演在拍摄电影时，妻子全力支持。

但现实的困难不断向导演压过来，资金成了最大的问题。筹拍初始，因为不被投资市场看好，拉不到投资，他只能把全部身家押上，甚至抵押了住房。

导演和妻子说："这要是陪了，我就倾家荡产了。"

没想到妻子双手赞成，只说了一句话："如果你的梦想不能实现，我们就算住再好的房子也会一生遗憾的。我还有一个小房子，电影赔了，大不了我养你。"

后来，这位导演的这一系列电影火爆了，也捧回了最佳导演的奖杯。

当然，关心彼此背后的需要，给予对方勇气和底气，不仅体现在家庭大事中，也在生活琐事中。

婚姻不仅是风花雪月的浪漫，更是柴米油盐酱醋茶的细碎磋磨。

小梅和老公间本着"我付出了什么，现在轮到你该付出什么"，盘踞于精打细算中，争执于我做饭、你洗碗中，抗衡于我洗衣服、你熨衣服中。看起来你做一件事、我做一件事，很公平，实则是千斤重的两块石头压在天平两头的平衡，没有一方能感到轻松。

好的婚姻，是琴瑟和谐，让爱流动。

好的婚姻，是彼此给对方夹一筷子心仪的菜。

精打细算、彼此算计，看似谁也不吃亏，却让双方背上重担。

有爱，婚姻就能在互动中得到动态平衡，就像白鹭展翅，翱翔于蓝天白云下的西塞山前，孤眠芊芊草，久立潺潺石，前山正无云，飞去入遥碧。

爱的种子让彼此看见，走进一个良性循环。透过你的心看见另一颗心，这是一个生命看见另一个生命，也是生命与生命爱的相遇。在你来我往中，一切都在真实的倾听和沟通中化解……

美国查普曼博士在《爱的五种语言》一书中发现人们基本上有五种爱的语言：

肯定的言词。

第六章
目标实现——幸福要靠自己

精心的时刻。

服务的行动。

身体的接触。

精心的礼物。

除了礼物，一句肯定对方的话，一顿精心准备的晚餐，一杯热乎乎的温水，一个热情的拥抱，都是表达爱的途径。

爱是流动的，亲密关系中，"付出"与"回报"是平衡的，爱的五种语言，不仅要求伴侣给予我们，我们还可以主动去播种、去付出，种下种子，共创一座美丽的花园。

小梅在索取礼物的同时，也可以给老公准备爱的语言，为老公准备一份礼物，爱的发生，在心之间流动，喜悦而动人！

三、利他思维，滋养一屋两人三餐四季

《父母爱情》中，江德福和安杰的婚姻感动了无数人。

在安杰和江德福准备结婚的时候，安杰虽心有不甘，但她知道这是个值得依靠的男人，她懂得珍惜眼前人，无论前方有多少艰难险阻，她都跟江德福结婚了，从此人生一路"开挂"。

农民都知道，种子埋在土里，需要阳光，雨露才能够发芽生长；出色的园艺师经常会翻耕庭院，去除杂草；而我们的种子，也需要我们时常松土、施肥、浇水，从而长成参天大树。

一个人的负面情绪就是杂草，两个人的冲突也是杂草，怎样做才能守护彼此？

回顾：回想矛盾或冲突的起因。

忏悔：回想自己无故发泄给别人的情绪。

承诺：承诺多久内不再做同样的事情。

弥补：向对方做一些弥补的行为。

稻盛和夫说："以利他心度人生，能增强人的成就感和幸福感，最终回报会回到自己身上，对自己同样有利。"

利己则生，利他则久。抱利他之心，行利他之事，命运自然就会好转。

所有我不想要的，必须先停止对他人做；所有我想要的，必须帮助他人先得到；在对方幸福的时候，我也感到很开心。

小梅回顾自己与老公因为节日送礼而引起冲突的事情，发现自己就是想晒朋友圈炫耀一下，这是一份虚荣心，其实比不上老公本身重要，她告诫自己不能再执着于让老公送礼物了。同时，给老公留了一张明信片，写上："老公，我以后会多让着你，让小家更幸福。"

第二天，小梅就收到了老公的讯息："以后我也会多让着你。"

婚姻中，当你让自己活在一种非常大方、非常慷慨的状态中时，伴侣也会回馈你更多的大方、更多的慷慨。

利他，是最高境界的利己。

让我们打开婚姻幸福的通道，成为彼此的光明天使，在一屋两人三餐四季中，滋养出亲密关系最美的花园！

第七章

财富流动——爱与财富同在

谈钱,是伤感情吗
——不谈钱才伤感情

有许多人,在爱的名义下,不敢在婚姻中谈钱。

小孙马上就要和男友步入婚姻的殿堂了,作为准新娘,小孙的内心感到十分幸福。

随着婚礼的临近,小孙的心中也有一些隐隐的担忧。男友的父母是农村人,老一辈的节俭刻入骨髓,虽然对小孙十分满意,但两位老人却对婚礼的花销颇有微词:"我们农村办婚礼只要3万元左右,现在要花上近10万办婚礼,是不是太多了?"

农村的婚礼只需要在家里摆上酒桌,请上乐队和证婚人,再邀请亲朋好友欢聚一堂,而小孙想要在酒店办婚礼,请婚庆公司为婚礼进行策划,希望留下一个独特的、有美好回忆的婚礼。

这样一来,相较于农村的婚礼仪式,花销自然就大了许多。

小孙心里能够理解男友父母的节俭,但是最重要的婚礼,小孙还是希望能够完成自己的梦想,况且在酒店举办婚礼,仪式更加完美,照顾宾客也更加方便。

小孙很苦恼,不知道该如何跟男友的父母沟通,也害怕他们会觉得自己花钱大手大脚,不知道节俭。

因为一个"钱"字,愁坏了准新娘小孙……

第七章
财富流动——爱与财富同在

一、金钱是婚姻的门槛，也是婚姻的地基

在风花雪月的爱情面前，很多人不知生活中的柴米油盐，当激情消逝时才明白，婚姻和爱情的悲剧，大部分都是因为"缺钱"而引发的。

电视上播出过一个真实的故事：小朱因为娘家急需用钱，偷偷借出2000元，丈夫知道后却大发雷霆，甚至提出了离婚。小朱委屈地表示自己生病了，都不舍得买药，全靠硬撑；有时候，为了节省打车费，她宁愿在太阳下暴晒行走半小时；可丈夫从来不在乎她为这个家庭付出了多少，只嫌弃她花钱太多……

面对妻子的声声控诉，丈夫竟然也哭了起来，他说："我每个月在工地拼死拼活就挣5000元，还贷款就要2000元，剩下的钱根本不够一家三口的生活。"

成年人的生活并不容易，工作与家庭的压力俱在。

社会的残酷剥夺了一个成年人合理的情绪释放，体面的表象下，是一颗颗被生活压得喘不过气的心脏。还记得那个深夜在地铁站失声痛哭的男人吗？还记得那个因为外卖被偷而崩溃的女孩吗？

小孙想办个体面的婚礼，婆家不想那么破费，双方其实都没有错，关键在于怎样沟通才能达成一个让双方都满意的方案。

有人说，钱是婚姻的门槛，更是婚姻的地基。

那些因钱而引发的争吵，每天都在瓦解着夫妻之间的感情，直到情绪到达一个临界点时，婚姻便分崩离析。

婚姻中的两人，是并肩前行的共同体，当我们在保护对方的同时，也需要在心理上给予对方足够的信任。

有稳定的金钱来源，对婚姻是非常重要的。但是没有彼此的信任和认可，只是双方算计的婚姻，却是无法延续的。婚姻中最重要的关键，从来都不是因为有钱还是没钱。

查尔斯·兰姆告诉我们，金钱是能让我们去除了天堂以外的任何地区的一份护照，同时，它也能向我们提供除了幸福以外的任何东西。这世间有多少清贫夫妻，虽粗茶淡饭仍然幸福相守。

要解决婚姻中因为钱而产生的争吵和压力，最好的办法不是隐藏自己的脆弱和崩溃。

事情，总是两人商量着，才有更多的解决办法；困难，总是两人支撑着，才会产生更多的信任和爱。

柴米油盐，酸甜苦辣，俱是人生，婚姻中的夫妻要学会相互分享和承担。

二、婚姻不是一时的快乐，而是长久的安稳

有一堂很有生命智慧的哲学课：如果你能在全世界各个宗教朝拜场所里聆听朝拜者的祈祷内容，就会发现祈求最多的主题有两个：一个是爱，另一个是金钱。而且，它们具有影响幸福感的巨大能量，一个是抽象的，一个是具象的；一个很难量化，一个容易量化。

有这样一句谚语，叫"贫贱夫妻百事哀"。谈恋爱的时候可以有情饮水饱，没钱也可以很快乐，但是婚姻不行，要维系婚姻，柴米油盐、房子车子、父母养老、孩子教育，每一样都需要钱。

对婚姻来说，最离不开的就是柴米油盐，这日常又琐碎的日子里离不开爱和金钱的参与和衡量，这两者对一个家庭来说，不正是既能载舟又能覆舟的能量吗？

幸福婚姻的经营之道，除了爱，金钱是一个不能绕过的重要因素。

兰兰是"90后"，和老公都有一份不错的工作。

婚后，夫妻二人各自花各自的，谁也不计较花了多少，谁也不知道对方到底有多少钱，在各种节日和纪念日中，这次我带你吃好

第七章
财富流动——爱与财富同在

吃的，下次你送我一个惊喜。

两个人其乐融融，觉得这样随心所欲的生活非常舒适。就是一年到头，银行卡中的积蓄不见增长，钱花在哪里了也不知道，甚至因为一些超前消费，夫妻两人的小金库还背上了负债。

如果不是家里老人的一次生病，两个人还没有意识到自己一点经济承受力都没有，面对老人生病的巨额花费，小两口傻了眼。

婚姻所带来的不应该是一时的快乐，而是长久的安稳。

很多夫妻有一种误区，觉得夫妻之间谈钱会伤感情，所以对于金钱问题避而不谈，对于家庭开支也完全没有规划，当需要用钱的时候，发现钱不够了，又开始互相埋怨，觉得你花的多了，我花的少了。

为了避免此类问题的发生，在婚姻初期，应该规划好家庭经济的管理方式。

生活中有很多需要我们用心去注意才会发现的隐形消费，例如双方老人的赡养资金、孩子教育投资需要的资金、家庭突发事件产生的费用。

这些花费在平时可能不会体现在我们的日常花销中，但有一部分是我们在未来的生活中不可避免的开销，有一部分是我们不能预测的，且很有可能会在未来的生活中产生的花销。

婚姻生活中需要夫妻双方学会理财规划。我们可以从以下几个方面来开始进行家庭的财务管理。

（1）记录每个月的开销与收入。

（2）根据未来收入的预测来规划当下的支出。

（3）设置家庭备用金来应对可能会发生的危机。

从谈钱色变的观念中走出来，学会跟另一半"谈钱说爱"，稳固的生活从来都不是得过且过，而是我们立足当下，双眼展望未来。学会家庭财务的规划，勇敢"谈钱"，才能够让婚姻更加稳固、和

谐，也能够增强家庭应对突发危机的能力。

三、"婚姻刺客"还是"婚姻保安"，答案由你来选择

小雨从小就是一个很会规划自己财富的女孩，她总是会将自己的资金分为几部分：一部分固定存款，一部分消费生活，一部分灵活取用。因此小雨的生活中很少遇到因为没钱而产生的窘迫。

小雨马上就要结婚了，在跟老公进行沟通和交流之后，他们共同做出了一个让身边人咋舌的决定，两人要在婚前进行财产协议。

亲戚们都感到疑惑，你们两人感情这么好，有必要去做婚前财产协议吗？

小雨和老公却有自己的考量，两个人就应该好好谈钱，怎样才能把家庭的财力最大化，去实现两个人共同的小幸福。

两个人共同商量，目的是增加整个家庭的财富，为家人和孩子提供更好的生活环境，签订婚前财产协议是为了更好地规划两人的财富，以便于两人婚后生活能进退自如。

小雨和老公的做法为即将结婚的年轻人们提供了一个思路。

在婚姻中，"金钱"并不是避不可谈的禁忌，我们不仅可以谈钱，甚至可以将婚姻中的财富进行更加合理的规划。

经济基础决定上层建筑，婚姻里谈钱并不是俗不可耐的事情，谈好钱才能谈好关系。婚姻里的两个人是利益共同体，需要一个为之共同奋斗的目标；实现目标，钱不是一切，却是基础，比如买房、买车、一次心仪已久的旅行，比如创造共同的财富，获得更好的生活资源。

当然，进行婚前财产公证，只是小雨夫妻单个家庭的选择。

在另一半面前展示自己对金钱真实的态度，才是大家共同面对的选择。合理地谈钱，不仅不会影响婚姻关系，反而会增加夫妻之

第七章
财富流动——爱与财富同在

间的相互理解。

男人与女人的消费观念有着显著区别,在财富的规划上也有差异。婚姻中双方互补,共同促进家庭财富增长,能够为双方创造出更好的生活条件。

谈钱,并不可怕,我们要学会接受男女之间金钱观念的差异,与此同时,也要学会双方合理沟通、获得平衡。

小孙在婚姻中遇到的问题,其实是婚姻中关于"金钱"问题的经典案例。金钱观冲突、不愿意谈钱、没有家庭理财规划……这些问题在不知不觉影响着婚姻生活的质量。

在咨询获得了建议后,小孙认真地做了结婚计划表,将支出明细都认真写出来,并且做出了结婚后的金钱规划。

小孙将计划表拿给了男友的父母,尽力克服内心的害怕,认真地向对方倾诉了自己对于婚礼的期待。男友的父母见小孙并不是故意在婚礼上花费奢侈,马上表示愿意支持小孙的做法。小孙和男友的父母最终还是达成了一致。

打破婚姻中关于"金钱"的魔咒,需要家庭中的双方共同重视金钱的规划,并且要加强相关的交流。

只要婚姻中的双方保持对对方的尊重,加强沟通,相互多一些体谅,就不会在婚姻中谈"钱"色变。

妈妈说我婚后得学会打理小家的钱
——家庭财富金字塔模型

结婚前夕，母亲单独和微微在房间里，询问她婚后家中财政大权谁做主，微微单纯地回答："谁有能力、谁想管就去管呗。"母亲听后连连摇头。"那就像你和爸爸那样，我看你们管理得很好。"

从微微有记忆开始，他们家的钱都是爸妈共同管理，双方的工资存在一张存折上，谁有需要谁就去取，家庭内部从来没有发生过财务纠纷，一片祥和。

但那天母亲却和微微说："结婚后，你就要承担起打理家中钱财的责任了，管好小家的钱。"微微没太明白母亲的意思，却也点了点头。

微微也曾听周围不少同事朋友说起，结婚后，基本上是女方掌管财务，男方将工资卡上交由女方保管，据说这样会增加婚姻中女性的安全感。

微微却多次想过：这又能做何保证？难道婚姻的维系仅凭一张薄薄的银行卡，或者仅以一张银行卡作为抓住对方软肋的凭证？

微微老公小轩单身惯了，花钱也习惯自由，结婚头一年，微微没要他上交银行卡。

微微自己平时花钱也大手大脚，每个月的工资基本上也会花光，她手头也就打理着结婚收的一点彩礼钱。

那天晚上，小轩在蹬单车，随口一问微微："亲爱的，你现在存了多少钱了？"

微微想了想说："五万？"

"彩礼钱不就五万多吗，结婚后你一分钱没存吗？"

第七章

财富流动——爱与财富同在

小轩笑嘻嘻地问道,微微有点不好意思了。

"柴米油盐酱醋茶,处处要花钱,我也不会打理,怎么办?"

"喏,这是我存的钱,这个卡,给你保管吧。"小轩主动递过自己的银行卡来。

微微大吃一惊,"这小子,行啊,既然主动让我管,那我就管吧。"

几个月下来,微微为了管钱的事头痛不已,还时不时会忘了交水电物业费,她实在是对数字完全不敏感的那种人,而小轩每次都能帮她及时地解决好这些问题。

"如果小轩能把家中的财务管理得井然有序,我是不是可以把经济大权交给他来管呢?我真的是不太擅长呢!可是,大家不都说,男人有钱就变坏吗?"

微微想让小轩来打理小家的钱,心里却又有些矛盾,她不知道怎么办好了。

一、心在一起的夫妻,谁管钱都幸福

夫妻俩结婚后应该由谁来管钱?

华尔街最有价值的投资经理曾经论证,在家庭中,女性更适合管钱。他说:"在华尔街,业绩最好,能够将管理基金的效益最大化的,是女性投资经理。"所以就有了一个结论,女性更具理财头脑,更适合充当家庭财务的决策者。

然而,这个结论是不是正确呢?

毕竟能在华尔街立足且取得优秀成绩的女性,不能代表世界上的所有女性。况且,这个样本容量就算囊括了华尔街的清洁工,都不足以代表全世界的所有人。

自古有云"男人是搂钱的耙子,女人是装钱的匣子",古往今来

一般家庭都是女人管钱。

但是随着社会发展，女性地位提高，女性的工作机会也更多，经济上更独立，因此婚后的管钱模式也变得多样化。

有一则关于"结婚后，你们家谁管钱"的调查，结果发现：40%选择了"老婆管钱"；30%选择了"老公管钱"；20%选择了"共同管理"；10%选择了"各管各的"。这基本也代表了现阶段不同家庭的管钱模式。

演员郭晓冬的妻子程莉莎曾说，郭晓冬一直掏空钱袋子养她，当婚姻面对柴米油盐的时候，没有什么承诺比这个更令人有安全感。有人去问郭晓冬："这样傻不？"他说："跟老婆还谈什么聪明和傻。夫妻之间只要有责任心，那就可以谁管得好，谁管。"

幸福的婚姻，离不开金钱的保驾护航，可婚姻的幸福，却从不只和金钱有关。

网上，曾有人提问："婚后，谁管钱的婚姻会更幸福？"

其中，获赞最高的一个答案是："心在一起的夫妻，谁管钱都幸福。"

的确，有人手握财政大权，照样天天倍感不安；有人各管各的账，依然把日子过得舒心惬意。

婚姻的幸福与否，从不在于管钱的形式，而在于彼此是否同心。关系靠爱来维持，生活靠钱来维持。

每段婚姻之间都有自己的相处模式，但最终的目的都是让婚姻更好。

管得好的标准可以有三点：

首先，钱不能越管越少，一是辜负对方的信任，二是不利于家庭的稳定，最好每一笔开支都认真记录下来，作个备注，方便大家清楚。

其次，对于适当合理的投资，先征求对方的意见，统一思想，切不可擅自做主，一意孤行。

最后，也可以给自己一个时间期限，如果双方都满意就继续管理，不满意则可以对换，也可以让另外一个人感受管理家庭的不易。

既然微微感觉自己打理钱力不从心，小轩又做得游刃有余，微微何不放手一试呢？

成年人的感情，并非钱在哪里，心就在哪里，而是心在哪里，钱才会在哪里。

二、安全感，是一种精神上的稳定和放松

婚姻中的安全感，是一种精神上的放松。

微博上，网友们热议的剩男剩女相亲，先问对方收入和资产，再考虑是否继续进一步交流的事情，看起来特别肤浅，但这也是最现实的存在。

婚姻从某种意义上来说就是一场交易，两个人搭伙过日子，没有长期稳定的互利关系，总有一天付出过多的那个人怕是会觉得自己"亏"了。

这种互利和互相付出从来都不局限在金钱上，钱仅仅是其中的一种存在。

婚后，很多女人认为自己不掌握财政大权就会没有安全感，其实，这不是家庭财政大权的分配问题，而是夫妻之间缺少信任的表现。

夫妻之间最重要的是真情和安全感，这种安全感并不是说，女人找了一个身材魁梧能打能斗的男人，就会安全感爆满，这里的安全感指的是信任。只有完全的信任才会内心平静安逸，安全感是一种精神上的稳定和放松。

在一个家庭里，一旦女人没有安全感，她就会拼命地想抓住点

什么东西，于是经济成了争夺的焦点。

有多少女人在婚姻中特别敏感且容易焦虑？

有多少女人不确定对方是否爱自己而不断去求证？

又有多少女人要求掌控家里的财政大权，只是为了让对方证明爱自己？

有人说，不管男人钱的女人要么是安全感爆满，要么是完全没了安全感。总之，财政大权的争夺并不是因为女人在意金钱，很多时候，女人要的只是爱与信任。

有句话说得好："幸福的婚姻，爱大于钱；不幸的婚姻，钱大于爱。"

婚姻中，许多人看似渴望拥有支配金钱的权利，可其实他们真正在意的，是藏在金钱背后的尊重、信任、理解和爱意。

钱，像是一面镜子，最能折射出枕边人的心意，既然如此，何不让家中充满关怀与体贴？

懂得去彼此尊重，凡事有商有量，这才是将婚姻之船，驶向幸福彼岸最有力的风帆。

三、交给你我放心，但我愿意和你共成长

电视剧《第二次也很美》中的安安，一毕业就结婚，一结婚就生孩子，不用工作没有生活压力，依然像生活在象牙塔里一样单纯。

可是老公在外打拼，有快乐有痛苦，有成长有低落，这些她都没有和老公共同经历、一起分享，只沉醉在自己的世界里，以为还是在恋爱，要求老公爱她宠她，听她的话，哄她开心。

终于在安安28岁的一天，那个曾经允诺宠爱她一辈子的男人提出了离婚，他告诉离婚律师："我知道我是她的全世界，但我不想再做她的全世界了，我累了！"

第七章
财富流动——爱与财富同在

在这场失败的婚姻里，安安的感情还停留在小女孩似的恋爱阶段，没有做好妻子和妈妈的角色，她不知道老公经历了什么，也不知道什么时候老公改变了，而她还留在原地。这一切只因为她没有改变，没有成长。

婚姻中，很多问题会让人猝不及防。

婚姻中，很多问题需要我们不断学习。

好的婚姻，必然是双方的共同成长，共同承担。

微微觉得自己不会打理钱，在信任小轩的前提下，可以将家中的理财大任交给小轩，但不代表微微从此可以什么都不管。

有人说，婚姻中真正的问题，不在于配偶是不是最佳人选，而在于你是不是努力成为配偶的最佳人选。

既然是理财小白，那微微是不是可以从头学起？可否和小轩一起学习，一起探索理财之道？

当然是可以的，这不仅会让小轩看到微微的信任，同时也看到她的担当与责任，"交给你来管是一种信任，但我会让你知道，必要时，我也是愿意和你共同承担责任的。"

在婚姻里，最能促进夫妻感情的事，就是两人的共同成长，谁也不会落下谁。比如，微微可以和小轩一起探索，通过建立属于自己家庭财富的金字塔模型，让家和爱更稳固。

1.金字塔的底层：财务安全保障

微微主动和小轩一起去了解"冲击"家庭资产的各种风险，两人共同储备家庭资产，商定保险等事项，每个人做到心中有数。

2.倒数第二层：应急金

如果家里出现了意外情况，需要用钱怎么办？

微微有必要和小轩储备一些应急金，比如，涵盖3～6个月家庭开支，让这部分钱灵活性好，随时可取。

3.中间层是刚需：购房、教育、养老金

家里每个月的房贷、车贷，教育孩子和赡养老人的费用，必不可少，如何来设置和使用？

对应的资金，是否可以配置到稳健的债券基金、固收类银行理财、指数基金定投、养老年金险等？微微即使不懂，也可以在小轩的帮助下学习和了解。

4.最高一层：自由梦想金

一个人可以很自由，结婚后的两个人也可以是自由的、有梦想的。

用来实现自我价值、特殊喜好、愿望等的金钱，是幸福生活的调味剂，如环游世界、购买心动物品、做慈善、满足比较烧钱的兴趣爱好等，这部分的目标，夫妻俩可以酌情配置到更高风险的一些投资产品中，比如基金、股票。不管采用哪种方式，只要两个人彼此信任，真诚协商，谁又能说不会让婚姻更透明与稳固呢？

两个人一起规划的目的，既不是一味追求高收益，也不是一味节衣缩食，越发不自由。

其实，通过共同理财，两人是在构建一种思维方式，构建一种充满爱与信任、共同承担责任的生活方式。

两个人一起进步，共同成长，这才是婚姻最美的样子。

第七章
财富流动——爱与财富同在

房贷、车贷,把我压得喘不过气来
——让"1+1>2"不仅需要爱,更需要策略

如果把家庭比喻成公司,那么夫妻关系也是一种合作关系。

小琪和老公刚结婚一年多,原本应该是新婚甜蜜的美好时光,却因为房贷和车贷过得苦不堪言。

小琪今年正好26岁,毕业以后就在一家公司处理财务方面的业务。去年,她终于晋升为主管,月收入2万元。也同样是在去年,她和男朋友结束了长达5年的恋爱长跑,领证结了婚。

于是夫妻俩靠着两人这些年存的公积金、积蓄等顺利地付了房子的首付,在结婚当天,一并正式搬进了新房!

然而,婚后没多久,房贷,加上小琪前年刚入手的新车的车贷,让小两口的新婚甜蜜期大大缩短。两人每个月的收入减去房贷和车贷的费用,就只剩下2000多元,这就意味着他们必须精打细算过日子,把生活成本降下来。

于是,小琪原本每周和闺蜜逛街吃饭、喝下午茶的惯例不得不取消了,原本昂贵的化妆品也舍不得买了。可以说,为了还房贷、车贷,小琪的生活质量严重下滑,她每天都不得不抑制自己的欲望,想方设法省钱。

前段时间"双十一",小琪听着周围同事讨论各自纷纷又新入手了哪些好物,想到自己最多只能花500元时,终于忍受不了了。

在小琪看来,好像只有自己每天过得很痛苦,这也不敢买,那也不敢买,生怕还不起车贷、房贷,反观自己的老公,好像他并不

能体会自己的这种煎熬，每天没事人一样。小琪觉得很委屈，她甚至怀疑老公偷偷藏了私房钱，自己过着苦日子，老公却在外面逍遥。于是，就在"双十一"这天，小琪看到和往常一样10点左右才到家的老公，火气终于压不住了。

"你怎么天天这么晚回来？是不是在外面瞎混！你知不知道我每天为了省钱这也不敢买，那也不敢买，你呢？你在干吗？为什么只有我每天过得这么苦！"说着说着，小琪就忍不住哭了出来，小琪的老公一开始也很生气，和小琪对吵了几句，结果看到小琪痛苦地哭了出来，他一时之间也不知道该怎么办了……

一、日积月累的猜忌和压力，让夫妻争吵不断

心理学中有一个心理学现象，叫"耶克斯-多德森定律"，定律指出：当我们有轻度焦虑时，焦虑可以促进成就的提高，动机会提高我们的效率；而当我们的焦虑较重时，焦虑则会阻碍成就的提高，动机会降低我们的效率。

适当的压力会促使人不断进步，激励着人向美好生活的目标不断前进，然而一旦压力过大，就会产生一系列负面感受和消极的观念。小琪面临的是一种慢性压力，也是一种精神内耗。

所谓精神内耗也叫心理内耗，是指人在自我控制的过程中需要耗费的心理资源。当心理的能量不足以抵抗外来压力时，人就会处于所谓的精神内耗之中。而长期的精神内耗就会导致人心理产生许多负能量，人也会感到疲惫。

每个月，小淇准时要还的房贷和车贷作为一笔不小的数目，让她时刻不敢懈怠，必须保持每个月有稳定的收入，控制好自己的开支。

这就是为什么小琪虽然如愿以偿拥有了自己的房子后，却并没有过得更加开心，每天疲惫不堪，毫无生气。

第七章
财富流动——爱与财富同在

一个人的物质欲望，是众多欲望中最基础的欲望。

当小琪在生活物质方面满足不了自己的需求时，她就陷入了精神内耗之中。当这种情况屡屡发生时，小琪的精神世界就像是有两个小人在打架。一个小人让小琪满足欲望，想吃什么就去吃，想买什么就去买。然而，另一个小人刚好相反，他会站在理性的角度让小琪克制住欲望，让她多为下个月的房贷、车贷着想，不要花钱。

这两个小人无时无刻不在小琪的精神世界里争吵着，闹得不可开交。小琪的精神资源，也就在这个过程中被不断消耗，焦虑吞噬着小琪积极向上、阳光开朗的正能量，让她始终充满负能量，进而引发对老公的猜疑与不满。于是，日积月累的猜忌和压力最终爆发。

二、夫妻之间，最需要的是信任

联合国国际劳动组织发表过一份调查报告，报告指出，心理压抑是当代人最严重的心理健康问题之一。情绪长时间处于一个不健康的状态，会给人的精神带来很大的杀伤力。

小琪每天都承受着来自车贷、房贷的压力，这个月刚把上个月的贷款还清了，又马上开始思虑下个月的压力。她感觉车贷和房贷就像是两座大山，重重地压在她的背上，让她喘不过气来。

当一个人开始怀疑一样事物，就会找到很多证据证明自己的结论是对的。

小琪越发觉得只有自己每天承受着巨大的压力，每个月的贷款也好像只有自己在操心，老公一点儿没有把贷款放在心上。如此一来，时间久了，小琪难免会觉得心理不平衡，认为自己为这个家付出得更多，操心得更多，对自己的老公也越来越不信任、越来越不满意。

其实，在日常的生活工作中，我们总是免不了会与人发生信任上的危机。而信任，在婚姻中更是重中之重。

两个人走到一起，组建家庭，对彼此的信任是情感联系的根基。如果信任产生危机，整个家庭就像是一艘行驶在汪洋大海中的小船，随时都有可能被海浪掀翻。

夫妻之间最怕的就是不信任。

小琪每天7点下班，大概8点到家，而小琪老公所在的公司由于是弹性打卡制度，他不想早起上班，于是每天晚去公司，大概要到晚上9点才下班回家。如此一来，两人每天在一起沟通的时间越来越少。

不仅如此，小琪从小的生长环境不是很优渥，自己又是家里的长女，这就导致她本身性格上就很独立，心思老是往自己肚子里藏，有问题第一反应也是自己承担，不习惯将自己的责任和压力分担、释放出去。而且小琪只知道自己的辛苦，却没有看到丈夫的付出，由此产生对丈夫的不满，心理极度不平衡。

而这种对亲密伴侣的不信任感就像是无底洞，不断地在心底蔓延开来。

那么，导致不信任的根源是什么呢？关键在于缺乏沟通。

三、夫妻及时沟通，让"1+1>2"才是解决之道

"双十一"晚上，小琪终于忍受不了长期以来的压力，和老公大吵了一架。结果，不吵不知道，小琪这才发现，原来每天被房贷、车贷压得喘不过来气的不止她一个。

原来每天晚上9点并不是老公正常的下班时间，他是自愿加班的，就是希望能多赚一点加班费；原来老公每天嬉皮笑脸，并不是不管不顾，而是他怕自己的情绪影响小琪，让小琪更难过；而且老

第七章
财富流动——爱与财富同在

公不仅在想办法开源，也在努力节流。

小琪了解了这一切之后，恍然大悟，虽然自己很久没有和姐妹们去逛街了，但是老公之前一直念叨着要买的山地自行车再也没有听他说过了，平时爱打游戏的他也因为加班的疲劳再也没有和朋友玩过了。

夫妻关系也是一种交换关系，没有人甘愿自己一直单方面付出，不奢求从对方那里得到一点什么，哪怕是一个鼓励、一个肯定，往往也会起到很大的作用。不仅如此，在婚姻中，谁都希望自己的牺牲能被对方看见，自己的付出能被对方理解。而这一点，便是小琪夫妇之间缺少的。

由于缺乏沟通，加上两人又是属于不擅长把心里的话通通说出来的性格，导致小琪单方面以为只有自己是背负压力的那一个。

所幸现在，两人通过有效的沟通后，对对方的付出已然明了，小琪感觉心里的石头瞬间轻了不少。

在商业合作上，协同效应很著名，它是指两个事物单独效果的叠加不及两者共存或合作。简单来说，就是"1+1>2"。正如前文提及的，夫妻关系很大程度上也是一种合作关系。两人共同的目标是尽早将贷款还清，过上有房、有车、无债务压力的好生活。而这个目标，原本就像是单独的两根线，没有交集、各自努力、单独作用，加上小琪内心积郁的负面情绪，只会导致"1+1<2"的结果。

但是，一旦两人协同合作，知道自己并不是孤独地负重前行，而是互相安慰、互相理解，就会产生"1+1>2"的效果，就像是缠绕在一起的两根绳子，顿时变得结实无比！

现在的小琪不再像以前那样忧思重重，她学习自己的老公，乐观向上，会主动把遇到的麻烦倾诉给老公听，不管老公究竟能不能帮上忙，说出来，就已经在心里给小琪减压了。即使每个月依旧有那么多的贷款等着自己，小琪也坚信"1+1>2"，相信自己和老公一定可以携手共进,熬过这段时光,相信大好的日子还在后头等着自己呢!

《增广贤文》说过:"未曾清贫难成人,不经打击老天真,自古英雄出炼狱,从来富贵入凡尘。"

夫妻要幸福一生,就要有经历"炼狱"的准备,把所有的不幸,当成是人生的过程,奋斗不止,携手同行。

第七章
财富流动——爱与财富同在

婆婆喜欢主导我们的经济收入怎么办
——理财有道并设定底线

罗静来自三线城市,但父母恩爱,对独生女的她更是疼爱有加。

毕业后罗静在房产公司认识了老公,老公是本地人,算是外地媳妇嫁本地郎。

大家都说罗静嫁得好,但自由惯了的罗静,婚后却戏称自己就是个换了身份的打工人,在婆家,完全没有对小家钱财的掌控感。

郁闷中,罗静想起和老公谈恋爱时,她与四个同学去港澳7天游。回来后找男友吃饭,非常不巧他妈妈也来了。餐后,去完洗手间回来,罗静听到还不算准婆婆的男友妈妈,居然在打听去旅游的钱是不是她儿子出的。罗静感觉不太舒服:"这也太计较了吧?"幸好老公回复了事实:"是她自己出的钱。"因为当时没结婚,后来罗静就也没太放在心上。

结婚后,为了方便照顾两个儿子,罗静夫妻俩和公公婆婆住在一起。

老公开了几家连锁甜品店,生意很不错,婆婆同时抓住了家里和公司的财务,还总觉得自己很了不起。

罗静心思向来简单,觉得反正钱以后会留给孩子。她亲力亲为管着几家店的原料、新品、品质等,但持续看着婆婆脸色要钱的滋味,真不好受。

"小静哪,上个月,刚给你们的2万元花完了啊?"

"妈,这不是'双十一'嘛,家里添置了一些大件。"

"家里最近快递是真多,能省的地方就省一点啊,小夫妻俩花钱不要大手大脚,毕竟你们有两个儿子,要多为将来打算打算!"

罗静看着婆婆一脸"为你好"的神情，胃里一阵翻江倒海……

结婚5年，一次两次还能忍，可类似的事情发生太多，她实在忍无可忍了。

罗静也和婆婆吵过几次，但没有得到老公的支持，就连几次跟老公商量搬出去分开住，也因为两个孩子的接送问题以及婆婆的拒绝而一拖再拖，徒添憋屈。

一对二的战场，罗静很痛苦："受够了！"

恋爱的时候老公说，家里的钱财一直是母亲打理，可她没想到，都组成了一家四口，婆婆还是强势插手，大义凛然地说没办法才替小夫妻打理。

罗静身体查出肝气郁结，她实在不想在这甜品店上继续付出了。

她不明白，自己和老公是合法夫妻，为什么婆婆婚后还要主导他们的经济收入？

一、进退有度、灵活变通，让生活像美玉一样发出铿锵悦耳之声

中国人的传统文化中，家庭成员之间的"边界意识"比较模糊，甚至缺失。

电视剧《独生子女的婆婆妈妈》中，小曼和老公一乐结婚前，老公就承诺婚后将工资上交，可到了发工资那天，一乐却将工资交给了婆婆，小曼想要自己掌握财政大权，可是婆婆态度坚定，不仅想控制儿子的工资，还想让小曼的工资也一并上交。

面对问题，我们可以从多个不同的维度来分析。婆婆目前在管理家庭财政，这是行为与现状；婆婆能够管理家庭财政，这是她的能力；婆婆认为自己要管理家庭钱财，这是她的信念与价值观；婆婆觉得她作为长辈，应该是帮两夫妻掌管钱财的人，这是她对自己

第七章
财富流动——爱与财富同在

的身份定位。

婆婆的这个性格不是一下子形成的，她的背后是几十年的成长经历、教育、生活环境的综合影响，罗静几乎不可能改变她，婆婆过去的半生决定了她有这样的思维模式，这已然根深蒂固。

谁痛苦，谁改变，我们无法改变别人，我们只能改变自己，让自己变得不痛苦。

对于婆婆插手罗静夫妻俩经济这件事情，婆婆不痛苦，老公可能痛苦，但至少痛苦得不够，罗静才是最痛苦的那个人。罗静改变的路有三条：

（1）选择离婚。罗静需要舍弃与老公的感情，舍弃两个孩子（因为经济原因，孩子很难带走），舍弃在甜品公司5年的付出和投入，离婚不是第一选择。

（2）选择分开住，罗静需要让老公和自己站在一条线上，目前也无法改变老公。

（3）如果以上都不改变，我们还可以改变自己的心态。

古人有言："进退有度，琚瑀锵鸣。"一个人如果进退有度、灵活变通，生活就能像美玉一样会发出铿锵悦耳之声。改变心态不是示弱，相反是以退为进的灵活。

没有完美的人生，只有完美的心态。活在这个世界上，我们不可能毫无问题，遇到问题，我们就调整心态，主动去想办法解决问题。

至少可以尝试捶打枕头和沙袋，把自己的愤怒释放出来，而不让自己肝气郁结。

心理学中有一个受害者思维，它是指一个人会不自觉地把主动权交由外界，认为自己是一个弱小的受害者，而相关的人或事情非常强大，无法改变！

其实，当下的每一刻，我们有弱小自我的选择，也有强大自我的选择。

我们现在、此刻可以改变的是信念，重新选择信念，就意味着重新选择我们的世界，重新选择生命的未来。

二、表明底线，建立连接，给关系加一层保护伞

日常生活中，我们常常会设想自己要做一个什么样的人，和实现什么样的目标，却不太设想自己不应该做的事情，和不想要的关系，也就是自己的底线。

底线，是人生不可动摇的基石，也是生命的最后一道防线。

一个人懂得设立自己清晰的底线，才懂得珍惜自己的人生！

在进入恋爱或婚姻关系之前，我们都最好认真思考一下自己的底线，并且把这个底线清楚、明确、不带歧义地告诉伴侣或对方父母，甚至用文字记录下来，比如：

（1）我不能接受伴侣或自己背叛、出轨，这是我的底线。

（2）我不能接受伴侣有任何家暴行为，这是我的底线。

（3）对丈夫表明，我是希望和长辈分开在两个家居住的。

（4）对公公婆婆表明，小家的财务由我们自己打理，我们有这个信心，也有这个能力。

亲密关系中的底线，是对自己行为的一种约束，也是给双方关系加一层保护伞。

漫长的婚姻中，提前告诉对方你愿意和不愿意做的事情，能赋予自己更多的力量。可能刚提出时，关系双方会不舒服，但久了以后就成为一种心灵规范；就像佩戴一副新眼镜，刚开始可能很不舒服，一旦形成习惯，眼镜就会和自己融为一体，它能让自己重新找到清晰的世界，有正常的生活和工作。

如果一个人没有底线，很多时候，有些人会一点一点消磨你的底线。

第七章
财富流动——爱与财富同在

当我们受人控制在被动状态时，提出底线就需要更多的智慧，如果贸然提出，就像没带武器上战场，正如故事中的罗静，在提出底线之前，需要先尝试着与婆婆有更和谐的关系。

心理学有一个方法，如何改善与另一个人的关系？具体做法是：当我们与他人相处的时候，如果想获得他人的认可，想要让关系和谐，就要在心里先模拟喜欢上对方。一方面，罗静私下里可以像模拟开车一样，在心里模拟对婆婆的喜欢；另一方面在心理上给自己一个暗示：对方是自己的亲人，遇到问题一定会有好的解决办法的。

此外，罗静还可以给婆婆定期送一些小礼物，肯定婆婆这些年的辛苦，在生活细节中多赞美婆婆，比如："您做的这道菜很好吃！""今天下这么大雪，您接送孩子辛苦了。""您太会买了，这件衣服很适合您！"真诚的肯定和赞美会增进婆媳关系，得到婆婆的喜欢和信任。

关系缓和时，罗静再和婆婆表达自己的观点，这时候婆婆也更容易接受。

想要关系中的对方顺着自己的心意，也需要我们先去展现自己的欣赏与肯定，做关系的连接，播种更多的情感种子！

三、做关系中的一条鱼，择机崭露头角

小月在刚结婚的时候，婆婆就很想参与小家庭的决策，而且老公也听婆婆的话。夫妻俩第一次想买房，因为婆婆参与过多没买成，结果房价大涨。错过了房产增值的那趟车后，婆婆意识到了自己的问题，后来渐渐改变，不再参与他们的决策了。

中国人讲究"天时地利人和"，纵观各领域的成功人士，他们都具备一个共同优点——善抓时机。很多事情迎刃而解的关键在于时机，"山重水复疑无路，柳暗花明又一村"，时机就在拐角处等着你。

适当的时候扔出的一块石子，胜于不当的时候送出的一块金子。

罗曼·罗兰曾说："人们常觉得准备的阶段是在浪费时间，只有当真正机会来临，而自己没有能力把握的时候，才能觉悟自己平时没有准备才是浪费了时间。"

时机不是躺赢，它需要我们做出非常充分的准备和计划，我们需要积累与老公、婆婆沟通经济大权的筹码——理财能力。

筹码1：考会计证，学习理财

让一个人把经济大权交给你，最好的方式之一是你能证明自己善于理财。在等待时机的间隙，我们可以去考一个会计证，学会各种理财方式，并且制订好详细计划，让婆婆知道自己有能力规划好家庭财务，并且是她儿子最理想的辅助对象。

小琪的婆婆后来把钱交给她打理，因为有次她替婆婆赚了一笔钱，得到了信任，从此家里的财政大权都由她管了，婆婆遇人就说："我们儿子找到了好儿媳，特别会理财。"

筹码2：把资金的四分之一放在婆婆银行卡里

既然婆婆需要有掌控感，掌控感的背后可能是安全感，适当的让利是为了更进一步，我们可以把小家财产的四分之一放在婆婆银行卡里，给她足够的安全感，不仅让她省去很多操劳的时间，也可以多保养身体，同时可以有时间投入自己的兴趣，丰富晚年生活。

当经济大权被婆婆抓住时，我们和婆婆沟通，是以提高双方满意度为目标的交流，是共谋双赢的沟通，不是敌对关系，是站在一条线上的，是为了她的儿子、自己的老公更好，为了她的孙子、自己的儿子更好，也为了我们自己更好，为了这个大家庭更好！

我们要做关系中的一条鱼，进退自如、择机而动、考虑大局，因为我们的目标只是前方的蓝天碧海！

第七章

财富流动——爱与财富同在

这些年,她买衣服从不超过200元
——婚姻需冲破原生家庭的"金钱牢笼"

有人说,爱情是一种理想,婚姻是一种现实。

乔乔和老公结婚5年,经常因为花钱的事情而吵架,竟然到了要离婚的边缘。

老公是一家公司的高层,为人慷慨大方,也很会享受生活,在用钱方面比较随意。乔乔虽然工作不错,月入2万,却是一个特别谨慎节约、精打细算的人,平时会详细计算每个月的预算,每一分的花费都写在记账软件里。

上次假期,夫妻俩去云南旅游闹得非常不愉快,原因是老公订的都是五星级酒店,吃住行只图舒服享受毫不节制。她很不满,觉得老公太奢侈,那些特色菜一点都不好吃,那么贵,同样的菜,五星级酒店比普通酒店贵了几倍,住宿也就是睡几个晚上而已,有什么必要追求豪华呢。

整个假期下来钱花了不少,乔乔一直沉浸于煎熬和罪恶感中,不停地责怪老公太浪费,为此夫妻俩冷战了两个星期。事情过去了很久,她还为花掉的钱而心疼。而且类似这样的事情,并非一次两次了,有一次她甚至因为一件衣服买回来后穿着不好看,感觉浪费了100元而大哭。至今乔乔没买过一双超过200元的鞋,买衣服也是从不超过200元。老公很不理解也很郁闷,觉得家里不是没钱,为何要委屈自己?时间久了,彼此疲惫不堪。

乔乔很多时候觉得很矛盾,她也想享受却舍不得,每次多花了一点钱就很难受、自责，一想到小时候那么穷，父母生活得那么苦、那么节俭，就觉得自己太奢侈，内心充满了愧疚感，真的很苦恼。

一、金钱观的背离，引发争吵不断

人生观、价值观、世界观，三观合，才是在一起的最低标准，才能一起努力。

美国MONEY杂志调查发现："在25岁以上的已婚人群中，引发夫妻吵架最大的诱因是金钱。"夫妻不仅是情感共同体，还是经济共同体。因此，无论家境是富裕还是贫苦，夫妻都常常因金钱而产生冲突。

在乔乔和老公的相处中，显露出两个人截然不同的金钱观，因观念不同，引发争吵、分歧、隔阂。

乔乔夫妻间的问题，是彼此的金钱观完全背离。但再默契的婚姻，两个人也不可能完全一致。

乔乔和老公吵架表面看是钱的问题，但实际上也是两个人价值观和生活方式的差异。

据壹父母机构调查，夫妻分歧最显而易见的地方，就是在消费观念上，比如买什么、不买什么、花多少钱算贵，等等。这似乎也是很多家庭矛盾的导火索。

其他由收入差距带来的矛盾，以及给孩子的教育投入、旅行度假的开销和对双方父母的慷慨程度，也存在不同程度的分歧（如图1所示）。

第七章
财富流动——爱与财富同在

图1　家庭经济的分歧

大部分人都认为,充分的沟通交流、两人收入相当、门当户对是降低金钱观冲突重要的因素(如图2所示)。

图2　降低金钱观冲突的因素

生活总是会给我们带来大的领悟,因为大多数人在选择婚姻的时候,根本还不懂婚姻。

一万个婚姻,就有一万种相处模式。

一个人的价值观、生活方式,以及做人做事的方法和态度,都会直接从他对待金钱的态度中折射出来。

表面上看,夫妻俩是为钱而吵架,但真正导致冲突的,还有更深层的东西。

二、不敢花钱，原生家庭"金钱牢笼"在作怪

家庭治疗师维吉尼亚·萨提亚说："一个人和他的原生家庭有着千丝万缕的联系，而这种联系有可能影响他一生。"

乔乔很困惑，不知道自己为何舍不得花钱。身边有朋友劝她："你既然有钱就要对自己好一点"。她想想也觉得很有道理，但在行动上却每每受限，因为无法忍受花钱后内心被愧疚感和罪恶感充斥的煎熬。

父母是孩子的一面镜子，孩子是父母的影子。原生家庭的"金钱牢笼"，让人画地为牢，难以迈出新的一步。

小的时候，很多人会经常听到这些话，"赚钱很辛苦的，要节约用钱。""用钱的时候要想想该不该花。""吃得苦中苦，方为人上人。"

父母的这些话和观念，让我们长大花钱时可能身体有紧绷感或者不自在，有喘不上气、担忧的感觉，更有人会觉得对不起父母。

不敢花钱是一个"好孩子"在忠于自己的家庭；

不敢花钱是一个"好孩子"在压抑自己的需要；

不敢花钱是一个"好孩子"在寻求家庭的认同。

当乔乔躺在五星级酒店的沙滩躺椅上，吹着微风，喝着醇香的红酒，享受SPA、享受生活的时候，想起在家节约一生、从来没有享受过的父母，一种负罪感油然而生，那一刻，她感觉自己把父母深深地抛弃了。

忍受清贫、压抑自己是乔乔生命的底色。

乔乔长大成人后，拥有了赚钱的能力，也通过自己的努力攒了一些钱，如果她像父母一样不敢花钱，每天都把攒的钱在心里数几遍，不但感到安全，也会感觉自己忠诚于父母对自己的设置。

但是如果她开始学着满足自己的欲望和需求，爽快花钱，她就

第七章
财富流动——爱与财富同在

觉得自己狠狠地背叛了自己的家庭，背叛了父母对自己人格的设置，觉得自己不再是父母的"好孩子"了。

当我们事业或者经济上超越自己的父母太多的时候，强烈的原生家庭影响会让我们担心背叛后会有可怕的惩罚在后面，会不再得到父母的认可。

所以当我们想要爽快花钱去享受、去过一种舒适的生活时，如果这种生活和原生家庭相去甚远，对家庭的背叛和对父母的抛弃会让我们产生深深的内疚。

三、练习：告别过去，满足自己

在乔乔小时候，父母总是强调金钱多么来之不易，要她如何珍惜。有一次，她忍不住馋，花了几毛钱买了零食，被父母非常严厉地惩罚。所以，每一次需要花钱的时候都让她觉得很愧疚，以至于交学费都需要很大的勇气才能开口。

小时候想买东西常常不被允许，长大后即使有钱了也不敢花，也会强迫性重复小时候的那种痛苦的体验。

在花钱上面的拧巴，让我们内心深受痛苦和煎熬。我们对待金钱的态度，会像"传家宝"一样传递下去，影响到我们的孩子，形成代际传递。

父母对于金钱的态度犹如一个咒语，一直在影响我们，而觉醒，便是改变的开始。

当我们在花钱感到心疼、内疚，不敢为自己爽快花钱的时候；

当我们一次次陷在过去的泥沼里苦苦挣扎的时候；

记得回头看一看，我们的过去怎样影响和限制了我们的现在？

改变现状，从告别过去开始。

四句箴言练习帮我们从困境走出来：

现在让自己安静下来，闭上眼睛，按照自己的节奏深呼吸3次。脑海里想象出一个深深困扰自己的人，然后对那个人说（心里默念即可）："我尊重你的命运，我理解你的局限，现在我把你的能量还给你，把我的能量拿回来。"

这个练习能帮助我们从"金钱牢笼"里走出来，当我们看到自己因花钱产生愧疚感时，觉察自己，找到给我们带来影响的这个人，不断地练习这四句箴言，能帮我们很好地和过去的人、过去的事做告别。

拿回自己的能量后，我们可以告诉自己：

以前花钱不被允许那不是我们的错，不是我们不好，花钱满足自己也不是一件羞耻的事情。从此，今日之我非昔日之我，从现在就开始改变。

（1）在一些小钱或者低级消费上面，不纠结不犹豫地为自己花钱。

（2）在这些小的花钱习惯的改变中，慢慢地体验舒适的生活为自己带来的美好感受。

（3）学着把自己的感受和体验与自己父母的生命体验分化出来。

（4）逐渐扩大我们对金钱的驾驭和使用能力。

逐渐地，我们发现即使我们花钱享受生活，也并不会受到可怕的惩罚，也不代表对父母的背叛。

我们允许父母不敢享受好的生活，但这并不妨碍我们自己追求美好而舒适的生活。

带着觉知，满足自己，经营好自己的婚姻，这是对父母的爱最真诚的回馈。

第七章
财富流动——爱与财富同在

发现伴侣藏私房钱，要摊牌吗？
——适当的空间是情感的根基

一切福田，不离方寸；从心而觅，感无不通。

随着一阵钥匙声，晚上9点，许真的老公眯着眼睛、耷拉着头回家。

许真几天积累的压抑，在这一刻爆发，她开始盘问老公私房钱的事，越争执越过头，"呼"一声猛响，老公摔门而出……

看着孩子被吵醒，许真挺后悔自己的冲动，这结果并不是她想要的。

回溯到几天前，许真到达朋友聚会的餐馆，还未走进包厢，就听到老公和他两个发小在唉声叹气地聊炒股："最近不行，收益率直线下降。""我也是，这波熊市一来，我赚的都亏回去了。""唉，看好的股早早割肉，毛20万套进去了。"

当许真听到老公说"赚的都亏回去了"时，心里一揪紧："老公在炒股吗？家里的50多万可支配资金，多数放在理财产品中，哪里来的钱？"

许真夫妻月工资收入26000元，每月需要还房贷8000元，加上两个人日常吃用开销、人情等，剩不下多少钱。

聚会结束回家，趁老公洗澡的时候，许真偷看了他手机，找到一个软件，用自己的生日做密码尝试登录，竟成功了。账户显示有27万元，许真看着数字发呆："这笔钱我咋不知道？"

27万元，许真不知道该开心，还是该伤心，老公竟瞒了自己这么大一笔钱。她有一搭没一搭地拖着地，掏出手机发微信给闺蜜，闺蜜洋洋洒洒分析了一通，最后说道："藏了这么多钱去炒股，亏完了就知道此路不通！"

镜中人雀斑横生，许真发着呆：这些年为这个家里外操持，灰头土脸地节省开支，老公却藏了钱，唉，自己也没有活出自己……

一、幸福的核心，不争对错

你藏过私房钱吗？

你发现过伴侣藏私房钱吗？

私房钱，曾被称为Egg Money，指的是农妇们卖鸡蛋积攒下来的钱，又称Pin Money，指的是城里女人从丈夫每月所给的家庭用度里省下来的钱。

新时代，家庭生活中很多女性掌握了财政大权，很多男人不满足于一点生活费的限制，渐渐成为藏私房钱的主力军。

电视剧《老公们的私房钱》中郑妈妈家，有三个女儿和女婿，初始其乐融融。偶然发现的一段录音，让郑妈妈怀疑已去世的老伴，存有私房钱。于是，三个女儿也发起了大战，摸查各自伴侣的私房钱。一番闹剧过后，三个原本幸福的家庭，陷入情感信任危机：大闺女家冷战、二闺女家离婚、三闺女家分居……

发现伴侣藏了私房钱，怎么办？

核心要素得看夫妻的关系怎么样，伴侣是什么样的人，私房钱的由来及用途。

信任危机是亲密关系活力的最大阻碍，婚姻和家庭关系中，太好胜则很难快乐与圆满，如果一味给自己的行为、观点找理由，恰恰会激起对方对自我的极力维护，谁输谁赢，结果都是两个人关系破裂。

第七章

财富流动——爱与财富同在

有这样一则故事：一个卖油的丈夫，到了除夕那天，发现没钱过年了，正在愁容满面时，妻子从床下取出一只小缸，是满满一缸油。妻子说："你每天早上挑着担子离开家之前，我都偷偷舀一勺放进缸里，就怕哪天家里有急用。"于是丈夫卖了油，一家人才得以过了个不错的年。

在婚姻家庭生活中，每个人都渴望受到其他人的尊重。

让结果更好，才是保障婚姻生活安宁的强心针；

让结果更好，才是提升亲密关系和谐的催化剂；

让结果更好，才是维持家庭系统持久的幸福力。

伴侣藏私房钱，是一场"猫捉老鼠"的游戏，其实双方都能控制游戏的开关。

认为碰到的事是好事，它可能慢慢变成好事情，即使是令人不悦的冲突和不适的情境。认为这是一件坏事情，它可能越变越坏，我们再也看不见这件事情所能带来的启示，我们也无法看清正在发生的事。

二、每个元素，都渴望受到系统的尊重

每个人的行为背后，是从童年到现在的整个成长系统，以及他内在的价值观。

了解对方行为背后的原因，感知对方真正的缺乏与需求，尝试理解与尊重，是解决婚姻冲突问题的备用钥匙。

一个人为什么想要存私房钱呢？

1. 金钱匮乏感

在童年的时候，有些人家里经济不好，或者父母控制钱财，使得孩子想买什么都有无力感，直至成年后，依然对自己的金钱有强烈的渴望，也担心自己拥有的一切随时都可能失去。

这部分人，为了找回控制感、安全感而存钱，钱只是象征意义，象征了他们面对这个社会的底气，以此来缓解内心的焦虑。

2.金钱自由感

伴侣一方严格控制家庭经济，另一方私藏一部分钱财，来重新获得想花就花的能力，钱财自由，是每个人心里的一种基本愿望。

黄圣依的老公杨子在一档节目中说："私房钱的作用无非就是吃吃喝喝玩玩，比如和朋友吃饭的自己可以大手一挥，享受一回买单时的自带气场和朋友投来的崇拜目光。"

适度的包容，才能让不同的价值观琴瑟和鸣；良好的沟通，才能让婚姻情感更亲密和持久。

法国作家摩路瓦说："在幸福的婚姻中，每个人应尊重对方的趣味与爱好。"

老公藏了私房钱，许真可以通过"跟随对方感受"的沟通方法起头，来与老公深入沟通：

（1）复述关键词。留意对方涉及关于金钱的话语，复述关键词。比如当对方说起小时候家里穷的时候，可以说："小时候家里穷，让你觉得金钱很重要，对吗？"

（2）跟随对方感受，肯定对方做事背后的动机。如："我能体会你的感受，我知道你藏私房钱也是为了家庭更加的稳固。"

（3）多用问句。用问句来引导对方分享更多内容。如："有哪次缺钱的经历让你印象深刻，你愿意和我一起分享吗？"

（4）真诚挑明。不是质问，是一起解决问题，如："那次吃饭，我无意听到你说你在股市里有一笔钱在炒股，可以告诉我下吗？"

如果夫妻冲突是一根又长又堵的水管，水管里堵着各种经年累月的情绪杂质，我们用再多的方法经营夫妻关系，也无法从管道的这一头流到那一头。

许真通过这样的方式，让夫妻间避免了直面的冲突，丈夫向许

第七章
财富流动——爱与财富同在

真坦白。原来，他的私房钱是母亲留给他的，因为他还想通过这笔钱，给母亲养老，所以一直没和许真说。而丈夫真诚地诉说这个原因，对许真来说，基本是能够谅解的。

三、心灵的融合与共创，让生活有可为空间

这些年，许真一分一厘地节省开支，并没有真正觉察自我的需要，压抑了许多真实的需求，而一个日常充满压力的自己，更容易开启冲突的开关。

一个人对伴侣有需求是正常的，但当对方不能满足自己，该如何应对？这时就需要自己看到要成长的地方了。问问自己是要安全感，还是价值感？需要怎么样的安全感、价值感，自己怎么做才能自己满足自己？

后来的许真，不仅学会觉察自我的感受，还尝试做一个详尽、完善，两个人都能参与的理财计划，把这次私房钱插曲转换成对未来有益的一件事情。

（1）许真开始找寻各种报班渠道，学习理财知识。她发现有的班级并不贵，600～700元就能学一个月，这不仅能增加与老公的共同语言，更是对自我能力的提升。

（2）许真和老公约定，她也同样抽取家庭资产中的27万元，按自己的方式理财，和伴侣在理财方面良性竞争，开启一场家庭财务增长之路。

唐代李冶的《八至》中写道："至近至远东西，至深至浅清溪。至高至明日月，至亲至疏夫妻。"

其实我们到了一定年纪，夫妻就是最重要的一种关系，而幸福的婚姻，需要夫妻间的心灵融合与共创。

婚姻的样子，由自己来决定；家庭的气氛，由自己来把握。

获得联合国和平奖的日本作家池田大作说:"结婚不是互相凝视对方的眼睛,而是互相凝视共同的目标,共同前进。"

让我们学会自我觉察、自我成长,从容面对问题,一起跨越婚姻中的一个个栏杆,做彼此关系里的那道光!

第八章

终身美丽——打造个人魅力光环

都说她天生丽质，婚后不用继续美了吗？
——终身美丽不是错

萌萌是公认的大美人儿，大学期间走在西子湖畔，她那飘逸的秀发，清秀的脸庞，清澈的眼眸，还有那由内而外散发出的清新自然的气息，伴着美丽的湖水绘成了一幅清新的画卷，让人久久难忘。

萌萌嵌着梨涡的笑容，充满了灵气的眼睛，真是应了《诗经》那句："巧笑倩兮，美目盼兮。"

可就是这样一个天生丽质的女子，婚后却变成了黄脸婆。

据萌萌所说，她大学毕业后就遇到了现在的老公小伟，小伟对她一见钟情，费尽心思追求萌萌。在小伟的猛烈攻势下，两人很快热恋、结婚。

小伟家条件不错，婚后萌萌做了全职太太，每个月从老公这里拿5000元生活费。

有了孩子之后，家里的各种开销越来越大，事情也越来越多，萌萌自己没有收入，5000元哪够用呢，萌萌不再买昂贵的化妆品、保养品，也没有时间好好收拾自己。

小伟公司年会，可以携带家属参加。好久没有出席活动的萌萌很想跟着去，却无意间听到小伟和好友打电话说："年会我不准备带家属了，我们家那位不太会打扮，生了孩子后更是满脸的黄斑，要身材没身材，要气质没气质。关键是她去了也没有话题和别人聊，咱们这个行业她又不懂！"

最让萌萌难过的是自己本来也是名牌大学生，为了家庭牺牲了

第八章
终身美丽——打造个人魅力光环

工作,现在小伟回到家,对她也没有了之前的尊重和宠爱,无论她为家庭做什么,老公都觉得理所当然。

萌萌很难过,看着镜中的自己:长了皱纹的眼角已经开始耷拉,重重的黑眼圈,失去神采的眼睛,皮肤不再白皙,还长了很多斑点,整个人就像满头枯黄的头发一样,没有了光泽。

自己结婚前,可是个又漂亮又精致的女孩,婚后怎么变成这样了?

一、美丽,是将自己的美好活出来的大事

字典是这样定义"美丽"一词的:"能够给视觉、听觉、思维或心灵带来愉悦的品质的事物。"

若有哪个问题普遍存于女人内心,便是:"我美吗?"

赵雅芝说过:"美丽是女人一生的事业。"但很多女人结了婚后,无暇顾及自己的外在形象。现实生活中,像萌萌一样婚前美丽动人,婚后不修边幅的大有人在。

电视剧《中国式离婚》里曾说:"女人的貌,江河日下;男人的才,蒸蒸日上;所以婚后的女人要加强自我建设,永远保持魅力。"

美丽,不仅为了初时的爱情,也是为了一辈子活出最好自我;

美丽,不仅为了外表的形象,也是内心对自己的肯定和接纳;

美丽,不仅是外表优雅的气质,也是内心深处独立的人格展现。

可可·香奈儿创下一个令无数人为之着迷的时尚王国,但她的时尚,从不盲目追随任何人的脚步。她的内心拥有独立的人格,她收获过很多男人的爱,也勇敢地追求爱情,却不曾迷失自己。

香奈儿的美在告诉我们——做一个最好的自己!

二、修炼内在涵养，学会取悦自己

随着时间的流逝，容貌会变老，美好的心灵、内在的涵养却能历久弥新。

古罗马哲学家西塞罗说："修养之于心地，其重要犹如食物之于身体。"

好的涵养能让人受到尊重和信任，好的涵养是个人魅力的基础，它不关乎身份地位，无论贫富。

通透的女性，懂得修炼自己内在的涵养；通透的女性，懂得尊重自己、取悦自己。

电视剧《亲爱的自己》里面有句话说得很好："你自己都不把自己当回事，凭什么让男人把你当个宝。"一个女人学会取悦自己、珍爱自己，才是终身美丽的基础。

面对老公的看不上，萌萌除了学习化妆、身材管理、情绪管理，还可以从哪些方面保持美丽？

1.培养兴趣，增加话语权

读书可以改变一个女人的气质，会让女人产生一种超越年龄的美丽，所谓"腹有诗书气自华"，要知道，"腹有诗书"是女人"气自华"的资本。

读书可以养气，养灵气、养志气、养和平之气、养浩然之气、人间大气。

培根说："人的天性犹如野生的花草，求知学习好比修剪和移栽。"因此多读书可以让女人变得知书达理，善解人意，在为人处世上显得更加从容得体。

萌萌也需要培养自己的兴趣，如园艺、手工、瑜伽、舞蹈等，不管是什么爱好，都能够挖掘生活乐趣和丰富才情，增加人生体验。

第八章
终身美丽——打造个人魅力光环

2. 给生活和自己留白

留白，是美的最高境界。黑为墨，白为纸，三笔两画，神韵皆出，这就是中国画的最高境界——留白。

一张纸被铺满色彩，发挥想象力的余地就少了；一张纸被恰到好处地勾勒了色彩，空白的地方就多了。却也因为留白，给欣赏者保留了充足的想象空间，这就是心理学当中的留白效应。而一个女人遵循留白效应，可以散发更多的魅力。

有一个国王，想娶一个美丽温柔贤惠的妻子。有一天他骑着马狩猎的时候，看到了一个仙女般的女孩，一见钟情，然后那个国王就跟女孩说："美丽的仙女，我可以娶你为王后吗？"女孩对国王说："当然愿意了，但能不能每天都给我两个小时，让我回到森林里来？"国王想了想说："当然可以了。"

女孩就跟随国王到了皇宫。时光飞逝，一眨眼20年过去，王后也为国王生了三个孩子，可是她的心态、身材、容貌都非常好。

国王很好奇，为什么王后这20年来都没有变化，而且大臣们还非常敬仰她。

为了探寻究竟，他尾随王后出宫，来到森林里的一条小河边，看着王后脱下一件件衣服，摘下皇冠，靠在大石头上，静静地待着，两个小时就在那听听水流的声音，呼吸森林的空气，两个小时之后，就回宫了。

家庭和孩子让萌萌觉得自己没有一点喘息的时间，是因为萌萌不懂得像王后一样为自己的生活留白，不懂得留给自己一点空白的时间来关爱自己。

三、终极美丽，拼的是自身价值

越来越多的女性，一旦结了婚，就放弃了自我成长。正如《红楼梦》里贾宝玉的一个比喻："女孩儿未出嫁，是颗无价之宝珠。出了嫁，不知怎么就变出许多的不好的毛病来，虽是颗珠子，却没有彩宝色，是颗死珠了，再老了，更变得不是珠子，竟是鱼眼睛了。"

全职太太，让萌萌成为那个老公嘴里与社会脱节的人，一个没有工作的人。事实上，萌萌的工作每天24小时，她是一个妈妈，一个女儿，一个妻子，一个闹钟，一个厨师，一个女佣，一名教师，一名护士，一个杂工，一个顾问……

她必须"随时候命"，但得到的酬劳却是："你整天在做什么？"

她牺牲了自己的爱好和梦想；她每天从清晨开始忙碌到深夜；她没有时间打扮，没有精力逛街；她没有全职妈妈的岗位证书，也没有薪水！

在家庭的烦琐事务下，萌萌忘记了自我成长，在经济、精神失去独立时，选择停滞不前。其实，结婚只是女人一个阶段的选择，并不是终结，而终极美丽拼的是自身价值。

拥有自身价值，让女人获得一直被爱、终身美丽的资格。

维多利亚和贝克汉姆结婚20多年，事业爱情两得意的她，不但生下三男一女，两人的爱情也视为一段佳话。被问到和小贝的婚姻如何保鲜，维多利亚表示："不要变成黄脸婆。"

这些年，维多利亚一直很自律，身材管理不输给老公，不仅如此，她在事业上也是女强人。"辣妹"组合解散后，维多利亚面临转型，毕竟此时的贝克汉姆，无论是名声地位还是经济实力，已经远超维多利亚了。但在这种情况下，维多利亚没有蹭丈夫的影响力，完全是靠自己在时尚圈一步步扎根，创立品牌，打出一片天，自创的VB品牌估值最高达到2.14亿英镑。

如今48岁的维多利亚看上去依然很年轻，大儿子大婚之日，维多利亚光芒万丈，丝毫不输给儿媳妇妮可拉，比超模亲家更有气质。

保持自我成长，挖掘自身价值，让维多利亚这些年一步一个台阶，形成自己的影响力，让孩子们和丈夫对她充满了欣赏和崇拜。

生活是一场马拉松，20岁时的青春无敌并不能让你一生领跑，不断挖掘优势，保持成长，把它变成积累才有价值！

当了宝妈"变丑"了,自我价值感低怎么办
——如何提升自我价值感

看着孩子走进幼儿园,小苏心里涌出许多感动,3年了,从襁褓中的小奶娃,到现在背着小书包,走进幼儿园,弹指一挥间。

白天孩子不在身边,小苏一下子不知道该干点啥,家里显得冷清起来。冷清的时候,就容易胡思乱想,小苏想找点事做,顺手按了手边的电视遥控器。

某电视台正好在播放一档情感电视节目,一名妻子正在向主持人倾诉自己的产后郁闷:"生了孩子后,我感觉老公的态度比之前冷淡了许多,我知道我现在看起来像老妈子,长得没人家漂亮,穿得没人家好看,又懒得收拾自己,别的女人又香又干净……但我生孩子付出这么多,他不应该对我好点吗?"

越是纠结老公的态度问题,这个妻子就越想要跟老公吵架,气不打一处来,直到和老公粗暴动手,两人的关系降到了冰点,机缘巧合下通过电视媒体来调解。

看着电视上的这位妻子,小苏恍惚间内心产生了共鸣。

生育以来,她也觉得自己脸上多了很多斑,前胸后背显得很壮,胸因为喂奶下垂,肚子上的生产刀疤又长又红。而她所有的精力被孩子、家庭充斥着,没有多少时间和心思去操持打扮自己。

小苏心里不自觉地慌张起来,老公应该很嫌弃吧?小苏越想越焦虑,怎么办?

第八章
终身美丽——打造个人魅力光环

一、学会借力，挤出时间投入形象

有了孩子后，常在各大群里听妈妈说起：

"哄孩子睡觉，憋出了便秘，好不容易孩子睡着了，又要蹑手蹑脚地起来去洗衣服，洗到一半孩子哭了，又回去哄完，哄完又小心翼翼地去洗剩下的衣服，并且给孩子准备晚饭。"

带孩子的头3年，让宝妈们加速"变丑"的，不仅是生理上的变化，长胖、荷尔蒙失调、脱发等烦恼，还有精神上的操劳。

带着初生的母爱，连续几个月睡不了整觉，长时间照顾宝宝，让宝妈身体疲惫不堪，从内心里透露着疲惫，影响到精神面貌都会变差，身体不是铁打的，熬着熬着，就有身体被掏空的感觉。

生养孩子不是一件轻松的事情，尤其是对于宝妈们来讲，吃喝拉撒，点点滴滴都需要精心照料。

这个时候，宝妈们忙着照顾孩子，忘记抽出时间好好爱自己，忘记收拾自己的容貌和体态。自我价值渐渐被生活的细碎消磨。

我们不能在躺平中获得外形美，但颜值这件事，只要投入就一定能有回报，比如我们可以用"10分钟提升法"。

每周7天时间，分别花10分钟研究美妆、瘦身、穿衣风格、皮肤护理、头发保养、瑜伽体态等。在一天天的积累中，让自己的外在变得更精致。

同样的生活，同样的24小时，有些人使了十二分力，仍然灰头土脸、精神疲惫，但是有些人，轻松地把家庭和自己收拾得光彩照人。

生活中，我们要学会借力。

千斤巨石，若想运到山下，需从上而下借坡修一条石路，将巨石从山上滚下，如此可省下不少的人力、物力、财力。山坡本是一固体，却因运输人思维的不同，利用其物理知识，使山坡的利用价值此刻大放异彩，成为运输巨石的好工具。

我们可以请钟点工帮忙，节省自己的琐事时间。

我们可以在做家务的同时听书，保持自己的学习力。

我们可以发挥老公的最大能量，对老公进行肯定，激发其动力，让老公充分参与到照顾孩子的过程中来。比如：

"老公，你是个好爸爸，别人家的爸爸，绝对没有你这么用心。"

"老公，你喂奶瓶的姿势太标准了，我都比不过你了。"

……

学会借力，让你在有限的时间里事半功倍。

二、自我的价值，锁定在自己手里

美国幽默大师、作家马克·吐温说过："如果一个人没有自己的认可，是不会舒服的。"

改变对自己的观念，建立对自己的信任，每个人的自我价值，锁定在自己的手里。所以，一定要诚实面对自己。

我们常常不想面对自己的缺点，想到自己的不足就会下意识地逃避，却又陷在负面情绪里，不自信，觉得自己比别人差。每个人都有优缺点，如果你的内心装满了对自我负面的评价，就无法容得下正面的评价。

我们需要坦然面对心中的恐惧与懦弱，接受、包容并尊重自己。敞开心扉给予自我评价，但是不用残忍地评价自己，像评估好友时一样，以不伤害对方感受的方式出发。

在诚实面对自己的同时，请停止批判自己。

大多数人常觉得自己有多少价值，是根据别人对自己的判断，外貌、年龄、财富、社交媒体追随者、社交媒体照片点赞人数、别人的称赞、人缘，等等。如果大家都喜欢我，和每个人都要好，我就是高价值、很棒的人；相反，假如我的朋友很少，那我就是低价值、没用的人。

心理学上有一个"罗森塔尔效应"，也叫期望效应，它是指一个人对事情产生期望，这件事情很可能会按照期望去发展。

信念的力量是巨大的，我们需要建立对自己好的信念，停止对自己的批判，就能梦想成真。

美国第32任总统的妻子，埃莉诺·罗斯福曾说过："没有你的同意，任何人都不能让你感到自卑。"

我们可以写出自己的优点，这些都是对自我的肯定。

自我肯定能帮我们培养更正面的自我认知，同时帮助改变自己不好的想法。我们可以观察自己，列出自己的优点、能力或其他特质，把它写下来。用短句子写下每个优点，以"我"开头，例如：

（1）我很乐观勤奋。
（2）我能完成自己设下的小目标。
（3）我懂得感恩。
（4）我有爱心。
（5）我会养狗。
（6）我乐意帮助他人。

这些句子让你正确认识自己，肯定自己，久而久之，建立起自信，觉得自己是个有价值的人！

三、自我价值，在新的目标和习惯中

行为心理学研究指出，"当我们要改变原有的行为，培养新习惯，至少需要21天。"如果你知道自己是个不自信的人，那你可以培养一些能够帮助你建立信心的习惯或特质。

我们可以通过营造良好的生活方式，获得对生活的掌控感与自信感。为自己设定目标，然后将目标拆分成小目标，完成小目标后可以奖励自己。例如，你的目标是"当个乐观的人"，那小目标可以是"早晨起床后笑一笑""看好笑的文案""常和想法正面的朋友相处"等。

当你达到这些小目标后，你会对自己的能力产生积极的想法，相信自己能完成这些小目标，这让你对做这件事更有信心，从而提升个人价值。

比如你要培养的习惯是早起。虽然坚持早起不容易，早起却能够让一个人有时间做运动、吃早餐、好好规划自己的一天。

重复早起21天，慢慢地就会成为习惯，而你也获得了一个好习惯，那就是"早起"。

想不到要培养什么习惯，不妨想想做什么事情会让你感觉到快乐，将时间投入在自己热衷的事情上。如果喜欢摄影，那么你在下班后或者周末，可以拿出你的手机或摄影器材，拍摄你感兴趣的事；或者报名参加摄影课程，提升自己的拍摄技能。尽可能多抽时间去做你喜爱的事，这能让你感到满足，也能提升自我价值。如果有兴趣的话，你还能依靠你的爱好赚钱。

转变生活方式，你会发现对生活充满了更多的掌控感和自信，小苏也在感情中重新找回了自信。

第八章
终身美丽——打造个人魅力光环

我的才华被埋没了
——重新点亮自己,让自己发光

心若有所向往,何惧道阻且长。

思远最近好些天都精神不振,她的内心在纠结要不要重新踏上职场。

她和先生国锋曾是财经大学的高才生,当年她还是系里有名的才女,追求她的人很多。毕业工作两年后,她和先生取得了注册会计师证书,事业上升期,却发现自己怀孕了。后来,因为没有人照顾孩子,思远不得不牺牲自己的事业,来成全丈夫和家庭。

8年来,思远和国锋生了两个儿子,如今二宝已经顺利上幼儿园了。思远觉得自己这几年紧绷的神经终于可以放松下来了。这些年,先生忙着挣钱养家,她将自己这个全职太太训练成了生活的全面手:买房子,她自己去看;装修房子,她自己来;换灯泡、接插线板,她一人搞定;孩子生病了,她自己带去医院。

国锋除了赚钱,其他的都很少管。随着时间流逝,夫妻之间的矛盾逐渐增多。现在孩子终于长大了,思远想要出去工作,却不太有信心和决心。而国锋有意无意之间表现出来的优越感,总会刺激到思远。

"大到我们家住的大房子、好车,小到孩子上学用的铅笔、思远的面膜,都是我买的,我容易吗?"

"你们家思远就这样一直在家带孩子吗,想当年,多少人羡慕你娶到了思远这样的好女孩,不仅长得好看,看财务报表的能力更是一流，我就从来没见她出过错，你还记得那次系里比赛吗，思远可是获得了第一名呢！"

同学聚会上，国锋喝多了，和同学吐槽，刚好思远来接他回家，听到了这一切。

回到家中，思远睡不着觉，看着这10年来自己做的几本家庭账本，心中突然有一种不甘心的感觉冒出来，感觉自己的才华被埋没了。婚后，她还保持着一个财务人的诚实、整洁、高效，每一笔开支都清楚明白。

从抽屉里取出注册会计师资格证，看着它灰头土脸的样子，思远默想："它还会有重新发光的一天吗，还是一直被放在抽屉里？"

"如果不是因为有了孩子，我的事业发展应该不会比国锋差吧？我是不是该走出去工作了？"

"可我已经多年没有接触社会工作，业务都生疏了。虽然不工作，可生活这堂课我也上得很好呢。我把家和孩子照顾得很好，该去实现自我的价值了。"

思远的头脑有两个声音在不停来回打架，她不知道自己到底该怎么做。

一、一切答案，来自自己的内心

电影《找到你》中有一句台词戳中了无数女性的心——这个时代对女人的要求很高。

"如果你选择成为一名职业女性，就会有人说，你不顾家庭，是个糟糕的母亲；如果选择成为全职妈妈，又有人会说，生儿育女是女人应尽的本分，这不算一份职业。"

也有一部分女性这样说："正因为努力工作，我才有了选择的权利；正因为当了妈妈，我才了解了生命的意义，有更多的勇气，去

第八章

终身美丽——打造个人魅力光环

迎接工作中最艰难的考验。"

如何平衡好各方面的需求,实现个人成长的跨越,这是很多女性面临的选择。

思远遇到这样的问题,可以首先观照自己的念头,看看自己到底想留在家里照顾孩子,还是去奔赴一份更有发展前景的事业,充分发挥自己生命的光彩。

如果思远的心灵建设好了,在哪里都可以鼓舞和引领孩子和家人。一切,由心出发。生活中很多问题的答案,其实就存在于我们的潜意识中,它往往知道我们内心最想要的是什么。潜意识,是指人类心理活动中,不能认知或没有认知到的部分。如果把人的意识比作冰山,那藏在海底的部分达到了95%。

思远可以找个安静的地方,一个人坐下来,和自己的潜意识来做沟通:

首先,调整自己的呼吸,每次吸气时腹部鼓起,每次吐气时,肩膀就放松下来,如此重复多做几次,让自己放松下来。

其次,将手放在胸前,对自己说:"谢谢你一直以来把我照顾得这么好。"

再次,对自己说:"现在我面临一个问题,我想听听你的答案,我的问题是:'我要不要出去重新工作?'"

最后,静静地等待心中的回答,脑海里出现的画面就是问题的答案。

思远开始像小飞侠一样,脱离出来看看自己。她听到了脑海里有个声音说:"亲爱的,你不能再只做男人的附庸,当时你是系里第一名,趁着还年轻,赶紧开始干。"思远看到一个人明明长相俊美、年轻有力,但穿着破烂衣服坐了一辆慢腾腾的破车,她好像瞬间清醒过来:"我的人生速度不可以再这样,我要找到自己的跑道和速度。"

二、原地徘徊一千步，不如向前迈出第一步

18世纪，法国有个哲学家，名叫丹尼斯·狄德罗。一天，朋友送他一件质地精良、做工考究、图案高雅的酒红色睡袍。狄德罗非常喜欢，可他穿着华贵的睡袍在家里总觉得家具颜色不对，地毯的针脚也粗得吓人。为了与睡袍配套，狄德罗把旧的东西先后更新，于是，书房也跟上了睡袍的档次。

美国哈佛大学经济学家朱丽叶·施罗尔将这种现象称为"狄德罗效应"，亦称作"配套效应"。就是说，人们在拥有了一件新的物品之后，会不断买进其他物品与之相适应，以达到心理平衡。

因为这个心理，我们小小的一个改变，便可以让自己主动实现自我转化，从而获得良性发展。

试一试我们才知道，重要的是迈出改变的第一步，并且小步走，不停步。

一年中每天进步1%，你的进步总值就是"1.01的365次方"，算下来的结果是"37.78"。进步1%，就意味着原本数值为"1"的自己，在24小时后进步到了"1.01"。"1.01"与"1"之间的差距，只有"0.01"。"0.01"的差距虽然微小，却也意味着我们实现了自己的目标。

电视剧《我们的婚姻》中，沈彗星研究生毕业即在家做全职太太带孩子，等到孩子6岁，她却下定决心重返职场。前后投了30多份简历，面试接连碰壁6次，她并没有气馁，最终，进入一家投行公司，从大龄实习生开始做起。

有了第一步的成功，沈彗星凭借自己的毛遂自荐，很快地就加入核心业务中，慢慢地展现自己的优势，最后事业家庭双丰收。

任何事情，什么时候开始都不晚，晚的是你从来都不敢开始。只要开始了，一切都简单了。不怕你不会，就怕你不做，一切赢在

第八章
终身美丽——打造个人魅力光环

行动。

思远开始行动,用一次次小小的步伐来进步:

(1)增加自己的硬实力,让自己的专业更加精进。

(2)扩大社交圈。思远开始注重积攒人脉资源,给自己设计并打印了名片,在微信中添加上对自己来说重要的人,并分门别类标记清楚,关注这些人的朋友圈,还时不时寄送个小礼物,以联络感情。

(3)增加势均力敌的筹码。思源开始在平时肯定老公,给予老公情绪价值甚至在事业上做他的智囊,努力进入老公的社交圈,成为长久的婚姻和事业合作伙伴。

行动是迈向成功的第一步。

一件事,我们若不想做,会找一个借口;我们若想做,只会去找方法。

三、积极的自我暗示,让自己重新发光

一个人如果想让自己做出改变,得先相信自己能变得更好,并且已经坚定地走在这条路上。

有一年秋天,思远带两个儿子去户外露营,初秋的户外,一闪一闪的萤火虫飞来飞去,引起了孩子们的注意。

小儿子见一只萤火虫落在一片草叶上,就伸手捉住了它,放到眼下观察。小小的萤火虫身形不大,有两对透明的翅膀,尾部在小光源的照应下熠熠生辉。尾部的小光源上散发着明亮的金光,十分可爱。小儿子仔细观察着萤火虫,不由得问思远:"妈妈,萤火虫为什么发亮呢?"

思远记得自己当时回答说:"这是因为尽管它们只是小小的一只昆虫,但是它们不自卑,尽管渺小,却还要全力绽放自己的光芒,

点亮自己,燃烧自己,证明自己有用处。"

"是啊,小小的昆虫微不足道,但它依旧展示自己、点亮自己,证明自己是有用的,我难道还不及一只小虫子吗?"思远暗暗下定决心,一定让自己也重新发光。

从那以后,思远变得积极起来,她在早上化好妆出门前,都会再照一遍镜子,对着镜子中的自己,看着自己的眼睛,进行积极的自我暗示:

"我马上要参加一场至关重要的面试了,我相信自己的实力,我一定可以成功。"

"我的妆容很得体,我有很好的生活能力,这会帮助我解决工作中遇到的问题。"

"我越来越自信,越来越能干了。"

"我精力充沛,任何艰难险阻都可以战胜。"

……

思远坚持每天至少三遍的练习,三个月后,她发现自己的精力更加充沛,心情也更加积极乐观,思维、行动和效率也大幅提高。现在的她,不仅工作正在向越来越好的方向发展,而且先生看她的眼光又充满了欣赏。

有人说,生活有两种样子,发光和不发光。

重返职场的思远,看着镜子中的自己,眼里有光,神采飞扬,这一刻,她终于明白,原来自己不发光的时候,都是在为发光做准备。最美的自己不是生如夏花,而是在时间的长河里,优雅从容地面对生活和工作的重重考验。

第八章
终身美丽——打造个人魅力光环

辛苦的时候就去跳舞吧
——爱自己，让自己过得美丽且舒服

爱别人可以适可而止，爱自己要尽心尽力。

恋爱两年，结婚8年，媛媛对这样的婚姻生活感到精疲力竭，无数次离婚的念头在脑海中闪过又被压下。

媛媛和老公都是普通的工薪阶层，都是独生子女，多亏家里有老人帮忙带孩子，承担家务，生活虽然没有优越的物质条件，但是也算平平淡淡、安安稳稳。

老公下班后，剩下的时间都属于他自己，而媛媛开始收拾碗筷，辅导孩子作业，给孩子洗漱，忙完往往已经是晚上九十点了。这段时间里，那个充斥着烟味的电脑房总是时不时传出打游戏时叫喊欢呼的声音，每每这个时候，媛媛看着书桌前伏案写作业的孩子，都为此感到异常气愤，却也只会说一句"你可以小声一点吗？"周末的时候，老公得睡到下午一两点，媛媛在他睡醒后会问："你想吃点什么吗？""你午饭吃什么？"往往得到的回复都是"随便"。

这些年来，老公没有给媛媛什么经济支持，对待孩子也不冷不热，更别提在家动一下手。媛媛对这样的状态一直妥协，包容着，敢怒不敢言。

媛媛时常对孩子对老人觉得愧疚自责，她选择的丈夫无法为家庭承担一点责任和义务，可每次到嘴边的抗议，她都咽了下去，她担心语出伤人。时间久了，媛媛在这样的忍耐中精疲力竭，她不敢让自己停下来休息，不敢让自己生病，她害怕一旦自己出状况了，

整个家就运转失灵了。

上周五下班,媛媛被同事硬拉着去了公司附近新开的舞蹈工作室,她挥舞着并不是那么协调的四肢,却感受到前所未有的放松,肌肉的酸胀感让她觉得这是真实的自己,才觉得这具身体为自己活了一次。

一、真正持久的爱,是双向奔赴的

一段婚姻中,双方平等,为对方考虑,共同承担责任,才能持久下去。

民政部公布的2021年4季度民政统计分省数据显示,2021年我国结婚登记数据为763.6万对,创下民政部自1986年以来公布结婚数据的历史新低。根据民政部数据统计,我国的结婚人口数据在2014年就开始逐年下降。中国妇女研究会副会长叶文振表示:"建立性别平等的婚姻关系是提升结婚意愿的关键和根本。"应建立自由平等、互助协商、共担责任的和谐婚姻文化。

热播剧《我们的婚姻》中全职太太蒋静,一直信奉把老公当作老板,相夫教子,以丈夫、孩子为生活的使命,却被丈夫出轨,直到离婚才知道他们的婚姻从一开始就注定失败,结婚前被骗着签了所谓的"模板式"婚前协议,离婚时竟然被净身出户……

蒋静在婚姻里犯下的最大错误,就是从一开始就没把自己放在另一半平等的位置上,认为顾维斌赚钱养家,给了自己和孩子好的生活,就要把他当老板一样对待,她谨小慎微地伺候丈夫,连一些作为妻子正常的诉求都不敢提,更别提让丈夫给予她尊重了。

卡耐基说:"爱情就像是娇艳的花朵一样,需要浇水,需要养料,需要彼此的付出,一旦没有人照料,它就会很快的枯萎。"

媛媛的婚姻中,一方不停地包容讨好,另一方无休止地享受着单方面的给予。媛媛一味地忍让，小心翼翼迁就着老公的情绪，长此以往积累了怨气、委屈，变成了自己都厌恶的自己，始终怀着愧疚。而真正持久的爱，必定是双向奔赴的。

婚姻应该无条件支持、关心、包容、迁就对方吗？还是说，婚姻可以保持一定的空间，可以更爱自己，然后才是对方？

不谈对错，我们不能否认任何一种对待婚姻双方的态度和相处方式，但是首先是"对方"，互相的"对方"。我们都明白人和人之间如果有长久舒适的关系，靠的是共性和吸引，不是一味地付出，道德式的自我感动。

电影《成为简·奥斯汀》有一段话："不要在任何东西面前失去自我，哪怕是教条，哪怕是别人的目光，哪怕是爱情。"

为了迎合别人的期许，而丢失真正的自己，这真的值得吗？

一段关系，若不是双向奔赴，而是单独一方的妥协与让步，无疑是畸形的。畸形的关系只会继续蚕食自我，同时难以有幸福与快乐。

失去一段关系固然可惜，但在一段关系中失去自己是一件更悲伤可怕的事情。最终，不牢固的关系只会两败俱伤。

二、懂得休息，价值千万

有一个富翁得了绝症，他觉得自己将不久于人世，心中很难过。后来，他请教一位隐居的名医，名医为他把脉诊断后说："这病除了一个办法外无药可医，我这里有三帖药，你依法照做，一帖做完再打开另一帖。"

富翁回到家，打开第一帖，上面写着："请你到一处沙滩，躺下30分钟，连续21天。"

富翁半信半疑，还是照做了，结果每次一躺就是2个小时。之前因为他很忙碌，所以从来没有这么舒服自在地独处过，吹着风，听着海浪的声音，听着海鸥的鸣叫，内心无比惬意。

第22天，他打开第二帖，上面写着："请在沙滩上找5只鱼或虾或贝，将它们送回海里，连续21天。"富翁满心怀疑，但还是照做了，结果每次将小鱼虾丢回海里时，他却莫名的感动。

第43天，他打开第三帖，上面写着："请随便找一根树枝，在沙滩上写下所有不满和怨恨的事。"当他写完没多久，海浪涨潮就把那些字冲刷掉了，他突然顿悟而感动得哭了。

回家后，他觉得全身舒畅，轻松而自在，甚至不再怕死了。

这个故事告诉我们的道理便是：人要学会休息。

有人说："会生活是一种能力，会休息是一种超能力。"但很多时候，我们都不会休息。我们常以为，躺下就是休息，睡觉就是休息，其实，并不尽然。真正的休息应该是大脑的放空、肢体的自在和心灵的安静。

有人就曾把手机比作人，手机一直运作时，耗电就耗得快，当人一直得不到休息时，身体就会出现各种毛病。

家庭中，媛媛因为承担了很多的责任，她不敢让自己停下来休息，不敢让自己生病，不敢让自己的肢体放松，紧绷的弦压得她喘不过气来。殊不知，休息价值千万。当媛媛懂得休息停下来时，她有更多的时间让身体恢复精气神，有更多的时间来规划自己和家庭未来的发展，有更多的时间来与老公做充分的职业规划和沟通。停下来休息，会让媛媛看到身边更多的资源，开启人生新的可能。

康德曾说过："有三样东西有助于缓解生命的辛劳：希望，睡眠和微笑。"

愿我们心怀希望、多睡眠、常微笑，懂得休息，才有机会见到人生中最美的风景。

第八章
终身美丽——打造个人魅力光环

三、情绪自由，是人生漫长浪漫史的开端

每个人都有自己的心理边界，它就像是一条护城河，将自己与他人区别开来。

如果一个人有清晰的界限感，他就会意识到哪些是自己的事情，哪些是别人的。

婚姻中，你是否在不停地取悦他人，让自己变成那个"卑微的讨好者"？

你是否经常忽略了自己的真实感受，无法满足自己？

当对方无法给到情感回馈的时候，问问你自己开心吗？

媛媛顾及老公、父母和孩子的感受，却唯独忘记了自己。

奥斯卡·王尔德说过，自爱是人生漫长浪漫史的开端。

蒙田也说过，自爱者方能为人所爱。

人与人的相处之道在于：你强势起来，别人才会尊重你；你拿出自己的底线和原则，别人才愿意正眼看你；你好好爱自己，别人才会爱你珍惜你。

当媛媛因为顾忌他人感受，而让自己备受委屈，因为一次拒绝帮助，而让自己陷入自责时，她一次又一次地在妥协中牺牲了自己的需求。

不妨想一想，这种卑微的讨好除了让别人开心以外，对自己有什么正面的情绪价值吗？

综艺节目《奇葩说》里提到一个词，叫"情绪自由"，节目组给它的解释是：不是每一个人，都可以肆无忌惮地做一个讨厌鬼。但是，当你拥有了高智商，你看破他人的喜怒，其实与你无关，你自己的世界可以自由运转的时候，即使被讨厌，也不会打击到你的自信，这就是情绪自由。说得直白些，就是多在意自己，少关注别人。

当一个女人开始爱自己，不喜欢的人和事就远离，不开心的情

绪表达出来时,她就不再拧巴,不再委曲求全又偷偷哭泣,而是开始追求情绪稳定,追随内心的声音。

窗外树上纷纷扬扬落下几片树叶,媛媛犹如一个舞蹈的精灵,时而旋转着轻盈的身子,偶尔轻轻跳起伸出纤细的手臂。媛媛看着镜子里的自己,微微一笑,不用顾忌别人的情绪,眼里只有自己,在这一刻才深深觉得,自己很美。

英国政治家哈利法克斯在《杂感录》说道:"自我热爱远非缺点,这种定义是恰当的。一个懂得恰如其分地热爱自己的人,一定能恰如其分地做好其他一切事情。"

忠于自己,取悦自己,才是最舒服的活法。

第八章
终身美丽——打造个人魅力光环

个人热爱的活动和家庭活动时间冲突了
——沟通与智慧成就更多可能

年少的时候，小瑶和小夏这对闺蜜就一起参加过多次插花活动，为青春留下了美好的回忆，每当想起来都会有淡淡的花香味。

为了一直被鲜花簇拥，小瑶在闲暇时间都会举办插花艺术活动，而小夏，为了保持美丽和接受艺术熏陶，每次都是她的座上客。在小瑶忙碌之时，小夏有时也会帮着指点一下新人。

于小夏而言，花是滋养双目的一道美景，花是拂过心湖的一缕凉风，与花相伴，品性怡然。

每一次与鲜花的抚触，都会让小夏的心灵飘过一缕芬芳。

构思，修剪，搭配……

看着一朵朵美丽的鲜花，在自己的手中被赋予了新的生命，变成一件件精美的艺术品，小夏就觉得很自豪。这就像小夏的婚姻一样，她在婚姻中努力保持自我的活力与美丽，打造舒适和谐的关系。

周五上午9点，小夏和闺蜜约好了一起举办新的插花课，届时小夏也会作为指导老师首次被介绍，这对小夏来说，是一个新的开始。全职太太这几年，小夏感觉自己要有一个新身份了——插花老师，她对此很是期待。

周三晚上，先生回到家告诉小夏，他们公司会在这周五举办年会，可以邀请伴侣参加。先生一脸笑意地说："亲爱的，公司今年的年会可以说是很重要，不仅有我的业绩表彰，更有难得的家庭聚会，领导们也想借这个机会更好地了解下未来的合伙人，我想邀请你盛装出席，为我长长脸。"

"难道你的晋升还得妻子貌美如花才行吗?还盛装出席?"小夏一边笑着一边逗着先生,看着他面带严肃,小夏赶紧说:"行,没问题,这我有自信。"

周四上午,小瑶打电话约小夏去布置场地,小夏这才意识到,两个活动时间冲突了,这可怎么办呢?一边是自己喜欢的插花事业,一边是先生重要的年会,而这两件事情对小夏来说都很重要,该如何选择呢?

一、沟通赢得支持,活出可能性

生活中,各种冲突、问题不断,活动时间冲突只是一个小插曲,学会平静面对,会让我们获取更多的力量。

《学会决断》一书中提到,人们在面临冲突性场景时,有一种可取的反应模式,叫作"坚守自我"。坚守自我的人在面临冲突时能够不卑不亢,既尊重对方又尊重自己,以协商、合作、倾听、包容的姿态,去建设性地解决问题。

插花课,意味着自己将有一个新的开始,很重要;而先生的年会,对先生、对家庭也很重要。小夏该怎么选择呢?有没有新的可能性呢?

埃克哈特·托利说过:"当你可以和不确定性安然共处时,无限的可能性就在生命中展开了。"

静中生慧,小夏一个人安静下来,问问自己的内心,结果发现哪个都不想放弃。

当内心坚定了两个活动都要出席的想法后,小夏首先想到的是寻求闺蜜和先生双方的支持。

勇敢真实地说出自己的境遇,表达自己的想法。

"两个活动对我都很重要,我都想参加,只是时间冲突了,你有

第八章
终身美丽——打造个人魅力光环

没有好的办法帮我一下?"

"是不是我们可以提前订好礼服,我陪你先去插花课,然后再往年会赶?"先生提出了自己的建议。

"亲爱的,那样你参加年会肯定迟到了的,你必须准时在场啊,我再问问小瑶吧。"

"小瑶,你这有没有可调整的可行性办法?"

"有一个办法就是你提前穿好礼服来插花课,我在一开始就介绍你,将你的课程调前并压缩,半小时后你直接出发去年会会场。"小瑶果断地说了想法。

"这个我觉得可行,那我和先生说一下,让他先去,我再赶过去,估计不会错过重要活动。"

最终,因为安排得当,两个活动都没有耽误,小夏收获了对自己的满意和肯定。

二、活在美里,活出每个阶段的美

"最是人间留不住,朱颜辞镜花辞树。"这句诗的意思是:很多事物都是人间难以留住的,就像青春容颜渐渐苍老,不忍镜中相看,当鲜花颓败,从枝头飘落。这里用朱颜辞镜花辞树借喻人间美好事物总是那么短暂,仿佛随时就会消逝一般。

一句古老的诗词往往能够牵动人们的心思,令人为之神伤。

花辞树,来年可再重开,而自古红颜易老,最是伤人。但若是这样理解是不是太过于肤浅了一些?

女人的美难道只存留于青春容貌之美?答案当然是否定的。

人生有许多阶段,每个阶段都会拥有不同的状态,也就会诞生不同的美丽。

落落大方的知性美,温柔妩媚的女人味,过尽千帆的阅历感,

这都是不同年龄段所展现出的美。

含苞待放的花骨朵是美，鲜艳盛开的鲜花是美，漫天飞舞的花瓣是美，铺成花海的花瓣亦是美！

女人，在每个阶段都有它的美。而女人，也应该珍视自己，活出每个阶段的美。

年轻的小夏，既追求身材形体的美，又懂得用艺术来涵养自己的生命，活出这个阶段的美丽，她的可爱正是应了那句话所说："你可爱，因为你丰富。"

在演员孙俪主演的电视剧中，很多角色绝不是只有"少女感"，她从豆蔻年华演到垂垂老矣的人物，充分地演绎和展现出一个女人各个阶段的美感。

人会成长，潮流也会变向。

留恋于青春的美貌，等于否定现在与将来的自己，这样就不会得到成长，也会失去"蜕变"的机会。

自信的女人最美丽，女人要学会坦然接纳自己每个年龄阶段的美，同时也要让自己活得足够精致而认真。

放任自流，每日蓬头垢面不是美；

随波逐流，对生活得过且过不是美。

陈数曾说过这样一句话："每个女人都会有那么年轻貌美的几年，可是之后你怎么办？所以必须自律，对自己有要求。就算我不是演员，只是一个女生，也不会允许自己糟糕成某种样子。"

知名媒体人杨澜认为，女人可以优雅地变老！她曾在采访中说道："作为一位成功的职业女性，女人最该向世人展现的是真实的自我。"

人生若是每个阶段都能恰逢合宜，体验到每一个饱满而丰盛的自己，品尝着每一种崭新而独特的风味，才算在这世上不白走一遭。

第八章
终身美丽——打造个人魅力光环

三、小美，美在貌，大美，美在智

自古以来，娶个漂亮的妻子都是男人梦寐以求的理想。无论是美丽白皙的脸蛋，还是苗条曲线的身材，抑或是天然独特的气质，都能让男人心旌摇荡。

著名作家冰心说："世界上若没有女人，这世界至少要失去十分之五的'真'、十分之六的'善'、十分之七的'美'。"

小夏先生重视小夏的美貌，希望她在年会上为自己长脸，这也没有错，试问哪个丈夫不希望自己的妻子貌美如花呢？

最近很流行一个词"中年少女"，就是人到中年的女人依旧拥有一颗少女之心，保持爱美的秉性，热爱生活，期待惊喜。哪怕整日沉浸在烟熏火燎的生活中，也依然不丢失自己的少女心，眼里有纯真，脸上有笑容，生活有惊喜，人生有目标。

除了美貌，除了少女心，女人用智慧赢得先生欣赏的例子也有很多。比如，扎克伯格欣赏的就是他太太普莉希拉·陈的智慧、见识和能量。

长相并不出众的普莉希拉虽然出身底层，但自信开朗充满了魅力，是哈佛知名学霸。扎克伯格虽然出生于富裕的犹太家庭，天资聪慧，却对学业不感兴趣，在哈佛时是妥妥的学渣。面对哈佛学霸普莉希拉时，扎克伯格不由得陷入了深深的自卑中，在朋友一次次鼓励下，他才鼓足勇气约会普莉希拉。

婚后，普莉希拉流产三次后才好不容易生了两个女儿，身材因此严重走形，颜值明显不如以前。有人嘲笑扎克伯格的老婆又黑又丑像大妈，一向不爱解释的扎克伯格罕见为爱妻回击："小陈的微笑是我见过的最美的东西，我迷恋她独一无二的气质，至于外貌，实话说，这10年我的荷尔蒙只对她释放。"

拥有智慧头脑的普莉希拉·陈，不管别人怎么嘲笑她的容貌和身材,她也从来不去辩解,依旧素面朝天,笑得灿烂无比,踏踏实实过自己的日子,追求自己的人生,终获幸福。

小美,美在貌,大美,美在智。

歌德曾经说过:"外貌美只能取悦一时,内心美方能经久不衰。"

经历岁月的沉淀,小夏在面对问题时,变得更有智慧,满足自己愿望的同时,也让先生对她很欣赏。

一个女人最高层次的美,需要不断丰富自己的内涵,增加不同的见识,从内心慢慢雕琢,再经过时间的冲刷,才能拥有永不枯竭的智慧之美。无论人生到了哪个阶段,都要修炼与风雨匹敌的坚韧、独立、感性与理性融合的精神内核。

做一个美貌与智慧并重的女人吧,愿每个女人都能性格如妆容般浓淡相宜,生活如行舟般可进可退,人生淡然如菊,一路行走一路芬芳。

第九章

"性"福有道——你是独一无二的

我和他的性需求不同怎么办

——理解差异，学会尊重

夜深人静，夫妻俩躺在床上看着连续剧。丽华凑到老公身边，老公却平淡地将她推开："不早了，赶紧睡觉吧，明天还要早起！"丽华有些生气："难道我对他没有吸引力了？"

亲密关系是婚姻幸福的保障，结婚这两年，丽华却发现两个人对性的需求，总是不在一个频道上。

有时老公展现欲求，她不知道怎样去拒绝；有时老公匆匆忙忙，她却不想要这么着急；有时老公像闷葫芦，她却很渴望语言交流。

有一次，晚上10点多，老公试探着触碰丽华，她一点兴致都没有，却不知道怎么拒绝，只能轻轻推开他："今晚我有点累。"老公听罢，转头一拉被子，朝着床外睡觉了。

丽华见老公有点生气，试图安慰道："怎么了？"

老公反问道："你说怎么了？"

丽华一听也着了急："我也没怎么样啊！"

老公埋怨道："你每次以自己的感觉为重，真的有些自私。"

丽华觉得生气，大声朝他吼："可我也不是故意的啊！"

结婚几年来，在性生活方面，两个人经常有一些不同步，丽华经常感到无奈与痛苦，不知道该如何拒绝才能不伤感情，不知道怎样真实说出自己的需求，真的很苦恼……

第九章
"性"福有道——你是独一无二的

一、直视差异，满足彼此的需要

性生活上，很多夫妻在频率、方式、时间上可能会有差异，如果这些差异解决不了，亲密关系将受到很大影响。

性教育，是婚姻中的一门必修课。

婚姻中很多矛盾，与"性关系"息息相关。很多夫妻矛盾重重，冲突不断，背后是性需求差异的影响，一个人的需求得不到满足，内心就很可能积累下很多不满，也许表面上风平浪静，其实内心早已经波涛汹涌。

知名网站曾发起一次投票，投票结果显示：超过1/4的中国家庭受到无性困扰。无性婚姻出现，大多是因为感情不和、工作压力、热情褪去，但核心的原因是夫妻之间不懂彼此的性需求。

男女在生理结构上有很大的不同，这决定了男女的性需求不一样。男人的精子多，这是一种能量，推动他想释放，信息传达到大脑后产生需求，这在时间上是不规律的。而对于女人而言，产生"性驱力"一般是在她们生理期前后，女人的性需求，与月经周期中激素的分泌有关。每个月女性有两次规律的亲密需求高峰，一般相距14天，各历时3天。所以男人对性需求的渴望，会比女人多。

一般来说，男人通常是眼睛看了，就会有性的感觉。他每天在外面看到很多东西，他克制了性冲动，内在就会有一个性压力，他觉得另一半应该理解他的这一份压力。可他回到家里，妻子却无法理解他的痛苦，也没有给予很好的配合，这时他就会容易产生情绪。

而对于女人来说，性感觉的唤醒，是靠感受。丽华需要听到甜言蜜语，有身体接触，或者一个美好的氛围。也就是说，女人非常需要被重视，她们往往从"感受"中进入爱。

男女性需求的差异是：男人可能会因性而性，而女人往往是因情而性。所以一段好的亲密关系是：妻子理解丈夫的需求，多一些配合，丈夫理解妻子的需求，多一些倾听。

丽华夫妻因为对于男女性需求认知的不够，导致吵架，如果丽华想要维持好夫妻之间的亲密关系，那么彼此之间就要多一些深入的了解。

想要经营幸福的婚姻，唯一的秘诀就是：满足彼此的需求，成为彼此的不可或缺。

为什么丽华很难接纳与老公的差异呢？那是因为在面对老公时，有些时候丽华觉得："我的感受比你重要，我的观点比你重要，我的期待比你重要，我的工作比你重要……"那么，老公很自然地感觉被拒绝、被抛弃或者不被理解，于是出现争吵或者冷战，夫妻的亲密关系就被破坏了。

心理学博士约翰·贝曼认为，每个人都是宇宙中独一无二的存在，人的存在本身，比行为、感受、观点、期待更重要。

既然伴侣是最重要的，那么，差异自然就变得不那么重要了。夫妻俩就可以放下期待，坐在一起讨论差异，共同协商从而做出更适合自己的选择。

当丽华夫妻意识到妻子（丈夫）比自己的欲望更重要，问题也就不是问题了。所以，丽华在面对夫妻差异时，学会问自己一个问题：什么更重要？只有丽华和老公都弄清楚这件事，他们才能够真正做到接纳——哪怕我不喜欢，但是我可以接受。

二、重视伴侣的需求，学会安心的拒绝

婚姻中，我们必须得接受，随着时间的推进，两个人的激情会慢慢褪去，亲密生活也会随之平静下来。过了最初的热恋期，伴侣间最具破坏性的冲突之一，是双方在亲密关系频率、喜好类型、渴望程度等方面的不同。

第九章
"性"福有道——你是独一无二的

丽华也必须学会接受，自己与老公在亲密方式中的不同。

当我们因为身体不适或者其他原因想要拒绝时，也要学会适当的表达，避免对爱人和自己造成大的伤害。

一项研究发现，同居伴侣的性意愿被对方拒绝而不是接受时，对关系的满意度和性满意度较低，这种满意度的降低会持续到两天后。

当性拒绝来自伴侣而不是陌生人时，自我形象和自尊会受到更大的威胁。在伴侣之间，性从来不是性，它代表着吸引力、自我价值，甚至被爱的重要感觉。

一旦被拒绝，很多人会倾向自我怀疑，"TA是不是觉得我没有魅力？""TA是不是不爱我了？""TA是不是在外面有小三了？"

虽然拒绝会造成一定程度的伤害，但是勉强自己去迎合也不是长久之计。

热播美剧《美国夫人》里就有这样的场景。凯特·布兰切特扮演的妻子，奔波了一天回到家，丈夫就表达了强烈的需求。她很累，口头推脱着，但丈夫并不松手。碍于丈夫的权威，她只能配合，过程中她却仿佛在受罪。

丽华可以和老公做好这方面的约定，让拒绝和被拒绝正常化，同时学会运用更好的拒绝方式。比如，学会安心地拒绝，虽然对伴侣的性需求表示拒绝，但对伴侣的性需求也表现出积极关注。

具体做法是：先解释不想亲密的原因，并保证对对方的爱和渴望没变，然后进行其他形式的身体接触，比如亲吻和拥抱，并承诺下次会好好补偿对方。

这种安心地拒绝，不会破坏彼此对关系的满意度。而且与前一天相比，被拒绝的一方满意度会有所提高，因为他们感觉到自己的伴侣仍然爱着自己。

三、敞开心扉，敢于和伴侣表达自己的真实需求

男人和女人本身就是不同的动物，所以他们对于性的态度也是截然不同的，如果彼此之间缺少沟通，就无法理解这其中的不同。

男人更偏向于通过性来满足身体，而女人则不一样，她们更在乎性背后的情感表达，所以男人在性当中获得生理愉悦，而女人则是获得生理和心理的双重愉悦，男人获得的更容易，而女人获得的则更深刻。

研究证明，性偏好的自我表露与关系和性满意度成正相关，间接的性交流和避免讨论性关系中的性话题与伴侣之间的性满意度降低有关。

所以，我们要敢于向伴侣展露自己的性欲、癖好和真实的需求。对许多人来说，性不仅仅是身体上的愉悦，也是一种体验深度亲密、交流感情或巩固伙伴关系的方式。

如果两人能敞开心扉地交谈和倾听，即便性行为没有真正发生，伴侣间的亲密感也会更强烈。

当丽华想在性生活中，和老公有更多的语言交流或者前戏，老公却不理解时，丽华可以选择以下方式：

（1）选择一个双方休闲放松的时间，在双方都喜欢的环境，点上香薰或者播放轻柔的音乐。

（2）选择爱人和自己喜欢的话题，在放松中流露真情。丽华首先表达自己的爱、渴望和需求，"我有点不好意思说，我说出来你别说我啊，你要尊重我的想法，其实我更喜欢你先吻我一会儿再开始，这样我更容易得到满足。"

（3）鼓励爱人说出自己真实的需求，如每个月几次亲密生活等。

（4）学会理解双方的差异，在亲密过程中，尊重对方的需求，学会试着满足对方一次。

（5）当通过第一次的良好沟通和实践满足对方后，夫妻二人的关系会更进一步，也更容易说出更多的真实需求，更有利于性生活的和谐。

夫妻双方对性行为进行充分的知情达意，在充分尊重对方意愿的情况下，根据双方的需求适度尝试，这是"性"福生活的开始。

无性或少性就是不爱了吗
——维持亲密感的方式不唯一

随着时代的进步，人们越来越敢于谈"性"了。

性，是两个人不分彼此，合二为一。

两个人从喜欢蜕变到爱，不仅是身体的相融，更是心灵的融合。越来越多的人认为，性不仅仅是身体的欢愉，更是将彼此的心灵敞开，是灵魂的交流，是身心合一的体验。

然而矛盾的是，大多数夫妻并没有完美的性关系。

小林最近就陷入了这样一个困境，她一宿没睡着觉，翻来覆去想了很多缘由。

今年30多岁的她，发现与老公的"那方面"越来越不和谐了。

刚结婚时，她还有点放不开，而老公很放得开，二人的感情浓，同房频率高，无话不谈，出差才几天就会打电话互诉衷肠，若是小别后重逢，更是腻歪。

随着时间的流逝，她发现那种激情渐渐退却，甚至经常她明明有些欲望，但不管怎么暗示老公，老公都好像没听懂一样。有几次她忍不住了，直白地告诉了老公，老公却不是说太晚，就是说太累。

网上都说："男人不碰你，说明就是不爱你了。"真的是因为自己生孩子后身材变差了？还是脾气不好让老公不喜欢了？又或者是老公在外面有了别人？

第九章

"性"福有道——你是独一无二的

一、头脑拒绝爱，性才变成了问题

中国人民大学教授潘绥铭发现，每4对夫妻中，就有1对是无性婚姻。

性确实与感情的浓烈程度有一定关系，但无性或者少性，并不能与"不爱了"画上等号。心理学认为，性不仅是一种欲望，更是一个人生命力的体现。

我们通过性，探索身体，取悦自己和对方，也通过性展现内在的活力。

而生活的重压、对性在观念上的羞耻感、无法承认自己对欲望的需求等，都有可能影响一个人对性的态度。

性心理学家和婚姻关系治疗师莎兰·汉考克认为，拥有性困扰的人，多数是因为无法识别自己的内心。

也就是说，如果对方对你失去了性欲，减少了性的频次，很可能是因为他自己承受着一定的压力，而并非因为你有什么缺点让对方疏远，或者不再爱你。

张爱玲说过一句惊世骇俗的话："通往女人灵魂的通道是阴道。"

同理，我们也可以说："一个人的性态度反映了他的内心。"

如果两个人在精神上越来越远，没有精神共鸣，在心灵上和对方失去了连接，那么在身体上的疏远也就是必然了。

印度哲学家克里希那穆提说："头脑拒绝爱，性才变成了问题。"

性，是我们身体最诚实的语言，当性的交流出现问题时，那是身体在告诉我们：你们的关系出现了问题。

当代社会中常见的少性和无性婚姻，与其说是人们容易变心，不如说是关系中的两个人缺乏心灵沟通，制造了精神上的屏障。而要维持两个人的亲密感，除了身体的交融，更重要的是心灵上的相通。

二、让爱在婚姻中充分流动了，性就和谐了

性，是人类最原始的本能和需要。婚姻中我们经由身体的语言沟通彼此的爱，摄取身心的欢愉，治愈内在的自我。

有这样一个故事：一位美国士兵从海外回国休假，到了家里，他看到妻子留给他的一张纸条，"菜在桌子上，啤酒在冰箱里，我在床上。"短短的三句话，让人回味无穷，既展示了婚姻里爱的温馨，又饱含了缠绵的令人心醉的性。

好的婚姻，爱和性都不可或缺。

美国心理学家盖瑞·查普曼说过，爱是一种选择。我们也可以用爱的语言温暖彼此的身心，让爱在婚姻中充分流动。当关系流动了，再多的矛盾和摩擦，也会被流动的爱冲刷得荡然无存。

面对问题，小林可以和老公进行有效沟通，了解彼此想法。

我们每个人都自带出厂设置，那就是原生家庭和成长经历给我们灌输的习性和信念。

所以我们每个人都是独一无二的，我们和别人的想法、观念也不可能是完全一致的。只有沟通，才能打破我们之间所隔的山海，让我们真正走进彼此的心。

有个网友和老公总是因为吃饭的问题吵架。这位网友吃饭总喜欢剩下一口留在碗里不吃完，而她老公每次吃得干干净净，还让她也把饭吃干净。

她每每剩饭，她老公都以为她是故意在跟自己作对，不然明明可以全部吃完，就那么一口饭，为什么非要剩下呢？

两人经过一次深入沟通之后才发现，这位网友小时候经常被逼着把饭吃完，她后来通过剩一口饭，为自己争取到一种自由——我的饭碗我做主。

而她的老公从小家境贫寒，有时候甚至不够吃，所以见不得别

人剩饭。

两个人是因为成长环境的不同造成了不同的习惯，并不是要故意和对方作对。

当弄明白这些分歧后，吃饭再也不是困扰二人之间的矛盾所在了。

有效的沟通，为我走近你提供了契机，从此，我们的灵魂不再遥远。

三、好的亲密关系，是身心合一

维持亲密感的方式很多，最根本的在于拉近心的距离。

1. 无条件接纳对方，让他安心做自己

爱，就是如他所是，而非如我所愿。

爱一个人，是接纳他本来的样子，而非将他改造成自己喜欢的样子。

想要去改变一个人，本质上就是对这个人的不认可，认为他这种样子是不可爱、不美好的，他必须要变成另一种样子。而你的不认可，自然会让对方感到无尽的孤独和悲伤。

一位女士非常不喜欢老公懒惰的样子，总是在指责老公，怎么这里没弄干净，那里没有整理好，这让她的老公感觉自己是不被接纳和喜欢的，也对她产生了敌意，开始挑她的毛病。

于是两个人你指责我，我指责你，互相嫌弃，看对方哪哪都不顺眼，家里随时充满了火药味。

甚至发展到当妻子还没有指责的时候，老公如果随手将袜子丢在地上，马上感到了紧张、恐惧，脑海中已经开始浮现妻子该如何指责自己的场景了。

家不再是一个放松的地方，而是成了两个人的批斗大会现场。

这样的氛围，如何能松弛？这样的关系，如何能亲密？

2. 理解对方的难处

著名心理学家罗杰斯说："爱是深深的理解和接纳。"理解，让一切障碍夷为平地，让所有分歧迎刃而解。

小林在发现和老公性生活越来越不和谐后，与老公进行了一次深入沟通，她才知道，原来老公背负的压力比自己想象的要多得多。

工作上一堆事，害怕做不好，领导不满意，同时担心着无法提供孩子一个好的教育环境，挣的钱不够提高生活品质，还害怕自己的低迷影响到老婆，被小林嫌弃自己无能……重重压力之下，老公才开始对性生活也提不起兴致。

小林理解了老公的不易，明白了正是因为老公在乎自己，想要给自己更好的生活，才会产生这么大的压力，完全不是因为不爱自己。她开始尽自己所能帮老公解压，感谢老公对自己的付出和承诺，表示出自己可以耐心等待，挣钱不急于一时。

小林的理解，让老公深深地松了一口气，心里的巨石终于落地，整个人轻松了很多，甚至在性生活上也给了小林惊喜。

好的亲密关系，是身心合一。

当心靠近了，身体还会远吗？

第九章

"性"福有道——你是独一无二的

亲爱的，今晚不行
——平等沟通，让我们更"性福"

有人说，性既可以是爱的摇篮，也可能会是爱的坟墓。

小丽现在是一名全职太太，她的丈夫小伟是一名某大厂的"90后"程序员，早婚的他们有一个可爱的女儿，女儿出生后小丽放弃了原有的工作，一心一意地照顾这个小家庭。

小伟的工作很繁重，压力很大，经常加班到深夜。而小丽作为一个新手全职妈妈，也同样是苦恼多多，繁忙的家务让她晚上只想呼呼大睡。

他们亲密的次数越来越少，双方的时间点也经常对不上。有时候小丽准备好了，小伟却来一句"我工作太忙了，下次再说"；有时候小伟准点下班洗漱完毕，小丽却正在忙于孩子、家务，身心俱疲，但为了不让丈夫扫兴，还是硬撑着配合。

暑假的一天，女儿跟着外婆去度假村玩几天，这给了小丽一个喘息的机会。她精心地打扮自己，白天还给小伟发了几条充满爱意的短信，"亲爱的，晚上早点回来，我今晚等你呢。"小丽想，小伟肯定明白她的心思的。

晚上8点，小伟拖着疲惫的身体回到家，看着打扮靓丽的小丽，小伟眼前一亮，可是紧接着就说："今天我还有很多工作，要在家里加班。"

"白天不是都给你发信息了吗，我都等你一天了。"小丽有点委屈地说。

"亲爱的，今晚不行！"说完小伟就去了书房。

小丽一个人孤零零地躺在布置好的床上，床边的蜡烛在燃烧，散发出来的气味在这一刻让小丽感觉窒息。

这次以后，两人好像都感觉热情在逐渐消散，猜疑也逐渐显现。小伟认为妻子不理解自己的工作压力，也担心妻子多想难受。但小丽认为丈夫好像嫌弃自己产后身材走样，才总以工作忙为借口拒绝自己，而自己却会忍着疲惫配合丈夫。猜疑不断涌现的背后，婚姻的红灯不断亮起，这段婚姻该何去何从？

一、真诚沟通，让猜疑在爱中消融

真诚永远是任何交往中的必杀技，就好像一首老歌中唱到的那样："爱就是打开心扉，让它自由地流淌，让对方看得到、听得到、感受得到。"

在沟通中，我们总是因为这样或那样的理由不愿意真诚地表达自己，总的来说，都是出于心理防御。

精神分析心理学认为：人们在面对可能发生的挫折和焦虑时，会启动自我保护机制，其中一些防御机制是通过对歪曲或否认现实来维持心理平衡。

这种防御模式，虽然能够暂时帮助个体避免内心的一些矛盾冲突，但也封闭了个体与外界的联系与沟通，将个体真实的自我隐藏起来。

面对不断的猜疑，小丽和小伟的婚姻亮起了红灯。

如何放下心理防御，消除猜疑？

如何真诚地沟通彼此的想法？

如何让彼此的真诚与爱被看得到、听得到、感受得到？

第九章
"性"福有道——你是独一无二的

　　沟通并不是像小伟的那一句"我工作太忙了，下次再说"就可以了，也不是像小丽的那一句"我今晚等你呢"就可以表达自己想要的。

　　在爱面前，有效真诚的沟通，不是三言两语，而是有效的话语+行动+坚持。真诚的沟通就像一座牢固的桥，爱意与时光可以缓缓走过，经久不衰。

　　工作压力是摆在小伟面前最大的难题，他并不是不想和妻子亲密，换句话说，他正是为了供养起这个小家，才需要在工作上不断努力。

　　北京大学光华管理学院一位老师，曾在论文中写道："996的工作文化和竞争激烈的工作环境可能会迫使许多高收入的专业人士和管理人员放弃性生活。"

　　小伟首先要明白的是：并不是只有他一人是这种现状，这是一个大时代背景下非常正常的社会现象。其次，与其纠结不知道怎么开口，无奈于此时的现状，又担心妻子误会、再生嫌隙，不如主动和妻子坦诚以待，真诚沟通，找到问题所在。

　　小伟就自己的拒绝可以做以下沟通：

　　（1）有效的话语：亲爱的，我知道你为了此刻精心准备，我看到今晚的你真的是很美，焕发了光芒，但我却因为工作压力太大拒绝了你，我也感到很抱歉。这次的错过，我想弥补一下，你能再给我次机会吗？

　　（2）行动：每天上班之前给妻子亲吻和拥抱，下班后回家牵一下妻子的手，让妻子感受到自己对她的爱与在意，一起做同一件事，比如洗碗、整理床铺等。一枝玫瑰、一句甜言、一个拥抱或者亲吻，在爱情的主旋律里永不过时。

　　（3）坚持一段时间后，两人的爱意满满，小伟和小丽再约定一次重温二人甜蜜的时光。

请始终铭记，爱从来都不是单向的，它是一种双向奔赴的美好，真诚主动的沟通，会让对方看得到、听得到、感受得到你那颗充满爱意的心。

二、面对问题，不做"感情"的懦夫

敢于直面感情中的问题，才能让一段感情真正走得长远。

如果我们是真的爱一个人，更应该直接面对遇到的难题，提出自己的不满，在问题还没有变大的时候解决，才是上上策。

小丽有时候为了不让丈夫扫兴，硬撑着配合，这其实是亲密关系中压垮她的最后一根稻草。那为什么小丽已经觉得身心俱疲，却还要自己硬撑呢？因为她似乎把不拒绝小伟变成了一种理所当然，甚至产生很多的自我怀疑：

"我拒绝他，他会不会就不喜欢我了？"

"我拒绝他，他会不会生气不理我？"

"我拒绝他，他会不会就去找别人了？"

两性是双方的，并不只是为了取悦一方而进行的活动。

在每个人的生活中，总会产生这样或那样的不愉快经历，它们或许带给我们"感情"上的痛苦与纠结，如果我们害怕它、畏惧它、逃避它，那么我们终将成为"感情"面前的懦夫。

就好像顾城在《逃避》中曾说的："你不愿意种花，你说，我不愿看见它一点点凋落。是的，为了避免结束，你避免了一切的开始。"

真正的爱不是逃避，不是隐忍，而是迎难而上，是在不断磨合与沟通中塑造一段近乎完美的关系。

勇敢提出自己的想法，拒绝独自隐忍吧！爱不是逃避，它是一种双向奔赴的美好。

第九章
"性"福有道——你是独一无二的

如果小丽能够定期开一场欢乐活泼的家庭吐槽会,或者写一封家书用文字表达自己的想法,不逃避,学会接受"感情"带来的痛苦,并尝试去正面解决,那么这才是勇敢者的行为。

自始至终,爱都应该是两个人的盛宴。

三、不断学习,让爱情之火永不熄灭

无论男女,当彼此关系好、感情好的时候,性生活就更容易有激情。所以,在平时多花一点时间和精力经营夫妻关系,亲密关系可以提高性生活的质量。

有数据显示,在已经有孩子的家庭里,只有33%的人对他们的性生活感到满意。而这33%的人有一个区别他人的共同点:他们能抽出时间进行深入交谈。

如果一对夫妻当了父母之后,他们还能和伴侣进行情感交流,经常拥抱、爱抚或者做出其他亲昵举动,就能享受更频繁的性爱。

所以,小丽和小伟平时要去经营亲密关系,促进彼此之间的感情。这可以有很多方法:

(1)只要对方不抗拒,平常可以多和对方拥抱、亲吻。

(2)时不时地送礼物给自己的伴侣。

(3)经常和伴侣聊聊天,问问TA今天过得怎么样,认真倾听TA的想法,如果对方不开心,不要急着给建议或者给解决问题的办法,而是试着倾听和理解。

(4)定期进行约会,哪怕有了孩子之后,也时不时地过过二人世界。

(5)根据两人的作息状况,找出每天最适合的亲密时间,无论是短短的10分钟,还是一个小时,都将手上的、心里的事情暂时放下来,将所有的注意力放在对方身上,帮彼此按摩、分享心情、赞美鼓励对方、一起洗澡,等等,任何事情都可以,只要是享受彼此在一起的时光即可。

并不是每个人天生就是"好丈夫""好妻子",只有不断学习,才能让爱情之火永不熄灭,只有平等尊重的性,才能让爱情之花永远绽放。

第九章

"性"福有道——你是独一无二的

出了轨的婚姻，还能修复吗

——理解婚姻，出轨的人背叛的是自己

小程和老公严斌是彼此的初恋，双方都来自农村家庭。

小程平时话不多，国企工作环境轻松，平时家里都是她操持，闲下来的时候就看看书和研究美食。她的原生家庭里父亲爱喝酒，母亲性格软弱，她从小就想摆脱这种家庭模式，所以遇到开朗乐观、工作能力和交际能力也很强的老公，她就知道这是适合她的人，无论三观和经济都比较匹配。

现如今，可爱的儿子已经6岁了，家庭幸福指数成倍地增加。

春节前一天傍晚，小程带着孩子去小区底商买菜，无巧不成书，透过商铺玻璃，她远远看到老公从一辆红色沃尔沃的副驾驶下车，离开又好像忘了什么东西，折回去绕到驾驶位外面，驾驶员递出一条围巾，老公接住后，那只手顺势紧握住了老公的手，五六秒后，才被老公略显慌张地挣脱开。

小程心中一怵："这辆车，不就是老公元旦前出差去隔壁城市，她曾在老公单人照背景里隐约出现的那辆车吗？这个女人是谁？"她下意识地用颤抖的手拿起手机将这一幕拍下。

小程很快平复了自己的心情，回到家还是像平时一样问老公今天想吃面还是饭。她不想深究也不想声张，无凭无据的，她想给彼此信任，不想想太多。

一晃半年过去了，日子在小确幸中悄悄滑过。小程没有再发现什么蛛丝马迹，老公除了偶尔出差，就在家里陪自己，出差也会主动向自己汇报行程，也会通过视频和儿子说上几句。渐渐地，她也

淡忘了那辆红色沃尔沃。

六一儿童节的那天中午,小程给儿子做千层面,揉面时手机突然响起,小程拍了拍沾满面粉的手,用小手指按了一下接听键:

"喂,你好!"

"你是程瑶吧?我是严斌的助理,我有些话想对你说。"

"你想说什么?"

"我和他在一起一年了,现在我要离开这个城市了,我想对这件事情做个了结,也想跟你说声对不起……"

小程的手紧紧握起,那一团揉好的面,被她抓了一把狠狠地捏在掌心里,面团从五个指缝里被挤出来,心里就像被许多针扎一样,针上有毒,毒素在心脏弥漫开来……

小程没想到这种电视上的情节会发生在自己身上。

晚上老公回来,他抱住小程不停地说"对不起",他说他也没想到因为和那个女人提了分手,她会因情绪过头,找到小程这里来了,老公的眼里饱含着泪水、歉意和疲惫。

小程淡淡地说:"好啊!"转身到卫生间,她瘫坐在地上,身体忍不住颤抖,五脏六腑都在发冷……遭遇出轨,他们的婚姻还能修复吗?

一、出轨,是一场心灵的地震

心理学家罗伯特·斯滕伯格认为,爱情是由三个成分组合而成的:

成分一:亲密。包括热情、理解、沟通、支持和分享等爱情关系中常见的特征。

成分二:激情。主要特征为性的唤醒和欲望。

成分三:忠诚。指投身于爱情和维护爱情的决心。也就是说,爱不仅包括情感上的亲密,还包括了性和忠诚。

第九章
"性"福有道——你是独一无二的

法国作家巴尔扎克曾说过,婚姻成功的秘诀在于"顺从"和"忠诚"两个字。

当婚姻趋于平淡时,离婚容易,不离婚才需要勇气。

为什么出轨这件事,一而再再而三地没办法解决呢?

1. 双方的感情消失

婚恋的规律说明,从激情浪漫回归到平淡日常,是每一对夫妻都要面对的现实。在日复一日的相处中,新鲜感终归会消失,从前的魅力也不可避免地会失去光彩。

有些夫妻,怀揣着理想踏入婚姻,婚后却出现各种各样的问题。双方三观不合,婚姻的油盐酱醋茶磨平了双方,在不断争吵中消磨了感情。

2. 一方追求新鲜刺激

有的人并不满足于一生仅有一种情欲体验,需要在情欲上追求更多的满足与幻想。这与婚姻无关,与个体对生命或情感完整程度的要求有关。

有些男女,生性喜欢新鲜事物,这不是一个道德层面能解决的事情,这是心理需求。比如有些名人,明知道出轨了会身败名裂,会遭遇所有商家代言的赔偿,他还是会去做。

现实中,五花八门的交友软件,让两个人的沟通非常便捷。社交的短距离,逐渐稀释着每段关系里本就稀缺的"忠诚"。

心理学上,把一种出轨归为盲式出轨,即出轨对象在容貌、气质、社会地位和经济实力等方面都比不过原配,但伴侣就是硬生生地和她好上了。

著名婚姻治疗师埃斯特·佩瑞尔认为:"越轨是人性的核心。"所以对某些人来说,出轨是一种对自由和人生多样性的探索。

3. 所处的圈子都出轨

要面子、虚荣的男人易出轨。有些人把第三者当作值得炫耀的资本，如果男人所处的圈子中有这样的朋友，男人很可能为了要面子也会像其他人那样出轨。

情感伤害对一个人的影响有时超乎想象。情感伤害不流血、不留疤，没有外伤，但从心理上讲，实施情感伤害的人，如同在别人心口上动刀子。

这种痛是痛彻心扉、让人无法承受的。

小程质疑从前相爱的美好，甚至失去了对未来幸福生活的信仰和向往，因为她正遭受着心灵的大地震。

二、觉察哀伤，允许其自由流动

遭遇出轨，很多人的第一反应是报复，有些人会迅速离婚，有些人就当作没发生过，从而来回避自己的痛苦。

对有些人而言，背叛家庭是婚姻关系的底线，只要伴侣出轨，就会果断选择结束婚姻。但在现实生活中，对于一次的出轨，很多人考虑到各种各样的因素，选择挽救家庭，修复婚姻。比如：互相之间还有爱，有同一个公司的经济利益捆绑，或为了孩子能在一个完整的环境下长大。

成年人的世界说简单也简单，守护好心理价值排位第一的东西很重要。

爱人出轨后，要不要离婚，可以从以下几个维度思考：

（1）你们之间的感情基础如何，是否有爱。

（2）对方是否有严重的问题，比如出轨成瘾、家暴不断、嗜酒等不良嗜好，或者有反社会型人格障碍、偏执型人格障碍等心理或精神问题。

（3）假如没有出轨这件事，你会不会离婚。

（4）个人及子女的情况，你们在当下这个阶段更需要什么。

（5）考虑离婚的后果，两害相权取其轻。

（6）对你来说，最重要的是什么？如果你不想离婚，最主要的原因是什么？

权衡之后，你会更清楚自己不愿意离婚的原因。清楚原因之后，你才能让模糊的意愿变得清晰，更具可行性。

一个人的哀伤，表现为五个阶段：拒绝、愤怒、彷徨、消沉、接受。在受伤害事件发生后，前四个阶段有时是交替出现的。

小幸是一名全职妈妈，孝顺公婆，打理家务，自认为很幸福。老公出身农村家庭，用小幸的钱启动做生意，越做越大。他与女秘书朝夕相处，一次女秘书生病，两人情不自禁越轨。小幸看到手机里弹出的暧昧消息，追问下，这段外遇才浮出水面。小幸没有哭闹，没有歇斯底里，出奇的安静，她对老公说："你记得辞退她，回家。"之后，两人之间变得十分客气和小心，越演戏，夫妻间的问题越深。

小幸没有爆发，她将情绪全部隐藏起来，如火山堵住出口，内里的巨大能量吞噬着身心。一个人压抑了太多的愤怒又不能表达，一年后，小幸终于不堪重负，乳腺出现问题。

听听心底真实的声音，顺其自然地去觉察每个阶段，不压抑，才不会让结果爆发得更严重。

我们接受感情中带给我们内心的任何一种情感反馈，包容它，像贝壳接受沙砾，与它对抗只能让我们更累。

不用逼自己一下子做出选择，而是一步步建立具体的计划，让自己经济更加独立，思想更加独立。

三、给哀伤定时，制订清晰的计划

我们要允许自己哀伤，但给哀伤定个时间。

我们在痛苦的时候也要保持一份理智，一步步建立自己的具体

计划,保持经济独立,思想独立。

生活中的每一个人都是局外人,俯仰天地之间,只有自我,老天要尘世的你遇见暗礁和漩涡,学着洒脱,生活会以别的方式回报你。

有一个女明星,在老公出轨后,迅速实现自己从形象上的彻底改变,她就是佟丽娅。2017年2月,在陈思诚出轨门之后一个月,佟丽娅第一次出现在大众视野中,令人惊喜的是她一改之前的造型,以一头短发亮相,当时媒体的用词是"新造型亮了""知性干练"等。这一次亮相,佟丽娅给人眼前一亮之感,而这时距离老公被曝出轨仅一个月。其实造型上的转变仅仅是她重新开始第一步,接下来的她,每走一步都见证了成长。2020年春晚,她一袭红裙登上了春晚的主持舞台,美艳、动人、端庄、大方,在各界的质疑中,泰然自若地完成主持。她扭转了自己的公众形象,顺势成为"顶流",堪称娱乐圈中老公出轨后教科书式的公关存在。

出轨是一场心灵的地震,怎么样灾后修复?

对于出轨一方:

最深的需求是被欢迎、被接纳、被珍惜,我回家了,你还喜欢我吗?你还爱我吗?好像一个做错事的小男孩,回到家里,希望另一半能够完全地接纳他和原谅他,温柔地对他说:"没关系,人哪有不犯错的呢?下次不要再犯就好了,我相信你。"最害怕的是妻子老是提起旧事,让自己觉得一辈子都要背负着这个十字架,活在羞愧中。

对受害的一方:

一个人受到伤害后,他会本能地选择自我保护。

最深的需求是被爱、被肯定、被珍惜,觉得自己是好的、有价值的。好像一个曾经被妈妈抛弃的小女孩,现在需要确认妈妈不会再离开她了,还需要确认不是因为她不乖、不好,妈妈才抛弃她的,妈妈也有自己的问题。希望听到丈夫一再地肯定:"我爱你,永远再也不会离开你了。""你很好,不是你的问题,是我的问题。对不起!"

其中,需要听到丈夫说:"我爱你,我爱的是你。你是我生命中最重要的一个人。"这是最大的需求。

故事中的小程,在咨询师的建议下,制订了时间计划:

小程向单位请了7天年休假,每天早晨老公出门送孩子上学的那段时间,一个人在家里尽情地哭,痛快地骂,让自己的情绪得以释放。她可以在老公面前哭打,但不要过度,避免祥林嫂式的诉苦。

用心理暗示法,每次想到老公出轨,告诉自己:"我可以对这件事情中我的部分负起责任,然后坚信自己是有资格、有能力仍然拥有美好的未来的。想办法让事情一步步好转。"

小程给自己一个月的时间修复自我,一个月后果断地说出自己的决定,就是选择了尊严,省去了太多摇摆和犹豫,也给了对方空间,让对方为自己的行为负责。

爱,就是让对方学会对自己负责,明白什么后果承担不起,这也是在帮助对方成长,最大限度地避免出轨方与第三者联系。

重新定位家庭模式,小程订购了许多亲子活动套餐,让夫妻两人的心在与孩子相处的过程中多一些治愈。

小程老公出轨后,用了3年来成长,过程很痛苦,但是真的成长了。小程用自己的方式和老公重新建立了家庭的新模式。后来小程有机会去上海进修学习,他们也考虑举家搬到上海,开始新的生活。

对于只是寻找刺激的人来说,外面的第三者重要,还是经营了多年的家庭和孩子重要,这一点他心里很明白。除了个别出轨者因为不得已的原因,大部分出轨者能够权衡利弊,回归家庭。

如果丈夫不知悔改,我们也要不动声色地收集好证据,为将来可能面对的一切做好充足的准备。即使离婚,也只是结束一段感情,而不是被抛弃,并且相信自己能够应对,反思自己,吸取教训,自我提升。

《金刚经》有言:"凡有所相,皆是虚妄。"一切的相不要去执着它,就会产生智慧。依着光阴,修篱种菊,把盏品茗,守护心中的恬淡。

《纸婚》中说:"从一开始,爱情就是一件浪漫的事,而婚姻,却是一件庄严的事。"

婚姻和感情不是靠乞讨,也不是靠逼迫就能挽回的。保持这样心态的人,一定是自信独立的。

一个有魅力的女人,能够有能量修复婚姻,因为修复婚姻只是其中的一个选择。

第九章
"性"福有道——你是独一无二的

性生活中,我一定要温柔和善意才行吗
——感受对方,学会真实地交流

姗姗和老公在一次朋友聚会上认识,两人一见钟情后,不到半年便结了婚。

老公大学毕业后留过学,目前在一家上市公司做商业顾问,而姗姗条件也不错,英语专业的她在一家外企当经理。

老公为人开放、热情,是一个浪漫的人,但姗姗骨子里是一个保守、传统、循规蹈矩的人。最近,姗姗对两人间的夫妻生活挺苦恼的。

有天晚上,老公下班到家,身上一股酒味。姗姗照顾他洗漱,老公提出了亲密的要求,他们很自然地开始亲密了。高大、健硕的他,变着花样来,力道也很大,姗姗只能和老公说:"轻点,轻点。"醉了的老公,根本听不到姗姗的请求,还是一如既往。

姗姗心里很不舒服,两人一开始有亲密行为时,姗姗就发觉和老公之间对"性"的不同需求,但因为谈恋爱时间不久,她也不好意思表达。

结婚两年有余,姗姗越来越感到,两人在性行为方面的习惯和观念上的差异,已经越发明显了。

老公认为亲密行为要热烈汹涌才能体会到意义,是再正常不过的事情。

姗姗觉得自己更喜欢温柔、缓慢的过程,心里对老公的方式是有点排斥的。

除了排斥,姗姗也很担心自己屡次扫兴会破坏两人的感情,所

以经常强忍着配合，毕竟这个问题在婚姻中可大可小，因为这事有矛盾没处理好而离婚的案例，她也听说过不少。

姗姗真的很苦恼，不能和老公说，更不能和亲朋好友说，怎么解决呢？

一、和谐的亲密行为，与性爱观息息相关

心理学家认为，健康的性行为，包含爱和性的双重和谐。

只有夫妻双方共同享受、能给彼此都带来愉悦的性生活才是和谐、健康的性生活。

从认知心理学角度分析，对一个有完全责任能力的人来说，性行为是由八个步骤组成的，分别是：性角色认知、性欲望产生、性动机形成、性对象选择、性能力发挥、性交操作过程、性交体验、性后果的责任。这八个阶段，透露出每个人在性爱观上的差异。

姗姗和老公对于性行为的矛盾，就展现出两人存在较大差异的性爱观。因为彼此对于正确性行为的理解不同，导致姗姗每每苦于思想观念的斗争，对于老公的请求，她甚至会将自己与"浪荡女子"联系在一起。

彼此性爱观背离，是众多新婚夫妻中常见的问题。

姗姗从小在中国长大，生活环境以及人际关系都很简单、纯粹，她的父母也是很注重传统风俗的人，接受的教育都是让她做一个乖巧、懂事、听话的姑娘。在她的理解中，与爱人亲密的性行为应该是伴随着情感的交流，在行为上应该始终保持着温柔、舒缓与和善，加上我国在性方面的教育普及也比较匮乏，使得姗姗相对传统一些。

在姗姗眼里，良好的性行为就应该如同爱情电影里温柔的男主角一般，动作十分温和；良好的性行为就应该保持着同一个姿势；良好

第九章
"性"福有道——你是独一无二的

的性行为就应该是男方占据主动权,女性被动接受。

而姗姗老公,由于早期在国外留学,加上自身热情奔放的性格,所以在他看来,性爱无疑是对爱人表达自己热切心意的最直接方式,可以是猛烈的、热情的、奔放的,让爱人享受,也会给自己带来自豪与满足。

性生活的和谐对于婚姻和情感的维系,是无法替代的。

姗姗认为自己一直承受着不舒服甚至是痛苦的性行为,一开始可能只会在身体上感受到厌恶,久而久之,不幸福的性生活也势必会影响到她和她老公之间的感情。

二、抛开束缚,学会让自己成为主角

所谓世界观决定方法论,放在婚姻中的性生活上来看,就是性爱观决定性行为的方式,以及对正确的性行为的理解。正是因为双方持有不同的性爱观,才导致两人对于在性行为上有摩擦,有不愉快。但其实,造成两人对于性爱观不同理解的背后,还蕴藏着更深层次的原因。

文化和社会心理,是对性行为不同理解的根源。

苏联著名教育学家安·谢·马卡连柯曾说:"性行为是不可能同人类文化的一切成就——一个社会的人的环境、人道主义的历史方向分离开的。"

我国传统社会文化、社会心理都要求女性在性方面必须恪守礼节、保守忠贞,似乎女性天然不享有谈论性的权利,女性一旦表达自身的性欲望,就极易引起周围人用有色眼镜看待,对之进行嘲讽、打压。

不得不承认,我国传统文化以及社会心理中,历来存在着禁锢女性性欲望的成分。不过,随着时代的变化,大众心理的转变,这

种情况逐渐在好转。

我国女导演黄真真就有一句名言:"做爱就像运动,高潮就像蹦极。"

现下,越来越多的人倡导女性性解放,就是鼓励女性从心理深处、思想深处冲破传统封建对于女性性方面的牢笼,剔除"谈性色变"的羞耻感。

在当今社会文化中,我们追求男女平等,同时在性方面,我们也同样要摆正女性在性爱中的正确位置。

不是只有温柔的、和善的性行为才是正常的,也不是只有男性才能主导或者决定如何进行性行为,女性也完全可以乐在其中,掌握主动权,通过自己的性行为向爱人表露心意、增进感情。

女人只有敢于谈性,才能有弹性。

在日益严峻的婚姻环境下,新时代的女性,在"性"这个问题上,一定要懂得与时俱进,既要了解男人,又要懂得自己,决不能只做夫妻性生活的服务员。

三、加强沟通,勇敢释放自己的性需求

有人说,欲望是把双刃剑:能披荆斩棘,也能伤到自己。

电视剧《三十而已》中,向我们展示了不同的女性直面欲望的故事。

30岁的顾佳直面欲望:想融入富人圈层,像一台热力十足的永动机,带着丈夫儿子奔向更好的生活。

30岁的钟晓芹直面欲望:想要有温度的爱情,快意人生,不做婚姻中的困兽。

30岁的王漫妮直面欲望:没错,我就是要留在上海,过理想的生活,找理想的男人。

第九章
"性"福有道——你是独一无二的

婚姻中，又有多少女性勇于直面自己的性需求、性欲望？

古人说："食色，性也。"色，是我们作为成年人本身就应有的欲望，这并不羞耻，也不应该逃避或者抑制。相反，正确的、健康的心理更鼓励我们释放自我、追求愉悦的性行为。

当我们想要和老公亲密的时候，我们完全可以主动提出想要，不要觉得不好意思，如同爱就要大声说出来一样。当你的老公接受到你的邀请后，他会感受到自己被需要了，也会获得一种自豪感、收获信心。

一旦当我们转变观念，你会发现很多问题便迎刃而解了。你不会觉得姗姗的老公热烈澎湃的性行为是不对的，你不会觉得正确的性行为只能是一味的温柔、单调，你也不会觉得女性在性行为中释放欲望是一件羞耻的事。

改变现状，从转变观念开始。

与此同时，婚姻中的两个人日常相处是需要磨合的，同时，性也是需要时间磨合、联系和沟通的。

我们要记住：发生问题，沟通永远是至关重要的一步。

如果在性爱过程中有任何的不适，我们都要勇敢地说出来，就如同把它当作"今天我不想洗头"这么一件稀松平常的事让对方知悉，这样，才能不断磨合，达到两人共同的愉悦。

其实，像姗姗这样的女性，在我们生活中十分常见，大家或多或少都会对性难以启齿。

研究表明，大多数新婚燕尔的夫妻在性需求方面的沟通也是很匮乏的，他们不会就各自的性需求进行交流，并期望对方弄清楚。

可以说，没有良好的沟通，就没有好的性。

我们强调沟通的重要性，不单单体现在性行为上。

试想，如果夫妻双方在性方面沟通无碍，势必也会不断保持并加深两人的亲密度、信任度，加深夫妻间的感情。但如果，一方一味地忍受性行为过程中的不适，久而久之，问题终会聚沙成塔而爆发。

茫茫人海中，有缘牵手一生，本该珍惜彼此。

抛弃传统糟粕的束缚，解放思想吧，勇敢地释放自己的性需求，创造"性"福的婚姻指日可待。

第十章

系统和谐——让爱源源不断

我的老公是"妈宝男"
——解决难题的三个思维

生活将我们磨圆，是为了让我们滚得更远。

小琪觉得自己抽到一个大奖：传说中的"妈宝男"老公。

小琪的爸爸是典型的大男子主义，她在一种严肃的氛围中长大，所以对于男生细致、体贴、温暖的品格，特别容易心动。和老公谈恋爱的时候，小琪能感受到他无微不至的照顾，因而倍感幸福。

研究生毕业后，他们很快谈婚论嫁。因为老公是单亲家庭，婚后，小琪搬进了老公家，和老公、婆婆两个人共同生活。

婚后的生活，和小琪的预想有很大的出入，尤其是对吃剩的菜倒不倒，婆婆和小两口各有各的想法，观念不同。

老公一贯的态度是："妈不容易，就听她的吧！""既然妈这么说了，就这么做吧。"

一次小琪和老公闹矛盾，一个想要筹个首付再买套房子，一个觉得现在住得好好的，目前房市不景气，不要轻易地再去买房，小琪觉得怎么都说不通老公，有点生气。

过了几天，婆婆主动和小琪说："房子过几年再买，你们可以把钱交给我，我替你们保管着。"小琪一边应付地回答"好的，妈"，一边觉得很惊讶：这事也就和老公说起过一次，婆婆怎么知道的？

小琪觉得婆婆的影子总是无形地横亘在生活中，心里很烦闷，自由惯了的她不想有人指手画脚，最近心里的事情积累多了，睡眠质量不断下降……

第十章

系统和谐——让爱源源不断

一、撕掉标签，收获对伴侣一份新的感觉

男："什么是'妈宝男'？"

女："就是没主见，什么都听妈妈的。"

男："哦，那我去问一下我妈我是不是。"

女："问吧，我知道（答案）了。"

有人说："防火、防盗、防妈宝。""妈宝男"，是一个网络流行词，词条解释是：听妈妈的话，生活中或者婚姻中，认为妈妈都是对的，没有主见，以妈妈为中心。

热播电视剧《流金岁月》中展示了三个不同的"妈宝男"："永远做妈妈的乖乖男"的锁锁表哥，"受不了一丁点委屈"的南孙爸爸，"摆脱不了被妈妈控制命运"的谢宏祖。

对于自己和母亲的关系，谢宏祖曾经精确地形容过："你买泡面是自己吃吧，我买了这么多套房子，没有一套是我自己住的，还不如买泡面。有的人虽然出生在有钱人家里，但是未必能比其他人幸福。"

曾有媒体对2000余名受访者进行问卷调查，结果显示：超过60%的受访者表示身边有"妈宝男"，而58.3%的女性受访者在择偶时不愿意选择"妈宝男"。

"妈宝男"是一个标签，心理学上有一个标签效应，即一个人被贴上某种标签时，他就会相应地做出自我印象管理，使自己的行为与所贴标签内容相符。它对一个人的"个性认识的自我认同"有着强烈的影响。

有时候，给一个人贴标签的结果，恰恰是往标签所预示的方向发展。

"老公为什么听妈妈的话？"

"因为老公是'妈宝男'。"

当我们继续问下去：

"为什么老公是'妈宝男'?"

"因为老公听妈妈的话。"

贴了标签后,我们戴着滤镜去看待老公,无论他真的是"妈宝男"还是过了边界的孝顺,无论他做了"妈宝男"的事情是不是出于自己意愿,着急地贴上标签,对我们的婚姻并没有多少好处。

当小琪心里对老公的言行产生怀疑,首先可以学会"撕标签"。

通过"撕标签",小琪会收获对老公和婆婆不一样的感觉,放下偏见:老公对婆婆言听计从的一般是琐碎事,但是在大事情上还是会尊重自己的意见;婆婆喜欢吃剩菜,是因为小时候物资匮乏,本能地珍惜食物;婆婆想帮他们保管钱来买房,她是真心地觉得她节约用钱,能帮他们存下一笔钱……

打破隐形的偏见,这份新的感觉,有助于营造家庭关系墙外秀丽的风景。

二、"妈宝男"闯入生命中,背后有原因吗?

你还记得和"妈宝男"初识的样子吗?

很多人会回答:"刚谈恋爱时,被他身上自带的温暖所吸引,很温柔,很体贴。"

正如小琪提到的一样,自己的爸爸是大男子主义者,她厌倦了爸爸吆喝妈妈的样子,长大后,暖男对她来说是很难抗拒的。

家庭治疗师维吉尼亚·萨提亚认为,一个人和他的原生家庭有着千丝万缕的联系,而这种联系有可能影响他的一生,当然也会影响他的婚姻关系。

人的成熟,伴随着成长烙印。如果看不见自己的烙印,可能会面临"恋爱谈了几段,对象都是'妈宝男'"的情况。

恋爱是个人的事情,但婚姻是两个原生家庭的碰撞。

第十章

系统和谐——让爱源源不断

在谈恋爱时，我们要从系统层面多做一些分析：什么样的对我有无法阻挡的吸引？这样特质的人真的适合结婚吗？他的家庭环境我接受吗？我的家庭是受到他认可的吗？对方与父母亲的关系怎么样？相隔两个城市，我们会遇到哪些问题？

苏联教育家苏霍姆林斯基曾说："你匆匆忙忙地嫁人，就是甘冒成为不幸者的风险。"提前准备，让我们走入婚姻时，多系一条安全带。

回到"妈宝男"的问题，社会上的"妈宝男"分为两种，一种是妈妈开朗，儿子阳光，妈妈和儿子之间如朋友般相处，他们是接受外界的声音和更多的人加入的。

如果你碰到了这种类型的"妈宝男"，那么你是幸运的，因为只要你打开心扉，融入他们，你就能多得到一份真挚的关爱和亲情。这是相对容易的一件事情，比如当老公和妈妈在拥抱时，你也加入，和婆婆拥抱，都说女婿是半个儿子，你也可以是婆婆的半个女儿。

现实生活中，更多的是第二种：妈妈权威，儿子顺从。

精神分析认为，婴儿出生的时候，他会认为眼前的妈妈和自己是一体的，但是随着婴儿越长越大，他会逐渐意识到自己是一个独立的个体，需要和妈妈分开。而所谓的"妈宝男"们没有完成这个分离的过程，永远都像小孩子，需要指引与照顾。

这种"妈宝男"往往有以下典型的表征：

（1）做事情有依赖性，唯唯诺诺。

（2）潜意识中对女性这个群体有讨厌的心态。

（3）因为对母亲的投射，存在夫妻性关系障碍，多数时候，他们会出现外遇。

在这个模式中，妈妈对儿子往往有过度的掌控欲，表面上看，是儿子依赖母亲；剥开来看，是母亲在依赖儿子。儿子的内在往往会对妈妈有一种厌弃。改变却很难，核心原因是母亲缺乏边界意识，儿子也很难面对自己真实的潜意识。

三、三个选择，轻松应对"妈宝男"的婚姻

德国心理学家海灵格曾在《谁在我家》一书中说过："谁痛苦，谁改变。"

真的遇上了第二种"妈宝男"，婚姻里谁最痛苦？

"妈宝男"才最痛苦，表面上有多服从，内在就有多抵制。强权下的压抑一直躲在潜意识中，这是分裂的。

即便妻子痛苦，"妈宝男"潜意识里有反抗，但还是把顺从和爱给了母亲，被爱绑架的排斥感甚至恨意给了妻子，要求妻子为自己做很多事情，把妻子当作情绪的出口。

而婆婆却并不痛苦，一个没有意识到痛苦的人，没有动力去做任何改变。

这时候，与其懦弱地去伤心，不如勇敢地去博弈。作为妻子要走出的第一步，是灵活改变自己的思维。

一个人遇到问题，常常选择"反抗或忍受，成功或者失败，支持或者反对，你赢或者我赢"。

除了惯性思维，还有第三种选择吗？要相信一定有第三种解决方案，权衡利弊，主动争取，热情、正向地为自己打算。

1. 进

"剑戟横空金气肃，旌旗映日彩云飞"，把自己当作智者，去挑战、影响一个"妈宝男"。现实生活中，的确有这样的女生，喜欢完成不可能的任务。在此过程中，可以寻求专业咨询师的帮助。

2. 退

"退一步海阔天空"，既然前路走不通了，也不想走了，就撤退回来寻找别的办法。对爱情不必勉强，对婚姻则要负责、谨慎待之。权

衡利弊后，可以果断和伴侣提出分手或离婚，一别两宽。

3. 灵活

"识时务者为俊杰"，在进与退之间与老公合作共赢，让双方在冲突中找到互相协同的出路。如给婆婆报名各种兴趣班，转移注意力，让她有自己充分独自成长的机会；在小区里租一个房子自己住，与婆婆同小区不同屋。

遭遇"妈宝男"，唯一能观照出的正面价值：我们不会允许自己培养出一个"妈宝男"，在母爱中得体退出，这对于我们教育自己的孩子时，具有不一般的启示意义。

大象会跳舞，不是四肢减重了，而是头脑灵活，方向走对了。

生了老二,家里整天鸡犬不宁
——夫妻关系是所有家庭关系的核心

都说生完孩子的头一年,是夫妻关系的一道坎,再次迈过这道坎比上一次更难了。

最近乔乔生了二宝,本以为已经有了5岁的大儿子,养育女儿会轻松上手,可几个月下来,乔乔的生活全乱了套。每天围着两个孩子转,白天累得浑身瘫软,半夜还得起来喂奶,睡眠严重不足。

最近,乔乔的先生单位效益不太好,给他放了长假。乔乔母亲本来帮她带孩子,这次女婿休长假,就回老家了。

乔乔和先生商量,两人分工照顾孩子,老大由先生负责照顾,白天接送幼儿园,中午由先生看女儿,乔乔补觉,晚上乔乔喂奶。

先生没干几天,就不耐烦了,尤其是周末儿子也在家时,家里就更是吵闹得厉害。

"我一个大老爷们,天天在家带孩子。"

"既然你这么累,你怎么不让我请个保姆?"

乔乔看着儿子弄了一客厅乱七八糟的玩具,女儿又被放在沙发上哭,厨房里先生弄了一地的水还没来得及拖干净,心力交瘁:"你休假,本来家里就少了一份收入,你就不能用点儿心做好吗?"

"你要是嫌我做得不好,你就自己做。"

先生说完,就放下正在收拾的碗筷,回到了自己的书房。

第二天是周末,一大早乔乔起来,看到儿子一个人在客厅玩小汽车。

第十章

系统和谐——让爱源源不断

"小轩,你爸爸呢,出去买早饭了吗?"

"爸爸还在睡觉呢。"儿子泪汪汪地跑过来扑到乔乔的怀里,"妈妈抱抱,我想让妈妈陪我玩小汽车,妈妈好几天没陪我玩了,妈妈有了妹妹是不是不要我了?"

听到儿子的话,乔乔是既愤怒又委屈还自责,这段时间确实忽略了儿子很多,可她还能怎么办呢?

她一边忍着心中对先生的愤怒,一边心不在焉地陪着儿子,还得关注着女儿有没有醒来。

一个上午,先生都在家睡觉,乔乔觉得他真的很不负责任,看着家里一片凌乱,乔乔觉得自己的二孩生活用一地鸡毛都难以形容。自己以前生完老大后先生不是挺体贴的吗?为什么现在反差这么大?

一、夫妻关系,是所有家庭关系的核心

心理治疗师曾奇峰说:"夫妻关系,是一个家庭的定海神针。"

夫妻既是人生伴侣,也是命运共担者。家庭关系中,夫妻关系才是第一位的,只有夫妻关系做到恒常和稳定,家庭才能幸福。

那些美满而幸福的家庭,通常都是夫妻关系排在第一位,亲子关系第二位,与自己父母的关系排在第三位。

"家庭系统排列"创始人海灵格,曾提出"幸福家庭关系图"理论:夫妻俩亲密并肩站立,孩子站在父母前面的中间位置,形成稳定的等腰三角形关系。

乔乔家庭中增加了新成员时,显然先生没有带娃经验,而乔乔处在紧密的亲子关系中已经疲惫不堪,此刻的她多么希望先生能多为她分担些,哪怕就是一个午觉,乔乔也觉得很满足。可偏偏先生哄不好孩子却又发脾气,乔乔觉得先生睡觉不起床是不负责任,然而更多的失望是自己无助时,先生却忽略了她的感受。

宫崎骏在《霍尔的移动城堡》里说:"那些被深深爱着的人,往往更有力量。"

娱乐圈有"宠妻狂魔"之称的李承铉,在妻子戚薇事业上升期的时候,心甘情愿当家庭煮夫,用心培养女儿,让妻子全身心打拼事业。戚薇怀二胎以后,李承铉兼顾家庭与事业,整天两头跑。有人吐槽李承铉的100条微博里,有74条都是戚薇。戚薇解释道:"这就是我们的日常。"

戚薇是幸运的,她是那个被深深爱着的人,在爱的支持下,夫妻俩的发展也越来越好。

夫妻关系和睦,是孩子幸福成长的最重要条件之一。

当孩子们看到爸爸妈妈之间的很多爱意时,内心会产生充足的安全感,整个家庭也会更加和谐。

家庭教育最重要的,不是把孩子放在首位,而是让他们看到父母在面对生活时,关爱彼此的态度。

二、好的婚姻是换位思考,彼此分担

苏联教育家苏霍姆林斯基说:"做了父亲和做了母亲,这是人的第二次降生。"

为什么"一孕傻三年"?从心理学角度讲,我们可以将所谓的"变傻"理解为妈妈对自己孩子的共情和专注。

在孩子小时候,妈妈经常不通过言语就能很好地理解孩子,但爸爸通常不太容易理解妈妈和孩子之间的这种亲密关系,在带孩子的过程中难免会产生挫败感。

新成员的加入会引起家庭格局的变化和混乱,这时,成熟的男人往往会用爱与包容来呵护妻子与孩子,而不成熟的男人往往会感到无所适从,下意识地采取简单的逃避策略。

第十章

系统和谐——让爱源源不断

乔乔丈夫正是采取了逃避策略,这让乔乔不安、愤怒和焦虑。

此时,两人需要学会换位思考,分担彼此的压力。

乔乔的困境是:睡眠严重不足,无法兼顾两个孩子。

丈夫的困境是:想要重新找工作,却又因各种原因搁置。

乔乔需要充足的睡眠,丈夫需要价值感,两人的压力都很大。

电视剧《小欢喜》中,承受巨大失业压力的方圆,并没有被妻子嫌弃,还屡屡被妻子安慰,这点很让人感动。方圆在微信群里发了800元红包请大家帮忙找工作而一无所获时,他的妻子除了带着崇拜的表情听完了方圆的"人脉"理论,还把这800元报销了。

这和方圆一直以来对待妻子和家人的态度都充满了爱有密切相关。你敬我一尺,我才能让你一丈。

电视剧中方圆夫妻俩没有吵过架,生活里都是打情骂俏、欢声笑语,即使处处艰难,也是苦中作乐。

乔乔和丈夫也可以患难中见真情,经过以下四步走,让关系重新和好:

(1)信息互换:此刻我的困境,你的困境;我能做到的,我不能做到的;我可以帮助你做的地方,我需要你帮助我的地方。

(2)调整:根据自己和对方的需要,做出调整,达成一致。

(3)转变:根据新的需要来做出具体的行动。

(4)达到新的和谐状态:各自的需要得到了满足。

理解和照顾对方的感受,感同身受,"新的婚姻"就有机会走向成熟和圆满。

三、遵守爱的序位,让爱自上而下传递

由于二宝到来,大多数家庭都把注意力转向二宝,这是老大最容易失落的时刻。时间一长,老大就会产生一种失宠、嫉妒的感觉,

甚至会表现出异常黏人、情绪偏激、行为出格或是倒退的情况。

小轩虽然只有5岁，可他却能明显地感觉到妈妈对他的忽略，泪汪汪地向妈妈要抱抱。这时候，乔乔夫妻对小轩的重视和爱的方式就显得非常重要。

家庭系统排列中有"家庭序位"的概念，详细解释了出生顺序对一个人的影响。对于家里的"老大"来讲，自打一出生，家里的什么都是他一个人的，包括爸爸妈妈、爷爷奶奶、好吃的好玩的，以及一切他认为重要的东西。

可是自从二宝一出生，情况开始变化，"怎么突然来了个小不点儿抢我的东西，抢我的爸爸妈妈……"此时大宝的恐惧、委屈、失落不言而喻。

在大宝眼里，二宝是一个入侵者，来抢走原本属于自己的东西。"爸爸妈妈是不是不要我了？"如果父母做得不够，大宝会顺其自然地产生这些想法。

此时，乔乔夫妻要学会先满足第一个孩子的需求，再满足其他孩子的需求。因为作为"老二"，在他出生之前就有了哥哥或姐姐，对于自己是否被优先满足并没有那么敏感，先满足姐姐哥哥他是完全可以接受的。那父母具体可以怎么做呢？

1. 陪伴不打烊

孩子最想要的是父母唯一的爱，即使有了两个或更多的孩子，也要经常给大宝一段特殊时间。在这段特殊时间里，爸爸妈妈只陪着他一个人，眼里心里只有他，这会让大宝心里更有安全感、更满足，也更宽容。

2. "爱"字挂嘴边

明确地告诉大宝："不管什么时候，爸爸妈妈都是爱你的。""我们家是多了一个小宝宝，但爸爸妈妈还是像以前一样爱你。""你是独一无二的，爸爸妈妈对你的爱不会因为有了妹妹而改变。"让大宝感受到父母的爱一直都在。

3. 礼物分两份

给二宝买玩具、买衣服时不要忘了大宝，要让大宝感受到自己是被平等对待的。

4. 培养同胞情

挑选一些兄弟姐妹方面的绘本或者故事书和大宝一起阅读，让大宝知道，有一个弟弟或妹妹其实是一件很幸福、很快乐的事情。

外出购物时，可以让大宝给二宝挑选衣服的颜色和款式，让哥哥或姐姐这个角色名副其实，让大宝感觉到做哥哥或姐姐是非常自豪和骄傲的事情。

5. 允许发泄情绪

允许大宝表达不满的情绪。当大宝表现出对弟弟妹妹的嫉妒时，不进行说教，这时可以给大宝一个毛绒玩具，让他把不满情绪发泄出来；也可以让大宝通过绘画来表达内心的情感，让他平静下来。然后对大宝说："现在爸爸妈妈知道你有多么生气了。"

面对孩子，我们缺的永远不是方法，而是爱、时间和耐心。

二孩时代，父母讲究爱的艺术、爱的序位，才是明智之举。让爱自上而下传递，由父母传递给大宝，大宝再传递给弟弟妹妹，这种爱的传递，可以收获健康的亲子关系，让家庭氛围友爱而融洽。

两个女人的"战争"有解吗

——婆媳相处的三个技巧

安安，31岁，在和老公经历了5年的爱情长跑后，终于走进了婚姻的殿堂。一直以来，安安与老公志趣相投，各自都有不错的职业发展，极少产生矛盾。但是婚后第一年，双方却频频发生争吵，而大部分的争吵原因都是"婆媳矛盾"。

婚前，婆婆曾经直言："安安事业心太强，婚后必定会忽视家庭，不是儿媳的最佳人选。"对此，安安很是担心，也和老公聊过这个问题。但老公却觉得不是什么大问题，以后双方不住在一起，不会有过多的接触，自然不会有什么矛盾。在老公的劝说下，安安接受了这个观点，但婚后的现实却大大相反。

婚后，虽然婆媳没有同住，但婆婆的存在感却从未减少。

"儿子，你记得吃维生素片。"

"儿子，妈妈买了你最爱吃的笋干，你周末回来吃吧。"

……

日常生活中，婆婆不仅微信、电话不断，节假日甚至多次以帮忙做家务为由，来到夫妻俩的小屋暂住。为了避免矛盾，安安在和婆婆的相处中一直小心翼翼。为了让婆婆开心，逢年过节，安安必定会细心地准备礼物；在婆婆插手两人的生活琐事时，安安也大多会采纳听取婆婆的意见。

但是不管安安怎么做，婆婆对安安依然苛责有加。

"这个菠菜应该先焯水再炒。"

"都这么晚了才回家，天天加班也不顾家，这可不行啊。"

第十章

系统和谐——让爱源源不断

"花钱不能这么大手大脚，要会节约。"

……

安安想不明白，不是说婆婆只有一个儿子，自己这个儿媳妇也相当于闺女了吗？怎么婆婆对待她和老公的态度有这么多不同？她到底该怎样才能和婆婆和谐相处呢？

一、认清现实，走出"婆媳关系"误区

美国著名的心理治疗师苏珊·福沃德在其作品《原生家庭·婚恋版》中提到：我们在处理与伴侣父母的不和时，通常会选择听之任之的处理方式，幻想问题会自行消失。而这种处理方式往往来源于我们对"伴侣父母"的认知误区。

在传统的中国婆媳关系中，很多人认为婆媳关系可以等同于母女关系，认为只有"亲如母女"，才能消除婆媳之间的矛盾。但其实，这一观点，是不利于婆媳相处的。

"亲如母女"背后的潜台词是：

"儿媳需要像女儿一样听婆婆的话，无微不至地照顾婆婆。"

"婆婆需要像亲生母亲一样，对儿媳毫无保留地付出。"

这就意味着，婆媳双方都对双方抱有极高的期待和要求。但是，想要达到这一要求，谈何容易。

在婆媳关系中，安安便是一直将双方圈在一场她认为的"亲密关系"中，所以长期倾向于柔和的处理方式。她总考虑如何让双方的关系更体面，想象着有一天自己能够与婆婆消除隔阂，亲如母女。但其实放弃对"亲如母女"的执着，婆媳关系反而更好处理。

什么样的婆媳关系最安全？答案是保持一定的距离，客客气气的关系。

不要把儿媳当亲生女儿，也不要把婆婆当成亲妈，因为婆婆不

会计较自己的亲生女儿,媳妇也不会计较自己的亲生母亲。

古人云:"君子之交淡如水。"这句话在婆媳关系中一样适用。婆媳之间,保持一碗汤的距离最好。婆媳之间的相处过于亲近,不一定是什么好事,反而是一定的距离,能给这份关系带来更多的舒适感。

因此,面对婆婆,安安不必强求婆媳关系亲如母女,不如放弃高期待、高要求,明确双方关系的界线,这样才能将两者的关系拉入舒适圈。

二、明确立场,终止婆媳"战争"的有力武器

婚前,由于彼此的接触不多,很多人通常会采取一种自我安慰的方式处理婆媳关系,认为自己有能力应对婆婆的偏见,又或者认为"惹不起,但总躲得起吧"。

安安的闺蜜小柔和老公经过5年的恋爱长跑,终于走进了婚姻。但原本甜蜜的两人却在婚后经常发生争吵,争吵的原因是婆婆干涉他们的生活。

有一次,小柔的婆婆联系她,要求她马上给老公添置新衣,并表示自己已经翻看过他们的衣柜了,没有见到儿子婚后添置新衣。小柔认为婆婆的行为已经极大地侵犯了夫妻俩的隐私,不想与婆婆正面冲突的她,想让老公介入处理,但是老公却不愿意表态,最终引发夫妻间激烈的争吵。

平日里,面对婆婆的无理要求,小柔总是忍让退步,以换求平和的婆媳关系,但是多次的忍让,却只换来了婆婆的得寸进尺。那么,为什么看上去很合理的解决方式却起了反效果呢?

其实,大多是婆婆心中,在儿子结婚前就已经为儿媳树立了一个标准。但人是很难知足的,当儿媳渐渐接近这个标准时,婆婆又

会再度提高标准，最后导致儿媳难以忍受，矛盾激化。

所以，在婆媳相处的过程中，我们必须要清楚地表明自己的立场。对于自己不愿意接受的事情，明确的拒绝，在问题发生之前就杜绝其发生的可能性。通过日常的相处，也要让婆婆知道自己的底线。

苏珊·福沃德曾说过："就算没有亲如一家的运气，至少要有不受委屈的底气。"得过且过不会是长久之计，明确立场，采取有效的措施，才能真正终止婆媳之间的"战争"。

三、非防御沟通，让关系轻松舒适

俗话说："婆媳亲，全家和。"

这句话有双重含义。一重含义是指，婆媳关系融洽与否，直接影响到整个家庭中的其他人际关系，比如夫妻关系、亲子关系、兄弟姐妹关系以及祖孙关系。二重含义则是指，婆媳关系是家庭内部人际关系中最微妙、最不好相处的一种关系。

网上有一则新闻：婆媳两人因为生活琐事发生争吵，儿媳一怒之下将卧室内床铺点燃，随即引发火灾。婆婆发现起火后，立即拨打119电话报警，儿媳因纵火被公安部门带走调查。

面对已经发生的冲突，我们习惯于去解释、去反驳，力证自己的正确性，但是，这种处理方式往往只会火上浇油，激起更强烈的反应情绪。

那么，我们应该如何处理冲突呢？

作家王蒙曾表达了他在处理人际关系时的基本准则："一般不做自我辩护，但可以澄清一些观点、一些选择、一些是非。"这一准则，对应的正是心理学中的非防御沟通。

非防御性沟通，即拒绝正面冲突，在对方情绪稳定之后，柔和而坚定地表达自己的立场和观点。面对对方的攻击，始终坚持自己

的立场,而不是被对方的情绪"带着走"。

"硬碰硬"永远不会是解决问题的最佳方式。如果,你不想在处理婆媳矛盾时陷入无休止的争吵,不妨尝试一下非防御性沟通的方式。比如:当婆婆说:"都这么晚了才回家,天天加班也不顾家,这可不行啊。"安安可以不带防御性地回答:"关于加班这一点,您可以有自己的看法的。"

当婆婆说:"你只想着自己,从不考虑我和儿子的感受。"安安可以平静地回答:"我能理解您的心情,您的想法值得深思。"

非防御性沟通中最不具防御性的一句话是:你绝对没错(即使你并不这样认为)。

当你面对他人的责难和攻势时,用这种简短且不带有情绪的言语来回应是最好的方式。

《了凡四训》里面有一句话:"闻谤而不怒,虽谗焰薰天,如举火焚空,终将自息。"意思是说,听到诽谤的话不生气,就算谗言如烈焰熏天,也不过像举着大火去燃烧天空一样,最终会自然熄灭。

别人的指责和怒火就像举火焚空一样,只要你不去火上浇油,不去添柴加炭,那它最终将自然熄灭。

一场完美的婆媳关系,始于"没关系"。

路遥说:"社会在变化,生活在变化,人在变化,没有什么是一成不变的,包括人的关系。"

只要处理得当,婆媳关系也可以与朋友关系一般舒适自在。

第十章

系统和谐——让爱源源不断

怎么让双方父母更和谐
——换位思考，很有必要

如果说爱情是玫瑰，那么婚姻就是柴米油盐酱醋茶。

如果说谈恋爱是两个人的事情，那么结婚就是三个家庭的故事。

爱情、亲情、友情等这些关系是人生不可或缺的感情。两个不同的原生家庭，因为地域、教育、人生经历等因素，受着不同的文化底蕴影响成长的两代人，源于奇妙的爱情而交汇后，在共同生活中逐渐显现出来的差异，都将会成为年轻人婚姻中的阻力。

阳阳和老公结婚4年，夫妻关系一直不错，双方的父母平时见得不多，也算和谐。阳阳婚后第四年生了宝宝，本来是喜事一桩，两家的父母却因为照顾孩子的问题产生了矛盾，随着矛盾越来越激化，小夫妻俩都非常的头痛。

在阳阳坐月子期间，小雷工作忙，顾不上家庭，阳阳一个人带孩子很辛苦，跟两家商量想要请个月嫂。阳阳父母收入比小雷父母高，所以一开始阳阳妈妈就对小雷父母说："阳阳坐月子大家都很关心，我们这边是想自己出钱请个月嫂，这样既专业又省心。"小雷父母觉得没必要花这个钱："带孩子都是经验，我们自己去带也是一样的，请月嫂带，万一以后孩子不亲近父母怎么办？"

阳阳父母感到很郁闷也不能理解，自己带孩子带出的经验未必比月嫂专业，孩子夜哭和半夜哺乳很耗精神，为什么要让自己这么辛苦？小雷的妈妈也觉得很委屈，自己专门从外地来好心陪儿媳妇坐月子，结果出力还不讨好。阳阳父母觉得对方难以沟通，小雷父母觉得是对方有钱瞧不起自己,时间久了,两家的关系越来越僵化。

小夫妻俩觉得双方父母的出发点都是好的,只是结论上产生了分歧,才导致矛盾激化。但是阳阳和小雷都很苦恼,该怎么消除两家之间的问题,让双方父母和睦相处呢?

一、摩擦,来自原生家庭背景的差异

在儒家文化的熏陶下,带着原生家庭一起生活,是中国传统婚姻的基本模式,所以婚姻里两个年轻人结合的背后是两个家庭的背景。

2018年国家司法大数据专题报告的离婚纠纷显示,有77.51%的夫妻因为感情不和向法院申请解除婚姻关系(如图10-1所示)。

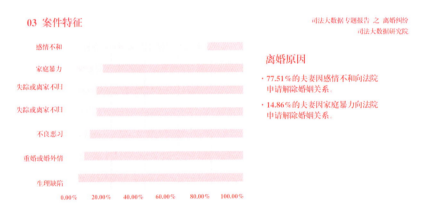

图10-1 司法大数据专题报告之离婚纠纷

造成感情不和的最主要的原因就是原生家庭的差异。我们的三观——人生观、价值观、世界观,都是在原生家庭的影响下塑造的,如"蝴蝶效应"一样,能产生巨大的影响。因此,在这样的背景下,差距越大的原生家庭,在相处中矛盾就会越多。

阳阳和小雷的苦恼,表面上是父母关于带孩子有意见分歧,

第十章

系统和谐——让爱源源不断

实际上是由于原生家庭的背景差异大,在相处磨合阶段导致隔阂和矛盾。

再伟大的爱情也抵不过面包,再深厚的感情也抵不过最后一根稻草。

《梁山伯与祝英台》戏词中唱道:"记得草桥两结拜,同窗共读有三长载,情投意合相敬爱,我此心早许你梁山伯。"如此情深却抵不过当时原生家庭中平民与贵族之间的差异,可想而知,原生家庭对于婚姻的影响到底有多深。

"我们是如何成为我们的,有多少先天因素,有多少后天因素,才把我们塑造成我们。"

心理学研究表明,孩子在选择伴侣时会参考与父母的相处过程,而建立一套自己的伴侣选择模式。换句话说,我们的潜意识受到原生家庭的影响,在茫茫人海中,会主动寻找与父母相像的对象而结为配偶。

原生家庭的烙印刻画在每个人的身上,家庭矛盾冲突的背后,其实是更深层次的原生家庭背景的不同碰撞。

二、矛盾激化,是传统家庭的重新构建

家庭作为一个团体的单位,姻亲关系是维持的系带。

在婚姻内,原生家庭的背景不同是最容易引发家庭矛盾的导火索,譬如婆媳在相处间的不愉快,或者岳父母看不起女婿之类的。

两代不同的人在价值、性格、生活习惯上出现分歧是难以避免的,在婚后越来越久的相处过程中,受长期环境影响导致的差异,不可改变性就越来越明显。

其实,阳阳的父母和小雷的父母之间,矛盾在婚姻初期就已经显现出来。

在阳阳父母的观念中，"全款买房能够减轻孩子的压力，为什么亲家不同意？"在小雷父母看来，"月子里完全可以自己亲自去带孙子，为什么还要花钱请人带？"

若要论双方父母的对错，其实父母们的出发点肯定都是好的，但是在交流过程中，由于父母们在社会上闯荡多年，阅历丰富，已经形成了固定的思维模式，所以难以说服对方。

在年轻人选择配偶前，原生家庭中的心理、经济结构基本定型，每个家庭形成类似球形外壳的稳固结构。

所以当两个家庭再结合，形成姻亲关系后，不同的思维方式、财产分配、生产模式在融合时都会产生排异反应。

矛盾激化，其实是家庭功能化的再改变，是两个家庭打破后的再重建，是思维和行动所碰撞的火花。

虽然家庭重建听起来概念宏大，但是却体现在日常生活的方方面面。

尤其是在老人年龄越来越大之后，变得越来越依赖自己的孩子，这个时候来自原生家庭的强烈影响，更可能触发家庭矛盾。"一个晚餐该吃什么"的问题，都能在一些细枝末节上出现纠纷。是在家里吃还是在外面吃？在外面吃什么菜？要花多少钱？谁去付账？为什么要去外面吃？这些问题本来已有，更别说有了孩子以后，孩子谁来养，妻子多久去上班等，还有更加深层次的价值观、生活习惯等矛盾，这些都是重建的必经之路。

可曾想过，谈恋爱时靓丽活泼、有兴趣爱好的自己，结婚后却因为夹杂在两个原生家庭之间左右为难？

可曾想过，一度潇洒的自己，却被各种不能言说的烦恼煎熬？

可曾想过，从前大度惯了，现在却被斤斤计较的自己惊到，被生活的一地鸡毛绊住了脚？

凤凰涅槃，浴火重生，谁又能说我们的家庭，经历过矛盾重重，不能获得重新的建设与发展呢？

三、换位思考，是一种温暖

雷茵霍尔德·尼布尔的祷告文中写道：

请赐予我平静，去接受我无法改变的。
给予我勇气，去改变我能改变的。
赐我智慧，分辨这两者的区别。

生活中对琐事无休止的争吵和夹杂在人际关系中的管理失衡，尤其还是血缘关系最亲的家人，这些都让我们的内心格外煎熬。

结婚不单单是两个人的结合，而是从决定相处的那一刻起接纳了对方的家人。

阳阳和小雷的案例告诉我们：婚姻是一种需要经营的复杂的网络关系。

要想摆脱这样的困境，夫妻俩需要明白这个道理：学会换位思考。

"换位思考"在心理学上的专业术语中，被称为情商五大要素之一的同理心，丹尼尔·戈尔曼将情商分为"个人"和"社交"两种能力，每种能力都由一系列的技能组成，这就是情商的组成要素。其中同理心在社交场合中能够让我们在交流中建立起更深层次、强大的意义与价值的关系。

王阳明心学思想指出：当我们在处理复杂诡谲的局面和矛盾时，要学会换位思考，跳出局，站在更高的维度，再统观全局，争取内心的主动权，不动气、不动心，保持内心的积极和阳光，冷静沉着地分析而后实施。

换位思考，是一种温暖。

没有人是一座孤岛，我们彼此连接，是最紧密的共同体。

我们不能用自己的左手去伤右手，我们是同一棵树上的叶和果。

克鲁泡特金在《互助论》中说："只有互助性强的生物群才能生存，对人类而言，换位思考是互助的前提。"

战国的赵盾看到路上一个快饿死的人，心中不忍，把自己的干粮送给他，后来晋灵公要杀赵盾，这个人拼了性命救下他。

韩信饿着肚子城下钓鱼，河下漂母看他可怜，请他吃饭，后来韩信裂土封王，以千金回馈她。

生命是一种回声，你发出什么样的声音，就会收到什么声音。

那么，换位思考如何做？

（1）遇到事情让自己找个安静的地方，一个人坐下来，调整自己的呼吸，让心平静下来。

（2）想象自己坐在对方的位置上，假设对方做的一切都是对的，帮他找三个对的理由，如果能够很快地找出这三个理由，也就做到了换位思考。

（3）接下来想自己可以做哪三件事去改善与对方的关系，想到了写下来，然后去行动。

人与人之间的相处最本质的，就是沟通与谅解。

在相处中，既要坚守自己的想法，真实地表达自己，又要选择适当宽容，学会换位思考，多站在对方的角度考虑，过于自我或一味忍让的极端做法都是不可取的。

一段良好的关系是需要维持的，学会接纳、换位思考、尊重双方家人，共同结合为一个大家庭，和谐相处，这艘帆船才能长久远航。

第十章

系统和谐——让爱源源不断

不善社交的我怎么融入你的家庭
——做伴侣和自己原生家庭的桥梁

婚姻是围城，城外的人想进去，城里的人想出来。

嫁给小华，小岑的心如一团乱麻，又喜又愁，小岑不知道他们的爱，是否也会在婚姻的城里变得苍白？

小岑是个慢热型的人，从小比较内向。记得小时候邻居来家里，都是妈妈在张罗，小岑要么在一旁做听众，要么在忙着其他的事，很少插话或者和她们热聊。

结婚后的小岑，担心自己难以融入小华的家庭。

结婚第一年，小岑跟着小华回老家，面对一屋子的人，她除了基本的礼貌性招呼，真的不知道该说什么，就在一旁默默地坐着。

一开始，大家都夸小岑很矜持，但时间长了，他们也跟小华开玩笑说："你是不是没照顾好小岑啊，她都不太说话。"

今年，小岑和小华约定，希望他在大家聊天时主动讲普通话，这样她能听懂，就能参与一些。过年期间，小华又是老样子，每次聊到兴头就把她的需求忘记了，又是满口的方言。

小岑在一旁是又生气，又不自在，看着桌上一个个碗里盛满了她并不熟悉的食物，大家互相聊得起劲，自己呆呆地看着也听不懂，她真想立刻离开这个家。

小岑真的很害怕去面对小华一大家子人，几年了还是这样，该怎么办呢？

一、成为伴侣熟悉的桥梁,帮TA跨过各种艰难

婚姻是两个人的扶持,夫妻关系是一个家庭的重要支撑。

无论哪一方,当伴侣和原生家庭发生矛盾时,我们都要学会主动支持和维护自己的伴侣。

电视剧《知否知否应是绿肥红瘦》中,王氏三番五次想欺负儿媳海氏,都没有如愿。从头到尾,王氏就不是会讲道理、善待儿媳妇的人,看到儿媳妇过得滋润,心里就不舒服。即便这样,海氏却不用头疼婆媳关系,因为她有个给力的丈夫。

明兰说:"婆媳事,归根结底是夫妻事,如果丈夫的心跟明镜似的,就没有那么多事了。"

生活中也是一样,只要男人护妻,很多问题就不再是问题了。

小岑在听到婆家人对她的评价后,最在意的还是小华的帮助,她甚至向小华表达自己需要的帮助,说明小岑也在努力地想要改变,她缺少的是一个桥梁,来帮她克服语言不通、各种习惯差异,给她勇气。

但让小岑生气的是,明明她已经说过在她面前别说方言,小华和家人在一起时,却还是用她听不懂的方言交谈。

在小岑的婚姻中,另一半的忽略才是伤人的。

其实,小华可以这样做,帮助妻子融入大家庭:

(1)关注妻子的内心感受,人前人后,一个关注的眼神,一个有力的牵手,都能给妻子力量。

(2)在家人面前肯定妻子,主动帮妻子引出话题,自己带头聆听妻子的表达。

(3)给妻子介绍自己的亲朋好友,总有一个和妻子投缘的,抓住这个投缘的关键人物,让妻子感觉熟悉和亲切。

(4)两人独处时,共同商量办法,多听听妻子的建议,并积极

落实。

（5）善用光环效应，介绍妻子的才华或才艺给家人，比如，鼓励妻子做出拿手好菜，也是一种融入和获得肯定的方式。

心理学中有一个光环效应，又称晕轮效应，它是一种影响人际知觉的因素。

这种爱屋及乌的强烈知觉的品质或特点，就像月晕的光环一样，向周围弥漫、扩散。

当妻子得到鼓励做出拿手好菜，或者妻子的某项才华被家人认可时，因为光环效应，大家就更容易对她产生好感，更容易认为她具有更好的内在品质；聪明、有趣、慷慨、善良、友爱等，这将大大有益于双方的融合和友好关系的建立。

二、调整相处方式，展现彼此有爱

假如我们养了一只猫，我们不大能训练猫咪该如何不抓沙发、不把杯子碰倒在地上，但是我们可以换一套木质家具，并且将杯子放到猫咪碰不到的地方。

如果伴侣本来就是不爱说话的，我们考虑的方向最好不是如何让对方变得爱沟通，而是如何与这样的人相处。

一个人慢热寡言，无关对错，只是一种性格。

和不爱人群中说话的小岑相处，小华能做到的是无声的陪伴。比如，静静地跟她吃一顿饭，静静地陪她和家人一起看电视，吵架时先走开，等她心情好点再回来，等等。

当对方不符合我们心底的预期时，不要急着生气，因为她不是故意的，如果我们能有一颗愿意理解她的心，这将给她带来更多自我改变的力量。

相信每个人都不希望被他人改变，但彼此有爱，却可以让一个人能够主动去调整自我，改变与对方的相处模式，长久下来，另一半感受到爱后，自然也容易做出改变。

《道德经》中有一句话："将欲歙之，必固张之。将欲弱之，必固强之。将欲废之，必固举之。将欲取之，必固予之。"

这句话的意思是：想要收敛它，必先扩张它。想要削弱它，必先加强它。想要废除它，必先推举它。想要夺取他，必先给予它。

婚姻中，小华先改变和小岑的相处模式，让小岑来到自己的大家庭感到安心、熟悉、亲切，小岑自然会融入得更好，也更容易展现真实的自己，收获真正的亲情。这岂不是暗合"将欲取之，必固予之"之道？

三、重定身份，让每一面都熠熠生辉

婚姻不是两个人的结合，而是三个家庭的彼此扶持。

步入婚姻，意味着我们身份的改变，除了伴侣的帮助，小岑还需要对自己的身份重新定位。身份犹如一颗钻石，角色是它不同的剖面，不同的角色面对不同的方向，每一面都熠熠生辉。

身份定位决定人生，身份定位改变人生。

什么身份做什么事，人不会做与自己身份不符合的事情，人的成长也是从身份定位的改变开始。

"理解六层次"是心理学NLP中一个核心理念，被广泛应用在商业和家庭中，在理解六层次中有环境、行为、能力、信念、身份、系统六个层次（由低到高，如图10-2所示）。

环境、行为、能力为低三层，是我们可以意识到的三层；而信念、身份、精神为上三层，需要在个人日常生活中仔细分析才会被发现，低层次的问题在高一个层次就可以轻易地找到解决的办法。

第十章
系统和谐——让爱源源不断

图10-2　理解六层次

比如：

小岑的环境层面是：小华一大家人的聚会。

小岑的行为层面是：不爱说话，难以融入。

小岑的能力层面是：向小华表达自己的需求，即"陪在她旁边，不说方言"。

环境、行为、能力这第三层的问题，我们可以在哪里找到解决办法呢？

一般答案可以从上面的层面：信念、身份中找到。

过去：

小岑的信念层面是：我从小不爱在众人中说话。

小岑的身份层面是：我是慢热型的人。

分析下来，我们发现，小岑结婚后并没有把自己彻底放入先生小华的原生家庭系统中，她还是活在自己的世界中，认为自己是慢热型的人，本来如此。

理解六层次可以给我们一个看待人生的新视角。

在家族系统中，当我们嫁给这个人时，不仅代表我们和对方的结合，也代表我们和对方家族的结合，从此以后，融合在一起，其乐融融。

小岑如果能将自己的身份放到小华家族系统中时,她会意识到自己不仅是一个妻子,更是这个家族的儿媳妇。有了这层身份定位,小岑再从身份层面往下看,行为等自然发生改变。

现在:

小岑的身份层面是:小华家族的儿媳妇。

小岑的信念层面是:我要做好这个角色,和大家相处好。

小岑的能力层面是:烧得一手好菜。

小岑的行为层面是:给大家做一桌子拿手好菜。

小岑的环境层面是:和大家相处得其乐融融。

当小岑能够重新定位自己在小华家族的身份时,改变自然发生。

面对问题,重新定位身份,学会自由切换,会让生命越来越轻盈、自由和绽放!

第十章
系统和谐——让爱源源不断

家庭关系紧张，怎么重建联结
——创建家庭系统文化的重要性

婚姻，有些人视为儿戏，而有些人，视为世界上最庄重的事情。

结婚20年，勤勤唯一的孩子马上就要面临高考了，在这个关键时刻，她却决定要和儿子搬出去住，等高考完之后就和丈夫离婚。

原来，在勤勤和丈夫结婚的这20年里，她一直扮演着保姆的角色，默认着这个角色。除了正常的工作之外，勤勤还要负责所有家务，照顾丈夫和孩子的衣食起居，甚至在家里最困难的时候，为了贴补家用，勤勤在下班后还会去开网约车。

有一天晚上，勤勤网约车开到了凌晨三四点，推开门，按下餐厅灯开关，白色的光向疲倦的眼睛袭来，显得格外刺眼。

当眨了眨眼睛看到桌子上一片狼藉，晚饭吃完还没收拾时，勤勤心里一阵冰凉。

丈夫看似是结了婚，过得比单身时还要快乐。除了有人打理衣食起居之外，每天下班后，不是和球友约着踢球，就是周末钓鱼，或者和几位好友来场说走就走的旅行，好不惬意自在。

夫妻俩年龄只相差了一岁，勤勤脸上的皱纹很多，脸色暗淡；而丈夫却没什么皱纹，看起来年轻许多。

那为什么容忍了20年的勤勤，到孩子要高考这个关键时刻却容忍不了了呢？压死骆驼的最后一根稻草是孩子教育。

做事喜欢由着自己的性子，随心所欲的丈夫主张孩子不要有太大压力，学习成绩差不多就行，得过且过是他的座右铭；而勤勤过了20年的丧偶式婚姻，希望自己的孩子能够更加有出息，不要和他的父亲一样。

伴随着不断的争吵和冷战，勤勤便有了带孩子出去住，等孩子高考结束后彻底离婚的念头。

一、为了家庭牺牲自己，与心缺失了联结

宋代朱熹曾说："读书，起家之本；循礼，保家之本；和顺，兴家之本。"

不同的家庭成员之间按照一定的规则和家庭文化所组成的一个整体，我们称为家庭系统。家是一片沙漠的绿洲，使黯然失望的人感到久违的希望。家庭关系和睦的时候，家庭系统也处在一个平衡的状态；而家庭关系紧张，再小的矛盾也能撬动整个家庭。

勤勤的家庭系统中，是一种不平衡的状态，就像跷跷板，妻子背着石头坐在一头，被压在地面上，而丈夫坐在跷跷板的那头，因为勤勤的重担，被轻松地举起。

童年时期，也许我们想要满足父母的期待，努力地生活、学习，期待父母的赞扬，父母对外人提一句"这孩子成绩挺好，还算乖的，不用怎么操心"，就能提升我们的自豪，反之就感到挫败。

心理学中，有一种现象是"与自己的心缺失了联结"，这种缺失，会让我们麻木于喜悦，也麻木于难过，我们就很难感觉到真实的自我到底是怎么样的，自己真心想要怎样，究竟自己有什么价值。习惯了忽视真实的自我，想获得更好的自我感觉，于是一步步活在社会、他人的价值标准和行为标准中。

其实你知道吗？抛开所有的自我，我们有一个真实的自我。

这个真实的自我中，有我们的本性，有我们的喜怒哀乐，有真正属于我们的思想、情感和行为方式。

第十章
系统和谐——让爱源源不断

真正的成长，是逐步认清自我，通过不断试错，渐渐明白自己想要什么，不想要什么，然后更深地与自我融合，最终自洽，也就是达到与自我联结的状态。

与自我联结，让我们充分地认可自己，每一个改变都是由自己的心出发，而不是因为外力的胁迫；

与自我联结，最基本的就是我们要足够地爱自己。

二、不做受害者，为自己负责

心理学家卡普曼，对受害者、加害者和拯救者的三角关系模式进行了系统性的探讨，被称为"卡普曼戏剧三角"。

加害者，会去掠夺、剥削、贬低别人，把别人看得比较低下。

拯救者，是站在一个高度，去帮助弱者，同时敢于和加害者作战。

受害者，认为自己能力低，有时甚至会主动寻找迫害者来贬低自己，从而向拯救者寻找帮助。

在勤勤的家庭系统中，女方一直在付出，名为老婆，实则是保姆，男方没有担负起应有的责任。如果不是关于孩子的教育理念的南辕北辙，可能她还会选择继续忍耐，直至终身，因为她对自我价值的认同就是一个保姆的角色。

在日常生活中，每个人都会受到这种"角色认同效应"的影响，也就是说，时间越长，就越会认同自己所充当的角色。如果充当的是"知识分子"的角色，随着时间的延长，你就会因为为人师久之而变得"文质彬彬"。

如果不从根本上解决勤勤的角色认同问题，这样的家庭系统文化迟早都会崩盘，差别只是时间而已。

我们经常会听到关于家暴或PUA事件的报道，很多人在看到这样的新闻之后，第一感觉是不理解。为什么她在面对着家暴或者PUA的境况，有很多次可以逃离的机会，但是却选择了继续承受呢？

因为这些受害者，认同了自己的身份，而一段关系的破裂，不仅施害者有责任，受害者也有责任。比如勤勤夫妻，如果勤勤在结婚伊始，发现丈夫不负责任的行为之后，能够不放任他不分担家务的行为、对自己漠不关心的态度，就可以避免自己20年的劳心劳力还不讨好的结局。

三、家庭系统文化的建立，离不开每一个成员的努力

有一名网友说："我们家里是农民，但我爸对什么都有兴趣，也肯去钻研。"她的父亲曾热衷过跳交谊舞、天文学、种花养鱼、乐器、书法绘画，甚至和女儿一起兴致勃勃研究如何养蚕养鸡，兴致高昂时，会牵着女儿的手教她跳舞。家里先后出现过小提琴、琵琶、古筝、箫、笛和二胡等乐器。"虽然我没有跟着学，他演奏得也不咋样，但现在回想起来，一家人跟着哼哼那些乐曲，潜移默化中给了我艺术熏陶。"

同时，在网友的父母结婚时，网友妈妈不过小学文化，不爱读书，最爱逛街和八卦家长里短。网友父亲也没想改变对方，只是在家里到处摆放着书报杂志，走到哪里都看。妻子爱聊天，他就专从报刊上找话题，有个示范在眼前，妻子跟着看报读书。"也不要她看什么深奥的，她爱看点人间真情心灵鸡汤类的，也比刚结婚那会什么都不看有进步。"

这名父亲，带给整个家庭一种健康向上的文化，并且将这种健康的生活方式传承下去，让家庭有了温馨感和正面引导。

幸福的家庭大都相似，而不幸的家庭却各有各的不幸。

第十章

系统和谐——让爱源源不断

一个和谐温馨的家庭氛围,离不开家里每个人的努力配合。

家庭系统中,幸福是整个系统的和谐,而问题也是整个系统的罢工。家庭成员之间的文化习得、规则以及与外界的处事原则等,都是支撑家庭文化的各个因素。

和谐的家庭系统文化,是每个家庭成员充分地与自我联结之后,在家庭中各自承担相应的责任和义务,制定共同的目标,分担共同的家务,对孩子的教育理念达成共识,甚至培养共同的兴趣爱好,在不断地学习、思考中,共同制定出一个更适合整个家庭和谐发展的"家规",并做到持续地优化和升级,以适应自身和社会发展的需求。

比如,勤勤可以和丈夫建立初步的家庭规则:

(1)下班要早早回家,家务活根据两人的事业忙碌度做好比例分配。

(2)用实际行动给妻子最大的爱和支持,给孩子最好的榜样。

(3)建立一个夫妻共同储蓄计划,由一方负责统一打理,并且在月末一起结算。

(4)约定不在孩子面前吵架,经常带孩子出去拓宽视野。

(5)注意自身形象,开展家庭阅读和欣赏音乐时间,树立好孩子的审美标杆。

……

在双方的沟通下,就可以很好地将家庭成员连接起来。若只有一个成员努力,而其他成员视若无睹,或者觉得对方的所作所为都是理所应当的,那么,这个家庭的关系既不会长久,也不会健康。

婚姻中,两个人生际遇截然不同的人结合到了一起,通过年深日久的相处,然后去慢慢地认清自我和对方。

有足够觉知能力的人,会通过观察、发现和引导,双方在达成共识之后,建立一个共同且清晰的目标。

创建积极向上且有自驱力的家庭系统文化,有家庭的每一分子的力量。

"家是最小国,国是千万家。"修身齐家治国平天下,由己而家,由家而国。